运动损伤评估与防治

主　编：何海燕
副主编：宋磊刚
编　委：母春雷　李增明
　　　　孙志佳　侯媛媛

北京体育大学出版社

策划编辑：佟　晖
责任编辑：佟　晖
责任校对：朱燕春
版式设计：李沙沙

图书在版编目（CIP）数据

运动损伤评估与防治 / 何海燕主编. -- 北京 : 北京体育大学出版社, 2020.12（2024.12重印）

ISBN 978-7-5644-3348-2

Ⅰ. ①运… Ⅱ. ①何… Ⅲ. ①运动性疾病－损伤－防治 Ⅳ. ①R873

中国版本图书馆CIP数据核字(2020)第065122号

运动损伤评估与防治
YUNDONG SUNSHANG PINGGU YU FANGZHI
何海燕　主编

出版发行：北京体育大学出版社
地　　址：北京市海淀区农大南路1号院2号楼2层办公B-212
邮　　编：100084
网　　址：http：//cbs.bsu.edu.cn
发 行 部：010-62989320
邮 购 部：北京体育大学出版社读者服务部 010-62989432
印　　刷：北京昌联印刷有限公司
开　　本：710mm × 1000mm　　1/16
成品尺寸：170mm × 240mm
印　　张：15.75
字　　数：263千字
版　　次：2020年12月第1版
印　　次：2024年12月第5次印刷
定　　价：50.00元

前 言

随着我国经济的发展，人们的生活方式发生了改变，“快节奏、少运动、高摄入（总热能）”的生活方式带来了一系列的健康问题，同时工业化、老龄化、生态环境恶化等因素又给健康促进工作带来了新的挑战，国民体质自2000年以来持续下降。面对现实困境，党和国家领导人高度重视，在2014—2016年的重要讲话中先后指出：“要推动体育健身与医疗、文化等融合发展”、“推动全民健身和全民健康深度融合”。《健康中国2030规划纲要》提出：要广泛开展全民健身运动，加强体医融合和非医疗健康干预，促进重点人群体育活动，改变传统以治疗为中心的“被动、依赖型”健康干预方式，推行以预防为中心的“主动、自主型”健康干预理念和方式，提高全民身体素质。2017年，党的十九大报告明确提出实施健康中国战略。自此，“健康中国”成为国家战略，“体医融合”已经成为国家意志，其实施迫在眉睫。在经济、社会、政策环境发生变化的情况下，作为“体医融合”不可或缺的一部分，体育院校人才培养必须进行相应的变革，培养体医复合型人才。培养体医复合型人才的关键之一是配套教材的建设，在此背景下，我们编写了《运动损伤评估与防治》一书。

本教材编写的特色主要体现在三个方面：融、新、防。“融”是指体医融合。以体医融合为总指导，在保证损伤内容医学严谨性的基础上，进行运动损伤的体医融合尝试。在内容方面突出以下两点：运动损伤学对运动实践的指导、运动技能对运动损伤的康复治疗。“新”是指内容前沿。将近些年来在运动康复、体能训练领域较为前沿且实用的理念技术进行梳理总结，如将泡沫轴、肌效贴等引入运动损伤教材，更好地为运动实践服务，为运动损伤教材内容改革进行实践和探索。“防”是指运动损伤的预防。因体育专业的培养方向为“体育”而非“医学”，故强化运动损伤预防方面的内容，以更契合培养目标。

“原本为培养汽车驾驶人员，却按照汽车工程师的要求进行培养”，有学者极为贴切地形容体育院校（系）理论教学存在的问题。因此，本书编写定位体育专业师生，力求图文并茂、简单易学、通俗易懂，以更适应当前理论教学现状。

本书主编何海燕，副主编宋磊刚。编写组具体分工如下：宋磊刚负责第一章的编写和参考文献的整理；母春雷负责第二章和第三章的编写；孙志佳、侯媛媛负责第四章、第五章的编写；李增明负责第六章、第七章的编写及附录的整理；何海燕负责第八章的编写及全书的统稿；河北体育学院运动人体科学系的部分同事和学生参与了文字校对和图片加工工作。

由于我们的水平有限，时间仓促，书中错误之处在所难免。恳请各位同人和广大读者多多指正，不胜感谢！

编写小组

2020 年 7 月

目　录

第一章
运动损伤概述

第一节 运动损伤的概念与分类

一、运动损伤的概念

运动损伤是指在体育运动过程中所发生的或由于运动原因所引起的各种损伤。随着竞技运动的发展和大众体育的普及，运动损伤的发生越来越常见。由于损伤数量的增多以及损伤所带来的影响，尤其是严重运动损伤和著名运动员的损伤对人们的认知和心理带来的冲击，使运动损伤受到人们的广泛关注。

与工业损伤、战伤相比，运动损伤与运动项目、技术动作特点密切相关，有其独特的发生原因和规律。因此，有必要系统研究运动损伤发生的原因与机制、治疗效果、康复时间等，为健身、体育教学、训练和比赛提供科学指导，改善教学训练方法，改进运动条件，提供损伤的防治措施，保护体育运动参加者身体健康，提高其运动成绩，延长其运动寿命等。

二、运动损伤的分类

（一）按损伤组织的结构类型分类

按损伤组织的结构类型，可将运动损伤分为如肌肉肌腱拉伤及断裂、关节韧带扭伤及断裂、挫伤、骨折、关节脱位、内脏损伤、脑震荡、神经损伤等。运动系统除骨骼以外的肌肉、肌腱、韧带、筋膜、滑膜、关节囊等组织以及周围神经、血管的损伤，称为软组织损伤，是运动损伤中发病率最高的。

（二）按发病的缓急分类

按发病的缓急，可将运动损伤分为急性损伤和慢性损伤。

1. 急性损伤

急性损伤是瞬间遭受直接或间接暴力而造成，发病急，病程短，症状骤起。

2. 慢性损伤

慢性损伤是因局部长期负担过度，由反复微细损伤积累而成，发病缓慢，症状渐起，病程较长。此外，还可因急性损伤处理不当而转化成慢性损伤。

（三）按伤后皮肤或黏膜完整与否分类

按伤后皮肤或黏膜完整与否，可将运动损伤分为开放性损伤和闭合性损伤。

1. 开放性损伤

伤部皮肤或黏膜破裂，创口与外界相通，有组织液渗出或血液自创口流出，称为开放性损伤，如擦伤、刺伤等。

2. 闭合性损伤

伤部皮肤或黏膜完整，无创口与外界相通，损伤后的出血积聚在组织内，称为闭合性损伤，如关节韧带扭伤、肌肉拉伤等。

（四）按运动能力丧失程度分类

按运动能力丧失程度可将运动损伤分为轻度伤、中等度伤和重度伤。

1. 轻度伤

轻度伤是指受伤后能按训练计划进行训练的损伤。

2. 中等度伤

中等度伤是指受伤后不能按训练计划进行训练，需停止患部练习或减少患部活动的损伤。

3. 重度伤

重度伤是指完全不能训练的损伤。

（五）按损伤与运动技术和训练的关系分类

按损伤与运动技术和训练的关系可将运动损伤分为运动技术伤和非运动技术伤。

1. 运动技术伤

运动技术伤的发生与运动技术及运动项目密切相关，其中有的是急性伤，如肱骨投掷骨折、跟腱断裂等，但多数属过劳伤，是慢性微细损伤逐渐积累而成的，如足球踝、网球肘等。

2. 非运动技术伤

非运动技术伤是指与运动技术无关的意外伤，如韧带扭伤、挫伤等。

第二节 运动损伤的发生规律、原因及预防

我国唐代著名医药学家孙思邈提出“上医医未病之病，中医医欲病之病，下医医已病之病”，指出了疾病预防的重要性。而对运动损伤来说同样如此，尽管采取恰当的治疗方法进行治疗十分必要，但若能掌握其发生规律，采取适当的预防措

施，防患于未然，会更有意义。因此，掌握运动损伤的发生规律与原因是十分必要的。

一、运动损伤与运动项目的关系

运动损伤的发生可因运动项目的不同而不同，有一定规律可循。我国运动医学泰斗曲绵域对2725例运动损伤进行分析发现，运动损伤的发生与专项技术要求密切相关，而不同的运动项目又各有其不同的创伤高发部位及专项多发病。如篮球运动最易伤膝（髌骨软骨病、半月板及副韧带损伤）、踝（踝周韧带扭伤）；体操运动员易伤腰（腰部肌肉筋膜炎、棘突骨膜炎及椎板骨折等）、肩（肩袖损伤及肱二头肌长头肌腱腱鞘炎）、膝（髌骨软骨病及半月板损伤）、腕（伸屈肌腱腱鞘炎）；跨栏运动员易伤大腿后群肌肉；投掷运动员易伤肩（肩袖损伤）、肘（肘内侧副韧带损伤及骨性关节炎）、腰（腰肌肉筋膜炎）以及膝（髌骨软骨病）等。

二、运动损伤的直接原因

（一）对运动损伤的预防缺乏正确的认识

运动损伤的发生往往与体育运动组织者、教练员、运动员对预防运动损伤的意义认识不足有关。由于缺乏运动损伤的基本知识，以及平时不注意对学生进行安全教育，在训练和比赛中，未积极采取各种行之有效的预防及保护措施，且发生运动损伤后又不认真分析原因、总结经验，从而导致运动损伤时常发生。

（二）训练水平不足

训练水平不足即素质训练、专项技术训练、战术训练以及心理训练等不够。很多人对素质差及身体训练不全面所致伤的认识不足。从生理学的角度讲，无论哪种训练都是条件反射建立的过程，任何一种条件反射的动力定型不巩固，都会出现失误，就易发生损伤。此外，运动员心理素质差、比赛前紧张或过度兴奋、注意力不集中等均是致伤原因。

（三）教学、训练及比赛安排不合理

1. 准备活动不当

做准备活动的目的是使神经系统、运动系统和内脏器官充分动员，以适应正式运动的需要，而如果未做准备活动或准备活动不充分，容易因肌肉的力量、弹性和伸展性不够而致伤，如准备活动量过大，或准备活动与专项运动结合得不好，或未做专项准备活动，或准备活动未遵守循序渐进的原则等都容易受伤。

2. 未遵守科学的训练原则

科学的训练原则，就是严格遵循训练的客观规律，按照机体负荷大小与应激程度的适应性规律，合理安排训练计划。科学的训练原则主要包括系统性和循序渐进原则、个别对待和巩固性原则、自觉性和积极性原则等。目前，运动队中最常见的错误是不顾年龄大小、性别差异、训练效果好坏及伤病情况等，盲目采用大运动量或单打一的训练方法，严重违反机体对负荷的适应性规律，致使许多优秀运动员因此受伤而提前退出运动队，这应该引起充分重视。

（四）运动参加者自身状态不良

包括生理机能和心理状态，前者如睡眠不好、疲劳患病或伤病初愈等均可使运动员力量及动作协调性下降，注意力不集中，从而导致技术上的错误而致伤；后者如心情不愉快、恐惧、胆怯或急躁情绪等都容易发生运动损伤。

（五）缺乏医务监督

运动参加者必须在训练前或比赛前进行体检及运动机能评定，以便为教练员提供科学的信息，从而合理安排训练，缺乏医务监督也是导致运动损伤的重要原因之一。

（六）场地、器材、服装不符合卫生要求

如场馆光线不符合要求，通风差，场地不平、过硬、过滑，器械表面粗糙，服装、鞋袜大小不适等均是引起损伤的因素。

（七）训练中缺乏保护与帮助

训练保护与帮助在体操与技巧项目中尤为重要，不光教练员要学会保护与帮助运动员，运动员自己也要学会自我保护以及某些支持带、护具等的使用方法，以减少损伤的发生。

此外，环境因素，如海拔过高、缺氧、阴暗天气光线不足、高温或寒冷、潮湿等，都会影响运动员的健康而造成损伤。值得一提的是，运动员动作粗野、不遵守运动规则，也是造成损伤的重要原因之一。

三、运动损伤的潜在因素

不同运动项目之所以会发生不同身体部位的损伤，主要是由以下两个潜在因素决定的：①运动项目的特殊技术要求；②运动员身体某部位存在的解剖生理弱点。当这两个因素由于某种原因同时起作用时，就容易发生运动损伤。例如：篮球运动员易伤膝，这是由于篮球运动员经常在膝关节半屈位（130°~150°）时左右移动、进攻、防守、踏跳、上篮等，使膝关节发生屈曲、扭转、摩擦等，而膝关节半屈位正是它的解剖弱点，此时韧带及肌肉放松，关节杠杆长，导致关节稳定性相对较弱，因而易发生膝部软组织损伤（如韧带、半月板损伤和髌骨软骨病等）。又如：体操运动员易出现肩袖损伤，这主要是吊环、高低杠、单双杠的各种悬吊及大幅度转肩动作的特殊要求所造成的。而肩关节本身肩盂小，肱骨头大，要完成大范围的回转动作而不发生脱臼，主要是依靠肩袖肌腱的固定作用，因而肩袖在完成这些动作时负荷最重，存在易伤的解剖弱点，更由于它在肱骨大结节的附着点在抬肩时与肩峰经常摩擦，因此一旦活动过多、范围过大就易引起肩袖损伤。

虽然引起运动损伤有以上两个潜在因素，但如果没有外部因素的诱导，也不易发生运动损伤。如人体生理解剖较薄弱的部位，往往在大强度负荷下才易造成损伤。因此，超负荷的运动及不合理的训练方式是造成运动损伤的关键因素。

四、运动损伤的预防原则

（一）加强对预防运动损伤的宣教工作

在训练和比赛中，要认真贯彻预防为主、安全第一的方针，加强教练员和运动员对预防运动损伤意义的认识，这是提高运动成绩、确保运动员身心健康的重要环节。

（二）注意全面身体训练，提高机体对运动的适应能力

要取得优异的运动成绩并保证身体健康，需要足够的肌肉力量，如爆发力，平衡、协调能力及良好的心肺功能，有了这些良好的素质条件，就能降低运动损伤的发生率及严重程度。因此，要注意全面身体训练。另外，还要针对不同的运动项目，注意加强易伤部位及薄弱环节的训练，提高机能，以减少损伤。

（三）科学合理安排教学、训练和比赛

在制订和执行教学、训练计划时既要符合科学的训练原则，也要符合人体对运动负荷的适应性规律。首先应认真做好准备活动，准备活动内容要具有针对性，如训练和比赛中负荷较大和容易损伤的部位应重点做准备活动。同时准备活动应根据所要进行活动的性质、运动员个体情况以及气候条件而定，一般准备活动与正式运动的间隔时间以 1 ~ 4 分钟为宜，一般以达到身体充分活动“开”（微微出汗）和良好的机能状态进入正式训练和比赛为目的。其次要合理安排运动量，既要遵守系统性循序渐进和个别对待的原则，又要注意运动器官的局部负担和伤后的训练安排问题。

（四）加强医务监督工作

（1）运动员应定期进行体格检查。运动员在入队训练前及训练中都应进行体格检查，尤其是伤病检查，如运动员患有先天畸形，畸形部位又是该项目负担较重的部位，则不宜从事该项目的训练；如腰椎先天畸形不宜从事体操、举重等腰

部负荷较大的项目；髌骨软骨病、副舟骨等不宜从事跑跳项目等。运动员在训练中应进行定期普查，普查时应根据专项特点，重点检查易伤部位，及早发现各种劳损性损伤，以便与教练员配合给予及时处理和合理安排训练。

（2）加强自我监督。运动员必须加强自我监督，学会专项多发病的自我监督方法和内脏器官的机能检查，做到心中有数。

（五）加强保护与帮助

运动中必要的保护和帮助可避免意外事故的发生，增强运动员的信心。运动员必须根据项目特点学会自我保护的方法，教练员也应熟练掌握保护与帮助的技巧，建造一些必要的保护设施。运动员还必须学会正确使用各种保护支持带，以减少损伤的发生。

此外，在训练和比赛中应严格实施场馆、设备的卫生监督，对场地器械和防护用品要定期进行卫生安全检查，对有安全隐患、已损坏的场地器械应及时检查、维修；还应注意运动服装的卫生要求；以及在恶劣气候条件下从事训练和比赛时的相应防护措施。

第三节　运动损伤的评估

运动损伤的评估是运动损伤的重要组成部分，它是在一般医学评估的基础上，结合运动系统的特点所进行的物理评估。运动损伤的评估包括物理评估和影像学评估两部分。其中物理评估包括受伤史评估、姿势评估、步态评估、临床检查和辅助检查。

一、受伤史评估

受伤史评估是检查者通过与病人或知情者进行交谈，了解病情的发生、发展及转归，经过综合分析，得出初步判断的诊断方法。在询问病情前，一般应先了解伤员的姓名、性别、年龄、所从事的运动专项、训练年限、运动员等级和既往损伤史等情况。

（一）询问受伤时的情况

要求了解受伤的确切日期和地点，了解是在体育课、训练、比赛，还是课外活动时受的伤，同时要了解受伤的部位。

（二）询问受伤原因及动作

了解受伤时的训练或比赛组织安排是否恰当，运动场地是否符合安全卫生的要求，致伤动作是否符合技术规范，有无动作失误。接触性运动要了解对方使用动作是否合理、有无违反规则等。详细询问受伤机制对损伤性质判断和伤后训练安排尤其重要。

（三）询问伤情

1. 疼 痛

了解伤后疼痛发生的时间；疼痛的性质（锐痛、钝痛、酸痛、针刺样痛、搏动样痛）；疼痛与运动项目和运动量的关系；是否伴有窜麻感或放射性。一般急性损伤，如骨折、脱位，疼痛剧烈，伤后立即出现。慢性损伤则疼痛较轻，随病情发展逐渐加重，常与运动项目和运动量有关，准备活动后疼痛减轻，运动后加重，经休息又减轻。腰椎间盘突出症者，疼痛伴通电样窜麻感沿大腿后侧向足跟或外侧放射。陈旧性损伤，疼痛的发生对气候特别敏感，天阴下雨时疼痛加重。半月板损伤或关节内游离体，活动关节出现有响声的疼痛，常伴关节交锁。

2. 功　能

了解伤后是否有功能障碍。若有，对运动技术妨碍的程度如何，是否有功能的完全丧失。如髌骨软骨病患者常述说不能半蹲；肩关节脱位者上臂不能抬举；股骨横断骨折者无法站立和行走。

（四）询问病程发展情况

了解损伤的发生和发展过程属于急性或慢性，受伤后的治疗方法、经过和效果，伤后训练安排内容和量，以及进行练习后患部的组织反应等。

二、姿势评估

姿势评估是对伤者的静态观察。姿势与骨骼、肌肉、韧带、筋膜、关节、神经等的结构、功能和姿势习惯有关，良好的姿势使骨骼肌肉处于平衡状态，承受较小的张力，有利于身体内部系统功能的正常工作。异常的姿势除了与姿势习惯有关外，也提示身体组织结构或功能产生了改变，故姿势评估作为运动损伤的评估方法被越来越多的人所接受。

姿势评估从后面、正面、侧面三个方向分别进行，评估内容包括对头、颈、肩胛骨、脊柱、骨盆、髋关节、膝关节、足的观察。

评定人体姿势时，通常采用铅垂线进行观察或测量。所谓铅垂线，是将铅锤或其他重物悬挂于细线上，使它自然下垂，沿下垂方向的直线被称为铅垂线，它与水平面相垂直。姿势正常时，铅垂线与一系列或若干个标志点在同一条直线上。也有专用的姿势评估表格（见图 1 - 1），让被评估者立于表格前方即可进行评估。

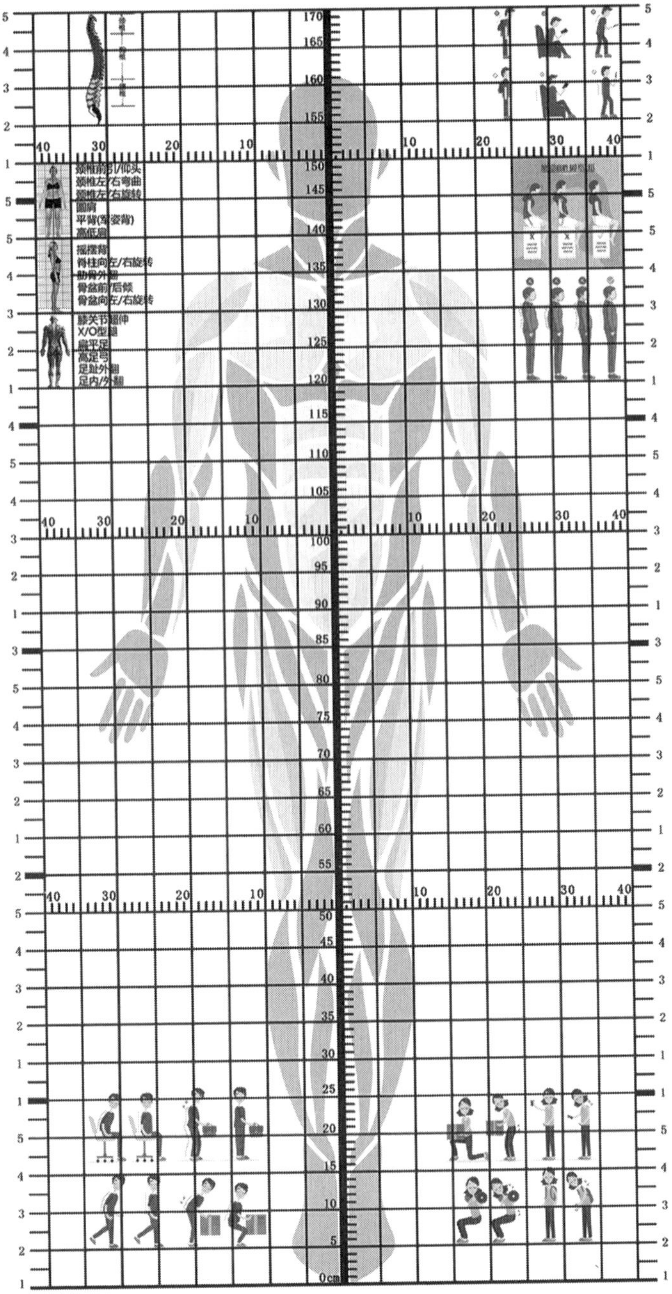
颈椎前引/仰头
颈椎左/右弯曲
颈椎左/右旋转
圆肩
平背(军姿背)
高低肩
摇摆背
脊柱向左/右旋转
肋骨外翻
骨盆前/后倾
骨盆向左/右旋转
膝关节超伸
X/O型腿
扁平足
高足弓
足趾外翻
足内/外翻

图1－1 姿势评估表格

（一）姿势评估内容与方法

1. 后面观

正常人跟骨底与跟腱在同一条与地面垂直的线上，双侧内踝在同一高度，胫骨无弯曲，双侧腘窝在同一水平线上，大粗隆和臀纹同高，双侧骨盆同高，脊柱无侧弯，双侧肩峰、肩胛下角平行，头颈无侧倾或旋转。

铅垂线通过的标志点：枕骨粗隆→脊柱棘突→臀裂→双膝关节内侧中心→双踝关节内侧中心。

2. 正面观

双足内侧弓对称；髌骨位于正前面，双侧腓骨头、髂前上棘在同一高度。肋弓对称，肩峰等高，斜方肌发育对称，肩锁关节、锁骨和胸锁关节等高并对称。头颈直立，咬合正常。

3. 侧面观

足纵弓正常，膝关节0°~5°屈曲，髋关节0°，骨盆无旋转。正常人脊柱从侧面观察有四个弯曲部位，称为生理性弯曲：颈曲向前，胸曲向后，腰椎有较明显的前凸；骶椎则有较大幅度的后凸。头、耳和肩峰在同一条与地面垂直的线上。

铅垂线通过的标志点：外耳孔→肩峰→大转子→膝关节前面（髌骨后方）→外踝前约2厘米。

姿势评估的后面观、正面观和侧面观如图1-2所示。

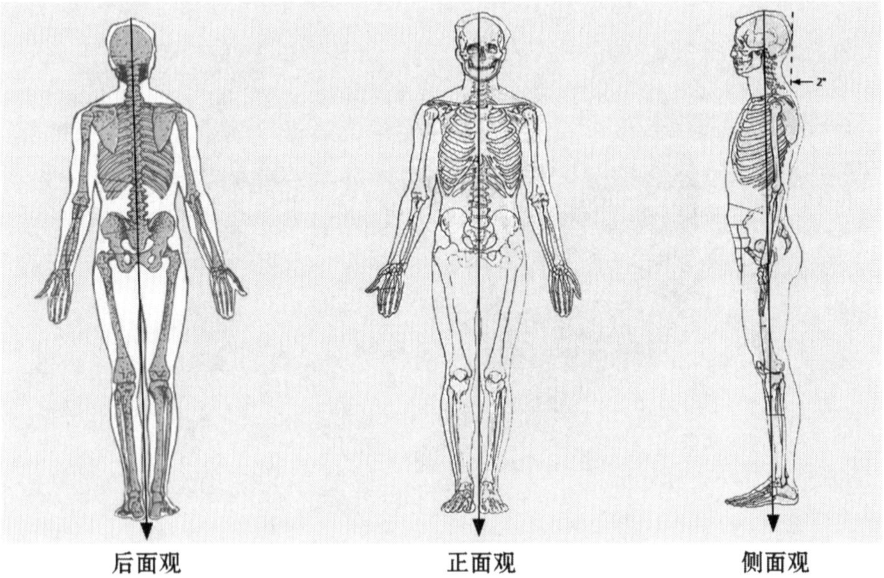

图 1-2 姿势评估的后面观、正面观和侧面观

（二）常见姿势异常

由于个人生理解剖特点、工作性质等不同，姿势异常可分为很多种，这里重点介绍两种常见的姿势异常——上交叉综合征和下交叉综合征。

1. 上交叉综合征

上交叉综合征是由于上半身肌肉不均衡引起的姿势异常，最早由著名的物理治疗师 Dr. Janda 于 1987 年提出。其主要表现是头部前伸、圆肩、中背部后曲增加、肩胛骨耸起。在失衡的肌肉中，比较紧张的肌肉有胸大肌、胸小肌、背阔肌、肩胛提肌、斜方肌上束、胸锁乳突肌和斜角肌等。比较弱化的肌肉有菱形肌、斜方肌中下束、前锯肌、肩袖肌群、深层颈屈肌。这些肌肉强弱相间，在上半身形成了一个交叉，所以称作上交叉综合征（见图 1-3）。

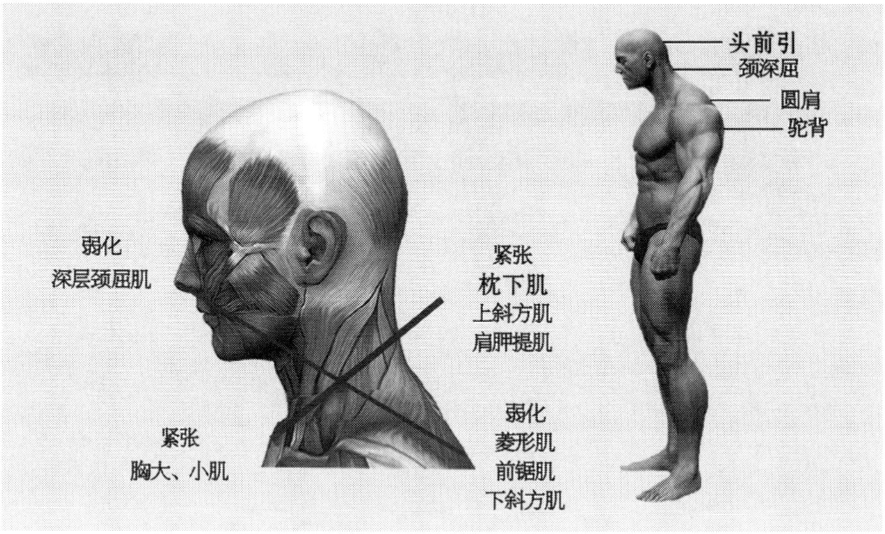

图1－3　上交叉综合征模式

现代人由于长时间坐位伏案工作，这种姿势很常见，而长时间维持这种异常的姿势，使肩颈部的肌肉紧张，出现肩颈酸痛，严重者可压迫颈椎之间的神经，引起头痛和上肢的麻木疼痛。

改善上交叉综合征的方法如下。

（1）保持正确的身体姿势。任何时候（包括静止坐位和运动时）都应保持正确的身体姿势：下颌微收、肩部打开、挺胸收腹。

（2）胸椎伸展训练（见图1－4）。将泡沫轴置于胸椎部分（上背和中背部），用身体重量来回滚压泡沫轴，进行肌肉松解。

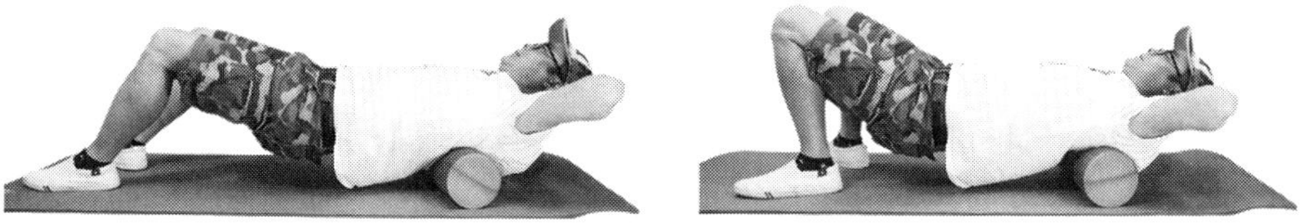

图1－4　胸椎伸展训练

（3）拉伸训练。

1）胸大肌拉伸训练（见图1－5）。以右侧为例，站立位，立于门或其他固定物旁边，肩关节外展，肘关节屈，前臂紧贴并固定于门边/柱，左侧上肢位置保持不变，以右侧肩关节为轴，向左侧旋转身体。注意可在肩关节外展大于90°、90°和小于90°三个角度进行拉伸，分别拉伸胸大肌上部纤维、胸大肌中部纤维和胸大肌下部纤维。

图1－5　胸大肌拉伸训练

2）颈侧面肌肉拉伸训练（见图1－6）。以左侧为例，上身垂直坐在垫上，右手扶于头左侧，左手放在背后或压在臀下固定左肩，右手轻轻地用力，将头拉向右侧肩膀。注意，拉伸轨迹保持在额状面（不要前倾及后倾），上身始终保持垂直，不要耸左肩。

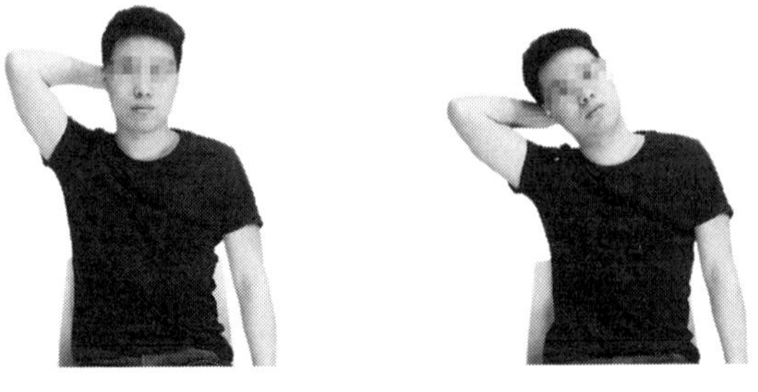

图1－6　颈侧面肌肉拉伸训练

3）颈侧前面肌肉拉伸训练（见图1－7）。以左侧为例，上身垂直坐在垫上，右手扶于头左前侧，左手放在背后或压在臀下固定左肩，右手轻轻用力，将头向右、后方拉伸。注意在拉伸过程中，上身始终保持垂直，不要耸左肩。

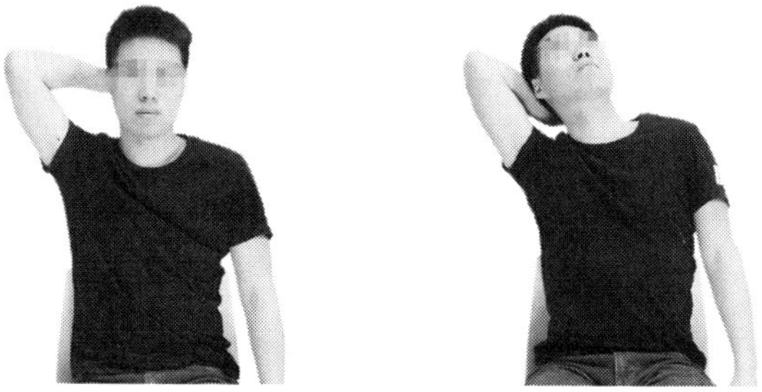

图1－7　颈侧前面肌肉拉伸训练

4）颈侧后面肌肉拉伸训练（见图1－8）。以左侧为例，上身垂直坐在垫上，右手扶于头左后侧，左手放在背后或压在臀下固定左肩，右手轻轻用力，将头向右、前方拉伸。注意在拉伸过程中，上身始终保持垂直，不要耸左肩。

图1－8　颈侧后面肌肉拉伸训练

5）背阔肌拉伸训练（见图1－9）。以左侧为例，双腿分开，坐于垫上，左上肢伸直放于颈侧，右手握住左肘，右手用力，将左上肢向右侧方拉伸，同时身体向右侧弯及向右转。

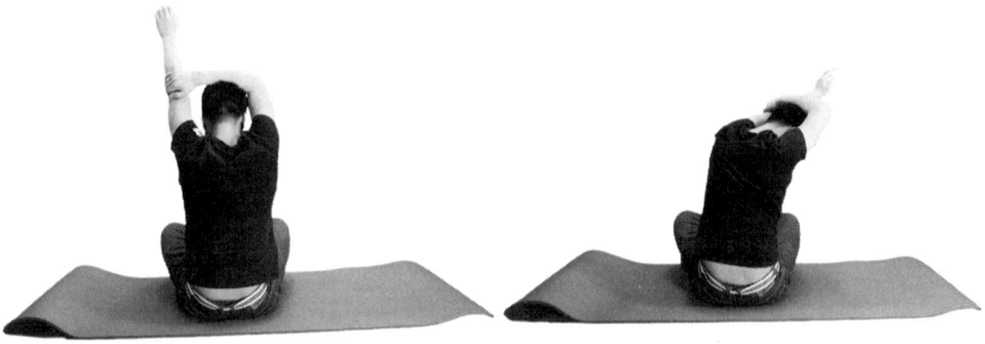

图1－9　背阔肌拉伸训练

（4）强化力量练习。对力量较弱的肌肉进行针对性练习，如肩袖外旋肌肉力量练习、菱形肌力量练习、斜方肌中下束力量练习、前锯肌力量练习和颈部深层屈肌力量练习。

2. 下交叉综合征

下交叉综合征是由于骨盆附近肌肉不均衡引起的姿势异常，又称骨盆交叉综合征或远端交叉综合征。与理想的体态相比，下交叉综合征的骨盆前倾、腰椎过度前曲。在失衡的肌肉中，比较弱的肌肉有腹部肌群、臀大肌，比较紧张的肌肉有髂腰肌、骶棘肌，有部分人还同时出现股四头肌的紧张。这些肌肉强弱相间，在冠状面上形成了一个交叉，所以称作下交叉综合征。长期这样的姿态会增加关节的压力，进而影响其周围的软组织，产生下背部疼痛。

改善下交叉综合征的方法如下。

（1）拉伸训练。

1）髂腰肌拉伸训练（见图1－10）：以左侧为例，右腿弓步在前，腰背挺直，双手叉腰，前腿膝屈小于90°，后腿往后，小腿贴于垫子，重心前移，使双腿打开幅度增加。在拉伸过程中注意保持骨盆在中立位，不要前倾。

图 1－10　髂腰肌拉伸训练

2）股四头肌拉伸训练（见图 1－11）：以左侧为例，弓箭步，上身挺直，右腿在前，膝关节屈 90°，左腿膝关节屈垂直于地面，跪于垫上，左手尽可能握住左踝关节，右手放在右腿上以维持身体平衡，膝关节屈将小腿拉近大腿。在拉伸过程中注意腰背挺直，避免骨盆前倾。

图 1－11　股四头肌拉伸训练

（2）强化肌肉力量练习。对力量较弱的肌肉进行针对性练习，如臀大肌激活练习，腹外斜肌、腹内斜肌、腹横肌、腹直肌肌肉力量练习。

三、步态评估

步态评估是骨骼肌肉系统检查中的重要项目。神经功能障碍或骨骼肌肉系统功能障碍时，机体进行代偿，以异常的步态表现出来。步态异常时，会对下肢和脊椎之外的关节传达远处的撞击力，并随时间延长对其结构和功能产生影响。因此，步态评估有助于从整体上评价运动损伤。

（一）步态周期

步态周期（见图 1－12）指一侧肢体最初触地开始，到该侧肢体再度触地期间的所有动作。每一侧下肢有其各自的步态周期。每一个步态周期分为站立期和摆动期两个阶段。

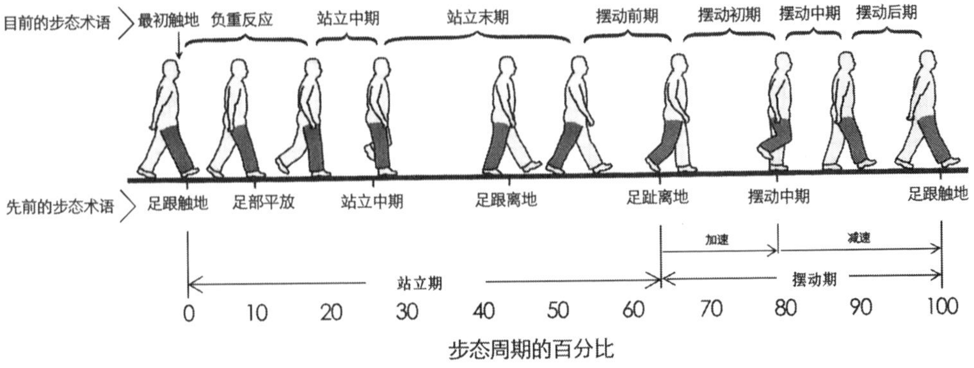

图 1－12　步态周期图示

1. 站立期

站立期为步态周期中肢体与地面接触的期间，约占步态周期的 60%。

（1）最初触地：足部接触地面的动作。

（2）负荷反应：在最初触地后，一直到另一侧肢体抬离地面的期间。

（3）站立中期：从另一侧肢体抬离地面到两侧肢体远端（通常指踝部）并排在冠状面的期间。

（4）站立末期：从肢体并排期间，到另一侧肢体接触地面之前的期间。

（5）摆动前期：从另一侧肢体接触地面到同侧肢体抬高离开地面之前的期间。

2. 摆动期

摆动期为步态周期中肢体未与地面接触的期间，约占步态周期的40%。

（1）摆动初期：从抬高肢体离开地面起，到同侧膝关节最大屈曲/足跟抬到最高的期间。

（2）摆动中期：从膝关节最大屈曲到胫骨垂直地面的姿势（如果有时）的期间。

（3）摆动末期：从胫骨垂直地面起到肢体最初接触地面的期间。

3. 双支撑期

双支撑期为步态周期中双脚同时接触地面的期间，占全部步态周期的20%～25%。在正常的步态中，跑步无支撑期。

（二）常见的步态异常

1. 臀中肌步态

病因：髋部外展肌无力，主要是臀中肌无力。

表现：有代偿型和失代偿型两种形式。

代偿型：患者会在站立中期倾向髋部外展肌无力侧。

失代偿型：在站立中期对侧髋部下垂。

2. 短腿步态

病因：骨性腿长出现差异，或功能性腿长差异（骨盆倾斜、脊椎侧弯等）。

表现：在双足支撑期骨盆顶端倾向腿长较短侧，腰椎弯向腿长较长侧。

3. 减痛步态

病因：下肢疼痛。

表现：表现形式不固定，因下肢受侵犯部位而异。站立期时间缩短，患侧的步伐长度变短，以减少负重时间。

四、临床检查

（一）检查原则

（1）按序检查一般顺序为望、触、动、量和其他特殊检查。先检查受伤部位，继查远、近两侧，再查整个患肢和健侧肢体，以及全身和其他部位，这样可以避免遗忘和漏诊。

（2）两侧对比要充分暴露肢体，对其有一个全面的了解。四肢损伤的优势是可以做两侧肢体的对比，这样在参照物的比较下，可以充分评估受伤情况。

（3）综合分析物理检查并不是孤立的，应当结合受伤部位的解剖生理特点，综合病史、受伤机制、症状、体征等资料进行全面分析，从而得出正确的诊断，以利于治疗。

（二）检查内容

1. 望　诊

通过视觉观察伤员的一般情况，受伤部位的皮肤色泽、瘀血、肿胀和损伤，以及患肢的姿势、畸形、步态与活动等情况的检查方法。

2. 触　诊

通过手的触摸，对骨骼、关节肌肉、肌腱、韧带以及压痛部位和肿块进行检查的方法。疼痛常常是运动损伤最常见的主诉，而压痛则是重要的体征。压痛最明显的部位，往往就是损伤最严重的部位，因此压痛点的正确定位对诊断极为重要。四肢的骨与关节，除髋关节、股骨上部和桡骨上部外，都能触及，因此对四肢损伤不可忽略触诊检查。

3. 动　诊

通过活动四肢和躯干，进行肌肉收缩和关节活动度检查的方法。对患肢进行检查时须与健侧肢体对比，超过或不及者均为异常。肌肉收缩检查包括静态和动态两种，静态检查时关节不动，可以触及并看到肌肉的收缩。动态检查时，肌肉收缩作用于关节，使其活动，通过关节的抗阻伸、屈力量等间接反映肌肉收缩情况。关节活动检查包括主动活动和被动活动。若被动活动正常，主动活动障碍，表明可能有神经麻痹或肌腱断裂；若主动和被动活动均障碍，则表明有关节强直、僵硬、肌肉挛缩、皮肤瘢痕挛缩等情况。

4. 量　诊

使用简单的工具对四肢和躯干进行测量。测量内容主要包括肢体的长度、周径、关节活动范围、肌力、感觉障碍区、腱反射等。

五、辅助检查

运动损伤常用的辅助检查有影像学检查（X 线、计算机断层扫描、核磁共振等）和关节镜检查。这些检查需要专门的医疗设备，需要在医院由专职医生进行检查评估。上述辅助检查对于某些运动损伤的确诊具有重要的意义，因而已被广泛应用于运动损伤的临床诊断。

（一）X 线检查

X 线检查是利用 X 线所具有的穿透性、荧光作用和照相作用，通过对人体进行透视或摄片进行诊断的医学检查技术，目前广泛应用于骨折和关节脱位的诊断。在应用对比剂（气体、钡、碘）的情况下，还可进行器官结构的显影。鉴于 X 线对比重和密度相差不大的组织显像不清，故对软组织损伤的诊断价值不大。某些复杂的骨折和疲劳性骨折，早期常显像不清，在诊断时应予以注意。另外，X 线具有辐射作用，对人体有害，短期内不宜多次重复检查。

（二）CT 检查

CT（computed tomography）是计算机断层扫描的英文缩写，它是将计算机技术应用于 X 线诊断的医学检查方法。由于该检查具有很高的密度分辨率，可显示骨、软组织和体液等各种人体的正常结构和病变，又能提供没有组织重叠的横断面影像，且是一种无创伤、无危险、能迅速准确地进行诊断的检查方法，故被广泛应用于各种 X 线平片无法显示的复杂部位及特殊类型的骨折、肌腱和韧带的断裂、椎间盘突出症、椎管狭窄症等运动损伤的诊断。

CT的检查费用较高，对某些损伤的定性诊断缺乏特异性或有可能出现假阴性，对于血管病变的诊断不如血管造影。

（三）MRI 检查

MRI（magnetic resonance imaging）是磁共振成像的英文缩写，是利用氢原子核在磁场内共振生成影像的一种检查方法。由于MRI具有比CT更高的密度分辨率，故对软组织图像的显示效果更佳。目前，不仅广泛应用于组织形态学的研究，还通过MRA（MR血管造影）等技术显示器官的功能和血液动力学改变。在运动损伤临床，主要应用于脊柱、四肢及关节病变和肌间隔综合征的诊断。

（四）关节镜检查

关节镜检查是在内窥镜基础上发展而来的一种关节诊疗技术。目前，在骨科广泛应用的有膝、髋、踝、肩、腕关节镜检查，主要用于关节内疾患的诊断和治疗。

第四节　运动损伤的处理

一、常见运动损伤处理方法

介绍非手术方法九种：绷带包扎法、泡沫轴筋膜放松法、牵引疗法、拔罐疗法、肌内效贴布技术、物理疗法、按摩疗法、针灸疗法、运动拉伸。

（一）绷带包扎法

绷带包扎法是急救技术中不可缺少的重要组成部分，常用的绷带有卷带（普通绷带和弹性绷带）和三角巾，现场可使用毛巾、头巾、衣物等代替。

1. 绷带包扎的作用

绷带包扎可固定敷料和夹板，也有保护伤口、压迫止血和支持伤肢的作用。

2. 绷带包扎的注意事项

（1）包扎动作应熟练柔和，尽可能不要改变伤肢位置，以免增加伤员痛苦。

（2）包扎松紧度要合适，过紧会影响血液循环，过松将失去包扎的作用。一般在包扎四肢时，应露出手指或足趾，以便观察肢体末端的血运，判断其包扎的松紧度。

（3）卷带包扎一般应从伤处远心端开始，于近心端结束，末端用胶布或别针固定，如需打结固定，打结处应避开伤口。

3. 绷带包扎的方法

（1）卷带包扎法。

1）环形包扎法（见图 1－13）。适用于包扎粗细均匀的部位，如额部、手腕和小腿下部，以及其他包扎方法的开始与结束。包扎时打开卷带，把带头斜放在伤肢上，用拇指压住，包扎一圈后，将带头斜放的小角反折过来，然后继续绕圈包扎，以后一圈覆盖前一圈，最后将带头固定。

2）螺旋形包扎法（见图 1－14）。用于包扎肢体粗细差不多但范围较大的部位，如上臂、大腿下段等处。包扎时以环形包扎开始，然后将卷带斜行向上缠绕，后一圈盖住前一圈的 1/3～1/2 即可。

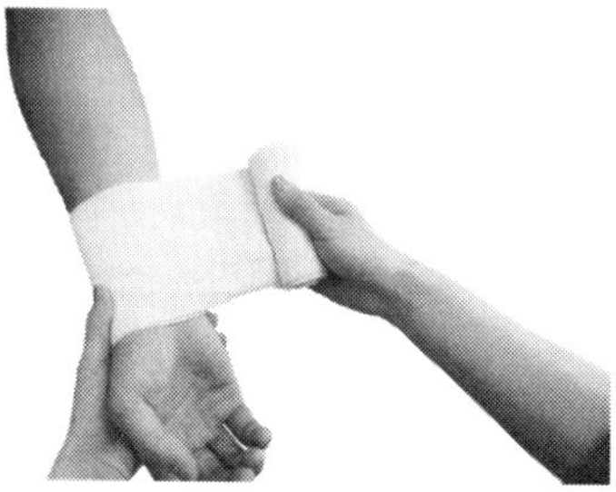

图 1－13　环形包扎法

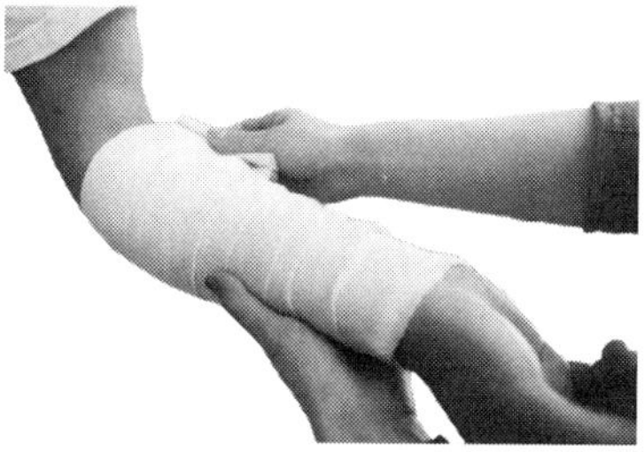

图 1－14　螺旋形包扎法

3）转折形包扎法（见图 1－15）。又叫反折螺旋形包扎法，适用于包扎粗细差别较大的部位，如小腿、前臂等。包扎仍从环形包扎开始，然后用一手拇指压住卷带将其上缘向下反折约 45°，并压住前一圈的 1/3～1/2，转折线应避开伤处并互相平行。

4）“8”字形包扎法（见图 1－16）。用于关节部位的包扎。

从关节中心开始：先以环形包扎在关节中央开始，然后一圈在关节上方，另一圈在关节下方做“8”字形缠绕，两圈在关节凹面交叉，逐渐远离关节，每圈仍然压住前一圈的1/3～1/2。

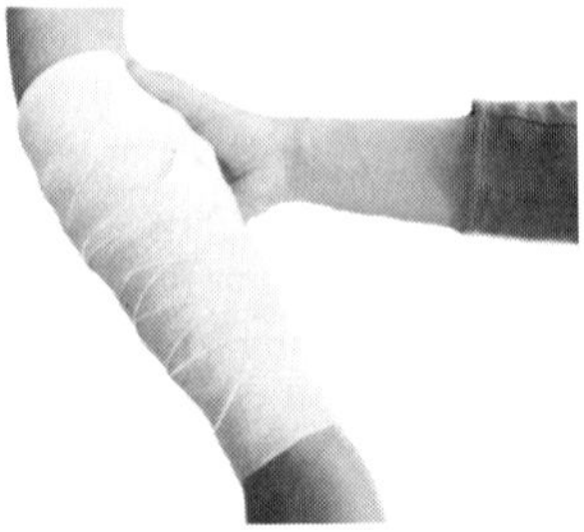

图1－15 转折形包扎法

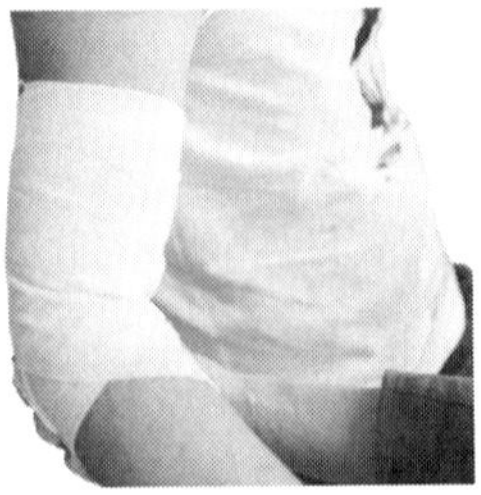

图1－16 “8”字形包扎法

（2）三角巾包扎法。三角巾的大小可根据需要选定。一般有大小两种，将$1m^2$见方的白布对角剪开为大三角巾，小三角巾是大三角巾的一半。常用的包扎法如下：

1）头部包扎法。将大三角巾底边折成两指宽放在额部，顶角放枕后，然后把两底角经两耳上方分别绕至枕后做半结压顶角，再绕至前额缚结。最后把枕后部的顶角拉平，塞入半结内。

2）肩部包扎法。将大三角巾底、顶角对折成宽带，将宽带中部放在患肩腋下，两端在患肩上交叉，分别绕过胸、背部，在对侧腋下做结，为避免缚结处压迫腋下组织，可在腋下垫一软物，如脱脂棉等。

3）肘部包扎法。选用小三角巾，嘱伤员肘关节弯曲，将三角巾顶角放在上臂后面，把两底角于前臂前面交叉，绕至上臂后面打结，最后将顶角反折塞入结内。

4）腕、手掌、手背部包扎法。用小三角巾，手掌平放于三角巾中间，掌指关节与底边平齐，顶角朝向肘部，然后将两底角于手背交叉，绕至腕掌面做半结，再绕至腕背面做结，最后将顶角反折塞入半结内。

（3）前臂悬挂法。

1）大悬臂带。用于除锁骨与肱骨骨折外的各种上肢损伤。肘关节屈曲90°放在三角巾中央，顶角向外，一底角在健侧肩上，一底角在肘下，然后将下底角上折包住伤肢前臂，在颈后与上底角打结。最后将肘后顶角向前反折，用别针或胶布固定。

2）小悬臂带。用于锁骨与肱骨骨折。将三角巾折成四指宽的宽带，中央放在伤肢前臂的下 1/3 处，两端在颈后打结。

（二）泡沫轴筋膜放松法

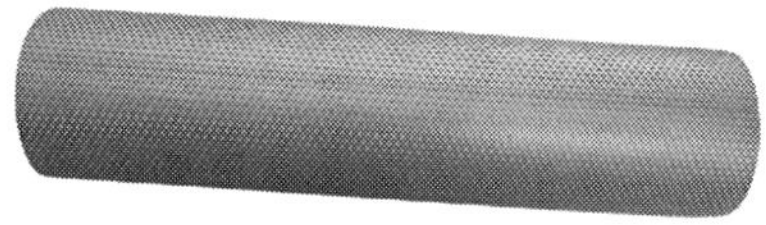

图 1－17　泡沫轴

泡沫轴（见图 1－17）是由 PE 及 EVA 或 EPP 材料做成的柱状物，具有一定的密度，能够承受较大的重量。根据使用人群及使用目的的不同，泡沫轴的长短、硬度各不相同。使用时将需要放松的部位放置在泡沫轴的上方，利用自身体重产生的压力放松紧张肌肉，达到自我放松筋膜与肌肉的目的，起到自我修复的作用。在运动损伤中，若肌肉筋膜张力较高，则可以借助泡沫轴来达到治疗作用。

1. 泡沫轴筋膜放松的原理

泡沫轴筋膜放松除了具有机械挤压作用以外，还利用身体自我抑制原理放松紧张肌肉。当练习者利用自身体重使泡沫轴在肌肉上产生一定压力时，肌肉张力便会增加，从而激活存在肌腱位置的肌张力变化感受器——高尔基腱器。当高尔基腱器活跃后，会抑制位于肌肉纤维内的肌肉长度变化感受器——肌梭，从而降低该组肌肉及肌腱张力，最终放松肌肉、恢复肌肉功能性长度及提高肌肉功能性。泡沫轴直接在肌肉上滚动能加快血液循环，加速代谢物吸收。除此之外，更能降低筋膜组织粘连及疤痕组织堆积。

2. 泡沫轴筋膜放松技巧

（1）静态筋膜放松与动态筋膜放松相结合。在进行泡沫轴放松时，将泡沫轴放置在需要进行放松的肌肉上，慢慢滚动至最敏感的疼点位置，停留 30～60 秒，直到疼痛程度下降 50%～75%。然后再到另一疼点位置。通过数次放松后，该组肌肉疼痛点疼痛降低，可将需要放松的肌肉置于泡沫轴之上，利用自身体重反复在泡沫轴上缓缓滚动 10～15 次，以按摩整块肌肉，增加血液循环，放松紧张肌肉。

（2）受力由小到大，循序渐进。泡沫轴筋膜放松动作分成两个级别。第一级别的动作承受自身重量的比例较低，对肌肉产生的压力相对较小，比较适合刚开始使用泡沫轴的人群。第二级别的动作承受自身重量的比例较高，对肌肉产生的压力相对比较高；同时它需要核心控制能力较强，以维持躯干在中立位。因此，比较适合已经使用泡沫轴一段时间的人群。在开始的时候可以选择使用第一级别的动作，放松紧张的肌肉。当使用泡沫轴一段时间后，肌肉触发点疼痛降低，便可以选择使用第二级别的动作，更进一步放松筋膜内粘连的组织。

3. 泡沫轴筋膜放松注意事项

（1）训练过程中保持正常呼吸，不要憋气。

（2）训练过程中保持收紧腹部，确保在动作过程中核心部位的稳定。

（3）确保泡沫轴在软组织部位下，尽量不要直接放在骨头或关节下。

（4）泡沫轴在使用一段时间后，会出现被压扁或变形的情况，因此，要注意泡沫轴的状态。必要时，需要更换新的器材。

（三）牵引疗法

牵引是应用作用力与反作用力的原理对某些骨伤疾病进行治疗的一种方法。

1. 牵引的作用

牵引治疗具有复位、固定、解除肌肉痉挛与挛缩、减轻神经压迫和纠正关节畸形的作用。它适用于对某些骨折（颈椎骨折与脱位、四肢不稳定性骨折、骨盆骨折等）、畸形或慢性损伤引起的腰部或颈部疼痛、肌肉痉挛与挛缩引起的功能障碍或畸形的治疗。

2. 牵引的分类

牵引的方法种类很多，有人手牵引、皮肤牵引、布托牵引、骨盆牵引等。下面介绍两种常用方法。

（1）皮肤牵引。通过皮肤间接牵拉肌肉和骨骼，方法简便易行，但牵引重量不能超过 5 千克，时间不宜过长，皮肤破损者不宜采用。

操作方法：局部皮肤洗净后（如汗毛较多应予以剃除），涂以复方安息香酊，以增加皮肤的黏着性，保护皮肤，预防感染。关节与骨突周围应放置纱布加以保护。根据肢体粗细、长短选用适宜的胶布，一般宽为 5 ~ 8 厘米，下肢自大腿的上中 1/3 至足底，小腿自膝下至足；上肢自肘关节至手指端。下肢的胶布贴在内、外侧，上肢的胶布贴在前、后面，粘贴要平整，然后再用绷带包扎。胶布的近端应稍露出绷带外，以便观察胶布有无滑脱。胶布的远端经折叠后穿入扩张板两侧的夹头中，在扩张板的中央钻一小孔，穿入牵引绳，牵引绳按照牵引方向穿入滑车后悬挂一定重量以做牵引，需将床脚一端垫高，利用身体重量做反牵引，并保持肢体处于适宜位置。皮肤牵引一般不超过4~6周。

适应症：肱骨髁上骨折（经手法复位失败，肿胀严重，屈肘固定会引起血液循环障碍者）、股骨粗隆间骨折、儿童股骨骨折、股骨手术整复内固定者、髋关节或膝关节化脓性关节炎、拇指第一掌骨基底骨折脱位者。

（2）布托牵引。运动损伤治疗中常用的布托牵引有枕颌牵引和骨盆带牵引。其中枕颌牵引又分为仰卧位枕颌牵引和坐位枕颌牵引两种方法。

1）仰卧位枕颌牵引：患者头高脚低，将枕颌带套入患者头部并缚住。床头置一附有滑车的牵引架将布托系于牵引绳上，通过滑车后挂上重量做牵引。连续牵引的重量为2~3千克，时间一般不超过3周。间歇性牵引的重量可达5~10千克，每日1~2次，每次30分钟至1小时。

2）坐位枕颌牵引（见图1-18）：重量一般为1~10千克。颈椎病牵引时头颈宜前倾20°，牵引的效果较佳。这种体位的牵引力多作用于钩椎关节和锥体后缘，使颈椎后缘的间隙距离牵开更大些，对神经起到减压作用。

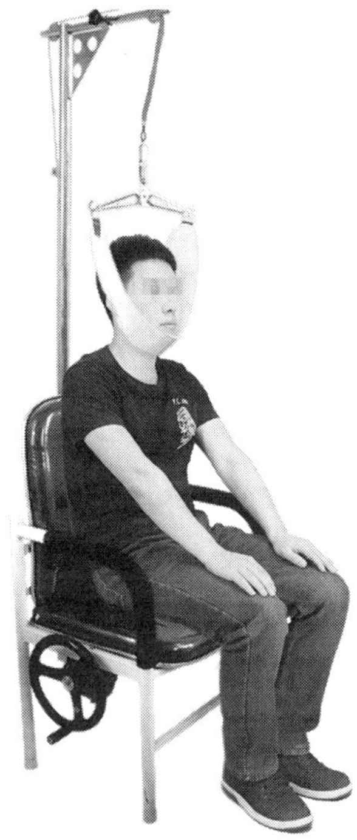

图1-18 坐位枕颌牵引

3）骨盆带牵引：又称腰椎牵引，适用于腰椎间盘突出症及腰神经根刺激症状者。常用的有两种牵引方式：一是利用机械牵引床大重量间断牵引，每日1次，每次20~30分钟。牵引重量先从体重的1/3开始，逐渐增加牵引重量，但腰椎不稳者，不宜用较大重量牵引，以免加重症状。二是利用骨盆带包托于骨盆，在两侧牵引带系相等重量重物，抬高床尾20~25厘米，利用人体重量作为对抗牵引，进行持续牵引，牵引重量以8~10千克为宜。

3. 注意事项

牵引疗法在具体使用时，必须根据病人选择适当类型的牵引方法。宜先试几次，尤其在急性期，观察病人对牵引的反应，如疼痛未缓解或未加重可继续使用，如疼痛加重则停用。对腰椎间盘突出症的中央型和游离型髓核突出及巨大髓核突出者不宜采用，以免加重病情。腰椎间盘突出症的病人，在治疗的同时应注意卧床休息。

（四）拔罐疗法

拔罐疗法是以罐为工具，借热力排除罐内空气，造成负压，使罐吸附在皮肤上产生温热刺激，并引起局部毛细血管扩张和皮下瘀血以治疗伤病的一种方法。该方法简便易行，是我国传统疗法之一。

1. 操作方法

（1）选穴：应用拔罐疗法时，一般是在伤部取阿是穴或附近的穴位。然后根据拔罐部位，选择大小合适的罐。

（2）点火：闪火法，用镊子夹着点燃的酒精棉球或纸片，伸入罐内绕壁一周迅速抽出，立即将罐罩在应拔部位上即可。投火法，将酒精棉球或纸片点燃后投入罐内，迅速将罐罩在应拔部位。此法只适用于侧面横拔，否则，会因燃烧物落下而烧伤皮肤。

（3）留罐时间：一般留罐 10 分钟。罐大、吸力强，时间可缩短；反之，时间可加长。气候炎热，留罐时间应短，寒冷时可延长。一般待局部皮肤充血，皮肤呈紫红色时即可取罐。隔日一次，5 ~7 天为一疗程。

（4）取罐方法：取罐时，以一手压住罐边肌肤，使气体进入，罐子即能脱下。不可生拉硬拽或旋转，以免损伤皮肤。

2. 适应症

一般适用于陈旧性损伤、慢性劳损、风寒湿痹症等。若为急性软组织损伤肿大，可在局部针刺后拔罐，肿痛消退效果更好。

3. 注意事项

（1）体位：伤员体位应舒适、适当，拔罐部位一般以肌肉多、皮下组织丰富、毛发较少的部位为宜。皮肤过敏、浮肿，出血性疼痛者以及孕妇下腹、下腰部，心搏动处均不宜拔罐。

（2）避免烫伤：点火时要避开火罐罐口，防止罐口温度过高烫伤皮肤。若拔罐时伤员感到局部紧而痛，或有烧灼感，应取下罐子检查是否有烫伤或罐吸附太紧致皮肤损伤。如是，则应另换部位或停止操作。

（3）晕罐：拔罐前应注意做好解释说明工作，避免晕罐。若伤员出现头晕、恶心、面色苍白等不适应症状，应立即起罐，让伤员平卧休息片刻，根据需要给少量热饮。

（五）肌内效贴布技术

肌内效贴布（KINESIO）就是一种特殊的贴布，由日本医师 Kenzo Kase 于 1973 年研发。与普通的运动贴布（白贴）不同，它具有透气性、防水性、黏着性、中弹性。根据一定的肌动学及生物力学、解剖学、生理学等原理，将肌内效贴布贴扎于身体表面，改善骨骼、肌肉、筋膜系统功能，进而达到治疗或预防运动损伤的目的。

1. 肌内效贴布的原理

肌内效贴布的工作原理基于流动筋膜病理学。流动筋膜病理学认为：筋膜系统可分为浅层的筋膜与深层的筋膜，它们是分布在皮下、肌肉及内脏间的网状结缔组织，由内而外层层相连，包含身体各处。它们像海绵一样，里面蕴含着许多组织液（见图 1－19、图 1－20）。筋膜系统主要的功能是吸收机械力以保护身体，支撑姿势及促进平衡能力，重建外伤组织，储存脂肪及维持体温，提供不同组织间的润滑及身体营养供给，转运代谢废物等。当筋膜系统受到压迫或与周围的肌肉、结缔组织产生粘连后，筋膜系统流动不畅，代谢产物、炎性产物堆积，产生神经骨骼肌肉系统症状。肌内效贴布的黏弹性质可以牵拉皮肤的走向，进而影响到皮下筋膜组织的流向，让筋膜系统能够有足够的通透性，带走局部的代谢产物和炎性产物堆积，达到治疗伤病的效果。此外，通过贴扎时不同的方向和拉力以及贴布在肢体动作过程中与软组织的交互作用，起到或支持或训练或放松软组织的作用。

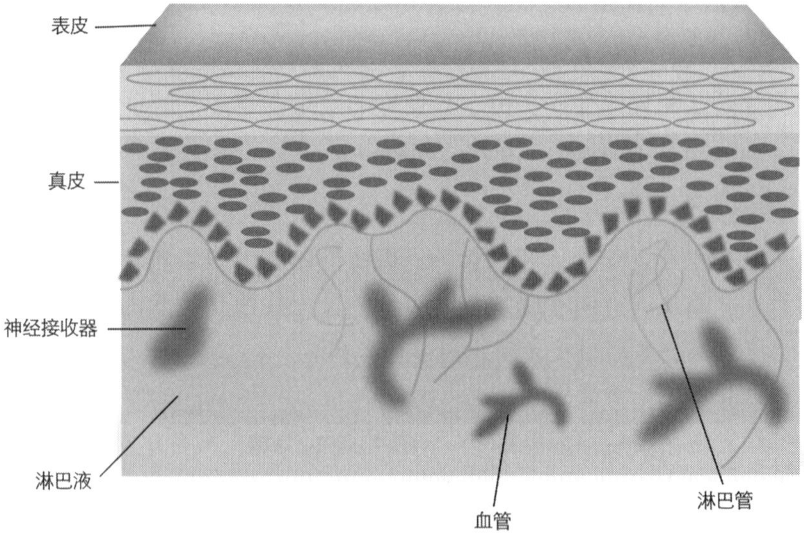

图 1－19　代表筋膜系统阻塞的状态

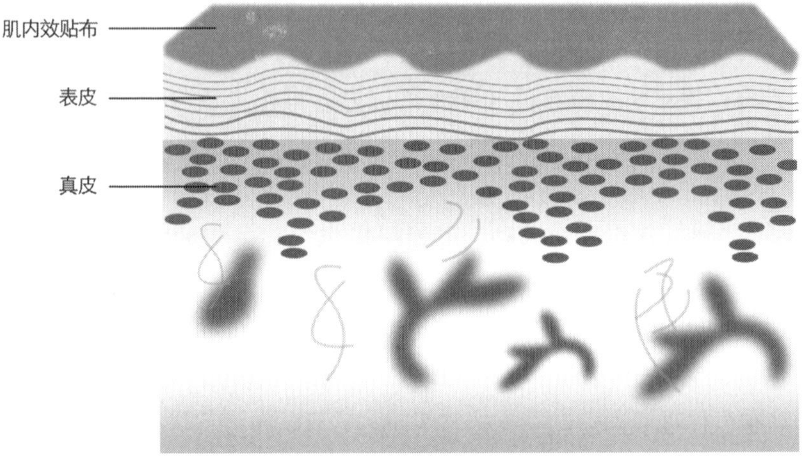

图 1－20　代表筋膜系统畅通的状态

2. 肌内效贴布的作用

肌内效贴布具有缓解疼痛、改善循环、减轻水肿、促进愈合、支持软组织、放松软组织、矫正姿势等作用。由于其良好的效果与卓越的性能被体育界广泛接受与认可，被应用于运动损伤的治疗与预防中。

3. 肌内效贴布的应用

（1）肌内效贴布的贴扎方向及拉力。软组织贴扎的核心理论是贴扎与人体之间的力学互动，贴扎的方向和施加在贴布上的拉力往往是技术的关键，因此在进行贴扎时，必须掌握一些贴扎方向及拉力基本术语。

锚：指贴扎起端，为最先贴扎端、固定端。

尾：指固定端贴妥后，远离固定端向外延伸的一端，或称尾端。

延展方向：指锚固定后，尾端继续延展贴扎的方向。

回缩方向：指贴布尾向锚回缩的方向。

自然拉力：指对贴布不施加任何外加拉力或仅施加小于10%的拉力（理论上讲，淋巴贴布施加0～10%的拉力，肌肉贴布施加7%～10%的拉力）。

中度拉力：指对贴布施加10%～30%的拉力（理论上讲，筋膜矫正施加10%～20%的拉力，软组织支持施加20%～30%的拉力，瘢痕塑形施加30%的拉力）。

极限拉力：指对贴布施加超过30%的拉力（理论上讲可用于关节矫正，但此时不如用“白贴”）。

（2）肌内效贴布的规格与形状（见图1－21）。肌内效贴布的宽度有2.5厘米、3.75厘米、5厘米、7.5厘米四种，可根据损伤的部位与种类选择适当的肌内效贴布。

另外，根据运动损伤的部位和损伤类型，可以对肌内效贴布进行相应的剪裁，以满足粘贴的需要。常用的形状有：I形、Y形、X形、O形、散形、灯笼形等。其中I形贴布可促进肌肉运动及支持软组织；Y形贴布可促进或放松较次要或较小的肌群；X形贴布可促进锚所在位置的血液循环及新陈代谢，达到止痛的效果；散形贴布可消除肿胀，促进淋巴液、血液循环；灯笼形贴布具有良好的稳定效果，兼具爪形贴布的特性。

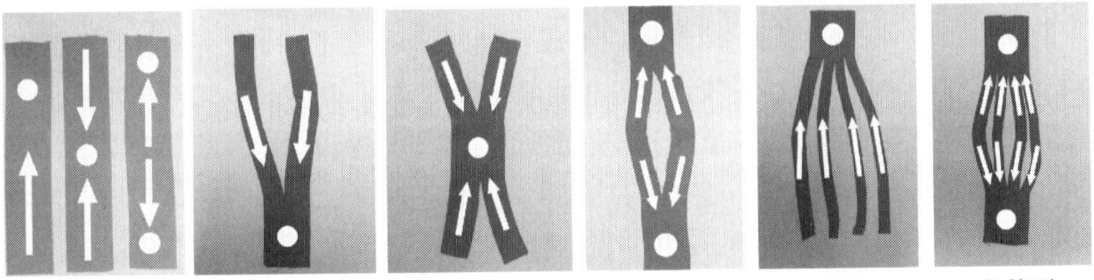

图1－21　肌内效贴布常用形状

（3）粘贴方法。

1）依据关节肌肉的活动找出疼痛的部分。

2）清洁粘贴部位的皮肤，必要时剃掉体毛。

3）根据损伤部位或扎贴部位的实际情况，选择长度、尺寸适当的贴布，并进行相应的剪裁。

4）使疼痛部位的皮肤处于拉伸最大的状态，顺着肌肉的走向粘贴，贴布不能伸展；当调节肌肉膜和关节移位（错位）时，应拉伸贴布后粘贴。

5）开始进行扎贴时，贴布不能全部撕开，而应当一边贴，一边慢慢撕开。

6）扎贴完毕后，检查贴布是否全部粘好，正常情况下没有紧绷感。

（4）注意事项。

1）若皮肤有瘙痒感或痛感增加的情况出现，应立即停止使用。

2）有肌肉处于疲劳易痉挛的状态时，在参加运动前粘贴。

3）日常生活中，一般可以贴2～3天，但运动后，由于会有汗液盐分残留，一般在运动后撕下。

4）撕下贴布时，应一边按住皮肤，一边剥离。

（六）物理疗法

1. 冷疗法

冷疗法是运用低于人体温度的物理因子刺激来进行治疗的一种物理疗法。

冷疗法能降低局部组织的温度，使血管收缩，减轻局部充血，抑制神经的感觉，具有止血、镇痛、防止或减轻肿胀的作用，常用于急性闭合性软组织损伤的早期治疗。伤后立即使用，冷敷后应加压包扎并抬高伤肢。冷疗一般使用冰袋或寒冷气雾剂。冰袋或用冰块装入塑料袋内做伤部冷敷约20分钟；若用寒冷气雾剂做局部喷射冷敷（面部不宜采用），喷射出的细流应与皮肤垂直，瓶口距皮肤20~30厘米，每次约10秒，不可喷射过多，一般不超过3次，以防冻伤。如条件有限，也可用冷毛巾置于伤部，2~3分钟更换一次。

2. 热疗法

热疗法是运用比人体温度高的物理因子（传导热、辐射热等）刺激来进行治疗的一种物理疗法。热疗法可使局部血管扩张，改善血液和淋巴循环，提高组织新陈代谢，缓解肌肉痉挛，促进瘀血和渗出液的吸收，加速坏死组织的消除。因而有消肿、镇痛、散瘀、解痉、减少粘连和促进损伤愈合的作用。常用于急性闭合性软组织损伤中后期和慢性损伤的治疗。

最简便易行的温热疗法是热敷法。将毛巾用热水或热醋浸透置于伤部，无热感时更换，每次约30分钟，每天1~2次，也可用布袋装热沙或热盐或用热水袋进行热敷。另外也可用熏洗法，即用配好的药物加水煮沸，将患部先在蒸汽上熏，然后等温度适合后，再放入水中浸泡，洗浴每次20~40分钟，每天1次。红外线照射也较为常用，治疗时，先把红外线灯预热2~5分钟，然后把红外线灯移向伤部的上方或侧方，灯距一般为30~50厘米，照射剂量以伤员有舒适热感、皮肤出现桃红色均匀红斑为度。如伤员自己感觉温度过高时要适当增大灯距，汗液应擦去。每天1~2次，每次15~30分钟。

高热、恶性肿瘤、活动性肺结核、有出血倾向者均不宜进行热疗，红外线治疗时要避免直接辐射眼部。

3. 电　疗

电疗是通过专门的电疗机，利用电流对人体的良好刺激来达到治疗效果。根据电流形式的不同，可分为直流电与交流电。直流电除可单独使用外，还可与药物结合使用。交流电可分为低频、中频和高频。

电疗方法主要对慢性粘连、骨折不愈合或愈合迟缓、肌肉劳损、肌肉废用性萎缩以及急慢性疼痛等有疗效。应根据其特点，因人而异选择使用。

（七）按摩疗法

1. 概　念

按摩是以中医的脏腑、经络学说为理论基础，并结合西医的解剖和病理诊断，而用手法作用于人体体表的特定部位以调节机体生理、病理状况，达到理疗目的的方法，从性质上来说，它是一种物理治疗方法。

2. 按摩治疗的基本作用

（1）按摩对人体运动系统的作用。通过按摩手法加快局部血液循环，改善组织营养来实现对人体软组织的治疗作用；对肌肉、肌腱、韧带部分断裂者，可使断裂的组织抚顺理直，有利于减轻疼痛和促进断面生长吻合。

按摩对纠正解剖位置异常，如关节错位、肌腱滑脱所造成的急性损伤有显著作用。

（2）按摩对人体心血管系统的作用。按摩可减少心肌耗氧量，改善心脏泵血功能，增加心脏搏出量，使心脏供血能力加强，心功能加强；对血压偏高或偏低的患者有双向调节作用。

（3）按摩对人体呼吸系统的作用。按摩可调整人体呼吸系统功能。研究证实，推拿与按摩可提高慢性支气管炎患者的肺活量，改善气急气短的症状；可使肺气肿患者横膈运动加强，增加有效肺通气量，最终改善肺活动能力；也可使正常人的肺活量有所增加。

（4）按摩对人体神经系统的作用。轻柔的按摩可降低交感神经的兴奋性，能抑制大脑皮质的活动。

（5）按摩对人体消化系统的作用。按摩对人体胃肠的运动和胃的分泌功能产生双向调节作用，对胃肠蠕动减慢、排空延迟者，可使其趋向正常；对幽门痉挛者，可使其肠蠕动加强，解除幽门痉挛。

（6）按摩对人体皮肤的作用。按摩可以消除衰老的上皮细胞，改善皮肤呼吸，利于汗腺和皮脂腺的分泌，增加皮肤弹性，增加组织吸氧量，促进皮下脂肪的消耗和肌肉运动，从而改善皮肤组织的新陈代谢，具有美容、润肤的作用。

3. 按摩对运动损伤的治疗康复作用

疏通经络，行气活血，祛瘀止痛；理筋散结，整复错缝，滑利关节；加速功能恢复，缩短康复期限，消除后遗症状。

4. 按摩的应用原则

按摩作为外治手段，虽然对很多疾病有良好的医疗效果，但也可能由于施术不当等原因而造成不良反应，因此在具体操作过程中，必须遵循如下应用原则：明确诊断，对症应用；手法有序，力量适宜；时间灵活，操作卫生。

5. 按摩递质介绍

所谓递质，就是在手法操作前，先在治疗局部涂搽的一种药物制剂，又称为介质。应用递质，能增强疗效，润滑和保护皮肤。目前常用在推拿与按摩中的递质有药膏、药散、药丸、药酒、药油、滑石粉、水等。

6. 常用手法

常用按摩手法有16种：推法、拿法、按法、摩法、揉法、捏法、滚法、抖法、点法、搓法、刮法、掐法、拨筋法、理筋法、拍打法和运拉法。分别介绍如下。

（1）推法。用指、掌、拳面等部位紧贴治疗部位，运用适当的压力，进行单方向的直线移动的手法称为推法。

推法有掌平推法、肘平推法、拇指平推法、一指禅推法、屈指推法、拳平推法等（见图1－22）。

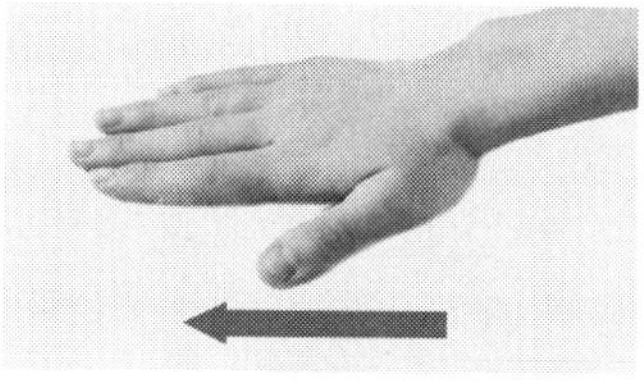
掌平推法

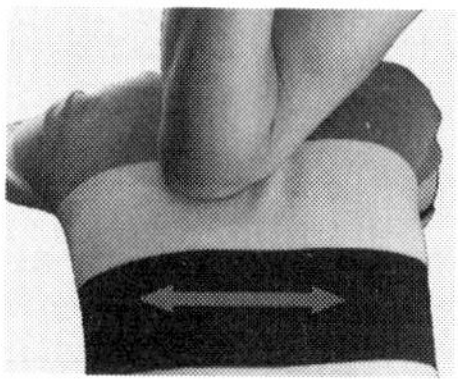
肘平推法

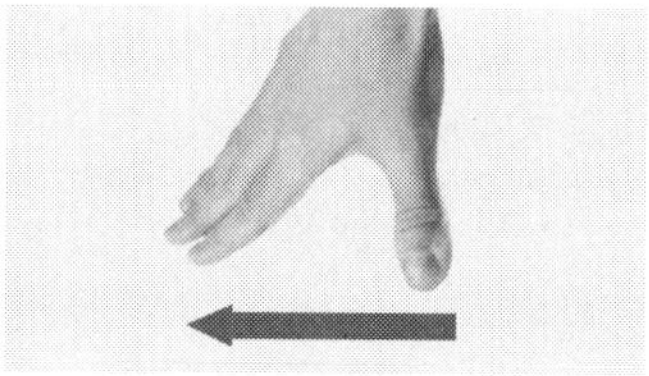
拇指平推法

一指禅推法

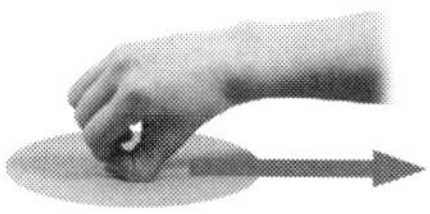
屈指推法

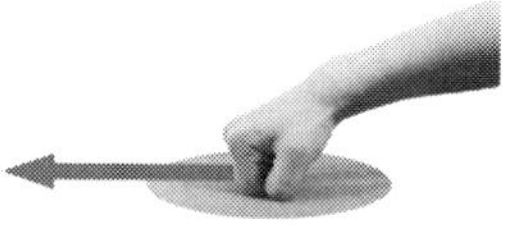
拳平推法

图1－22　推法

1）动作要领。以手掌、掌根、拇指指腹或指间关节背部为着力点，附着于操作部位或穴位，沿着经络或淋巴流动方向，向前推动。推移的轨迹为直线，用力要均匀、着实、柔和、舒适。推法根据用力的大小和作用的不同又分为轻推法和重推法两种。

2）练习时注意事项。

①训练时，练习者可取坐位或直立位进行。

②注意自身姿势，练习时要沉肩垂肘，含胸拔背，虚掌，指实。

③压力自然，不可用蛮力。紧推慢移，直线运行。

3）功效与应用。有加速气血运行、畅通经络、消肿散结和提高局部温度之功效。用于运动前施术及治疗前期操作。

（2）拿法。用拇指与其余四指的罗纹面对称用力内收的手法称为拿法，颈部单手拿法见图1－23。

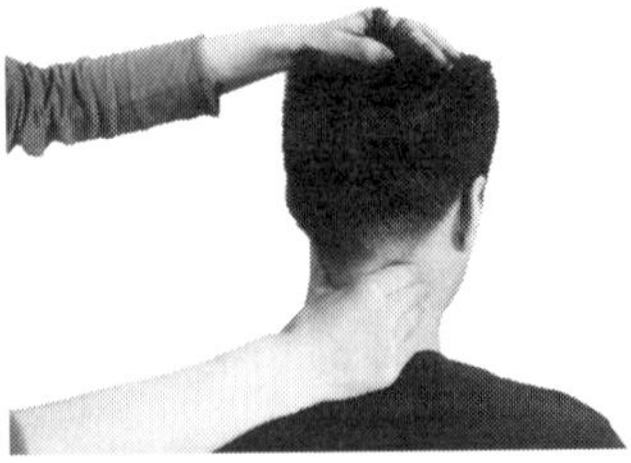

图1－23　颈部单手拿法

1）动作要领。用大拇指及其他手指的罗纹面相对用力，夹住治疗部位的肌筋，逐渐用力内收，将治疗部位的肌筋提起，并做轻重交替而连续的一紧一松的捏提和捏揉动作。

2）练习时注意事项。

①操作时肩部要放松，腕要灵活，以腕关节和掌指关节活动为主，用指面相对用力提拿。

②用力由轻到重，再由重到轻。

③拿法刺激程度较大，拿捏持续时间不宜过长，次数也宜少，需做些轻柔动作，以缓解强刺激引起的不适。

3）功效与应用。拿法的功效有通经活络、散寒祛邪、顺气活血、分离粘连、缓解痉挛、止痛开窍、开导闭塞、消除疲劳、促进新陈代谢等。常运用于头部、颈项部、肩背部和四肢等部位。

（3）按法。用手指或手掌着力于治疗部位或穴位上的手法称为按法。分为拇指按、屈指按、屈肘按、掌根按等方法（见图1－24）。

拇指按

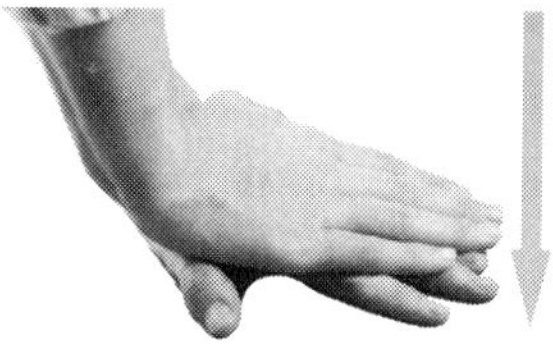

掌根按

图1－24　按法

手法不同其要领也不同，按法主要分为以下三种。

1）拇指按：术者拇指伸直，食指屈曲护住拇指第一关节处，用拇指指面垂直用力向下按压，使刺激达到肌体组织的深层，使受术者产生酸、麻、沉、胀和走窜的感觉，持续数秒后渐渐放松，如此反复操作。

2）屈指按：术者用中指或食指的第二个指间关节屈指骨突部位进行按压。

3）屈肘按：术者用屈肘突出的鹰嘴部按压患部。

（4）摩法。用手掌或指腹轻放于体表治疗部位，做环形的、有节律的摩动手法称摩法。分指摩法和掌摩法两种（见图1－25）。

1）动作要领。术者肘关节微屈，肩部和腕部放松，指、掌自然伸直，平伏地紧贴于患部，指、掌着力部位随着腕关节连同前臂做盘旋式摩擦。

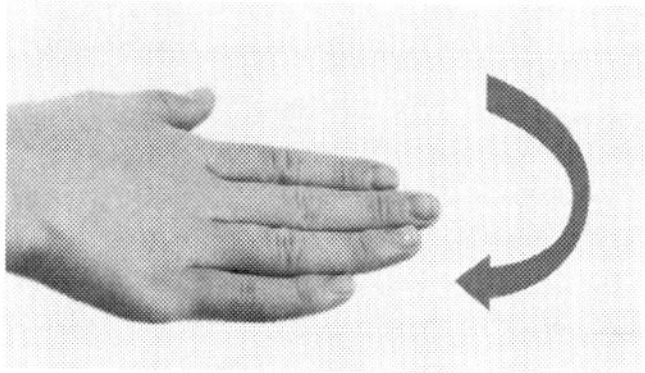

指摩法

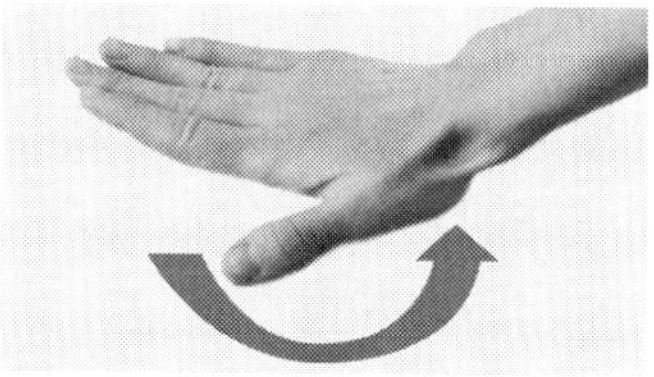

掌摩法

图1－25　摩法

2）练习时注意事项。

①摩动时用力要自然、缓和、协调，压力均匀，动作轻柔。

②频率快慢要根据病情灵活掌握。一般指摩法操作宜轻快，频率为120次/分左右；掌摩法稍重缓，频率为100次/分左右。

3）功效与应用。摩法具有温经活络、调和气血、祛瘀消肿、开导放松等功效，适用于全身各部位。

（5）揉法。以指面或掌吸定在施治部位进行左右、前后的内旋或外旋揉动的方法称揉法，可分为大鱼际揉和掌根揉等（见图1－26）。

1）动作要领。术者以单手或双手的指腹或掌根、鱼际及掌心吸定在施治部位及穴位上，稍用力下压，以肘关节为支点，前臂做主动摆动，带动腕部掌、指做轻揉和缓和的环旋转动。

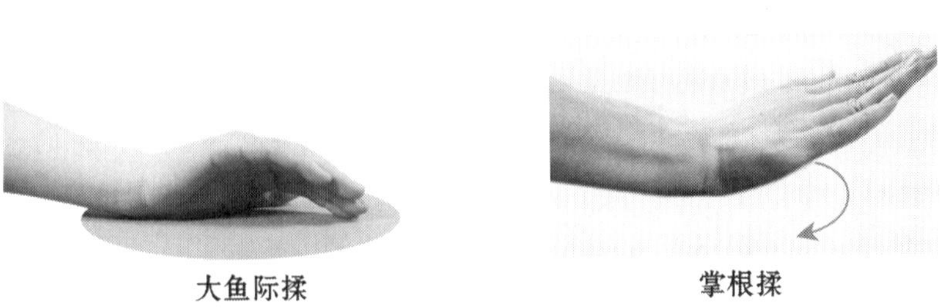

图1－26　揉法

2）练习时注意事项。

①操作时腕关节放松，动作灵活，吸定体表，既不能有摩擦运动，也不可用力向下按压。

②以前臂做主动摆动，揉动动作可轻可重，轻法力量仅达皮下浅层组织，重法可达深层肌肉或深部组织。

③整个动作协调而有节律性，频率为120～160次/分。

3）功效与应用。轻揉具有镇静安神、缓解重手法刺激、活血散瘀、放松肌肉、消除疲劳的作用。重揉有加速血液循环、促进代谢、消肿止痛、软坚散结、软化疤痕的作用。适用于身体各部位。

(6)捏法。以拇指和四指相对呈钳形，抓握住治疗部位的肌肉，相对用力挤压并向上提的手法称提法（见图1-27)。

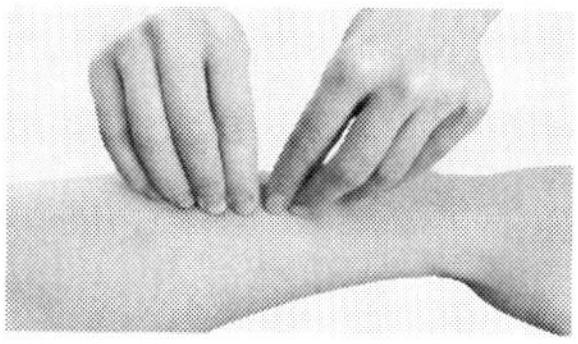

图1-27　捏法

1）动作要领。练习者用拇指与其他手指相对着力，将治疗的肌肤的皮下组织提起，而后做快速的捻转前进或将肌肉捏起，做快速的一捏一放的捏挤动作。如此反复进行，循序移动。

2）练习时注意事项。

①练习时，手指微屈，用拇指和另外四指的指腹捏挤肌肤，不可用指甲掐压肌肤。

②捏挤动作灵活，均匀而有节律性。

③移动应顺着肌肉的外形轮廓循序而上或下。

3）功效与应用。轻捏有放松肌肉、消除局部疲劳的作用；重捏有加速血液循环、促进代谢、解除痉挛、活血散瘀、消肿止痛之功效，应用于头面部、颈部、肩部、四肢和腰背部等。

(7)滚法。用手掌侧面、背部及掌指关节背侧突起处，在操作部位做来回翻掌、旋转动作的方法称滚法（见图1-28)。

1）动作要领。术者手指自然弯曲，以手掌的尺侧面为支点，做连续不断的旋前、旋后的滚动。

2）练习时注意事项。

①练习时肩关节注意放松，肘关节屈曲130°~150°，腕关节伸屈的幅度要大。

②小鱼际及掌背侧要吸附于受术部位滚动，不可拖动或跳动。

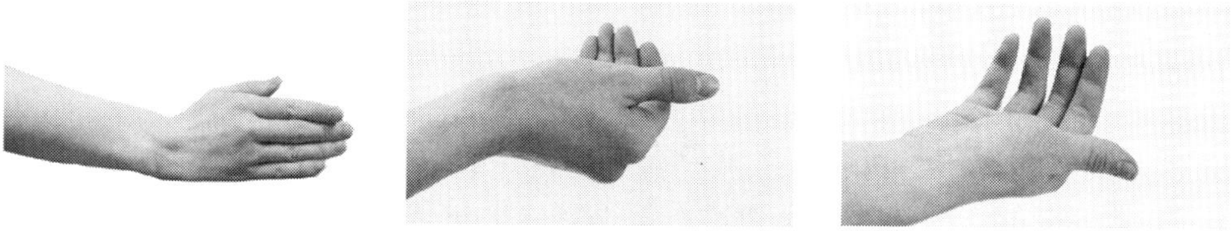

图1-28　滚法

3）功效与应用。滚法有促进血液循环、消除肌肉疲劳、通经活络、行气活血、缓解疼痛之功效，应用于腰、背、臀、四肢等肌肉较厚的部位。

（8）抖法。用单手或双手握住患肢远端做连续上下抖动的方法称抖法。根据不同的患部及施抖力量的强弱分为抖臂、抖腿、抖腕等（见图1－29）。

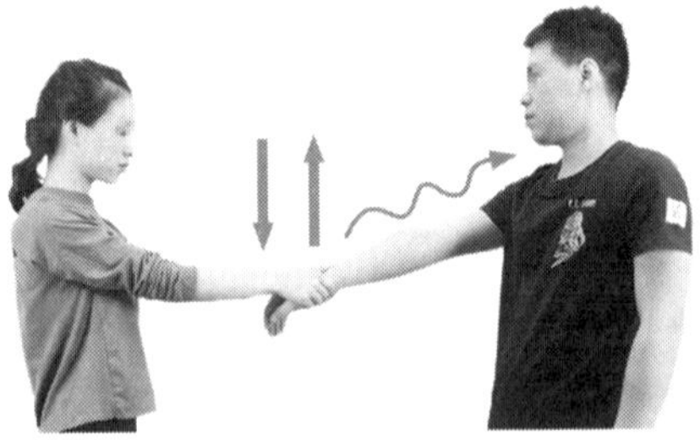

抖臂

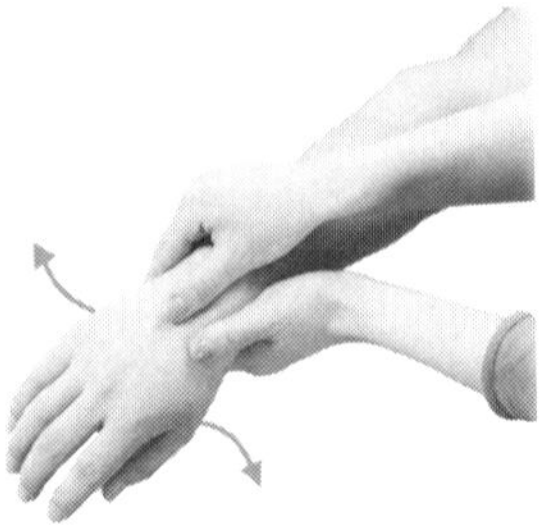

抖腕

图1－29　抖法

1）动作要领。受术者取坐位或卧位，术者站立，以单手或双手握住受术者的远端，先以缓慢轻柔的手法做摇转、导引及摆动，以使患肢放松。随之用力做小幅度的、连续的、频率较快的上下抖动。

2）练习时注意事项。

①被抖动的肢体要自然伸直、放松。

②术者要送劲抖动，使患肢呈波浪起伏状。

③抖动幅度要小，频率要快，要轻松、连续。

3）功效与应用。具有疏松经脉、通利关节、松解粘连、消除疲劳的功效。适用于四肢，常用于上肢。

（9）点法。以指端或肘尖或屈指骨突部，着力于施治穴位上，按而压之，戳而点之的方法称为点法。

1）动作要领。

①拇指指端点法（见图1－30）：手握空拳，拇指伸直并紧靠于食指中节，用拇指端点按治疗部位逐渐垂直用力向下按压。

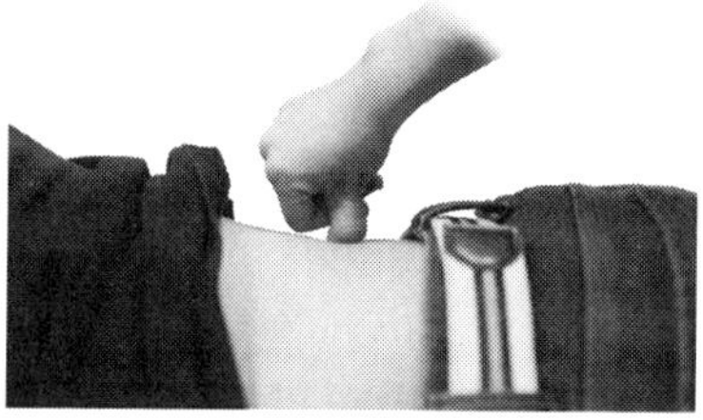

图1－30 拇指指端点法

②屈食指点法（见图1－31（a））：屈食指，以拇指末节内缘紧压食指指甲部，用食指第一指间关节突起部点按体表的治疗部位，逐渐用力垂直向下按压。

③屈肘点法（见图1－31（b））：施术者屈肘，以肘尖着力于施治部位压而点之。

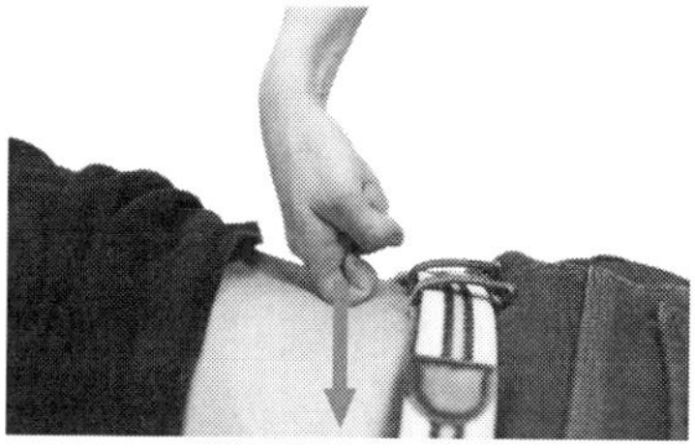

（a）屈食指点法

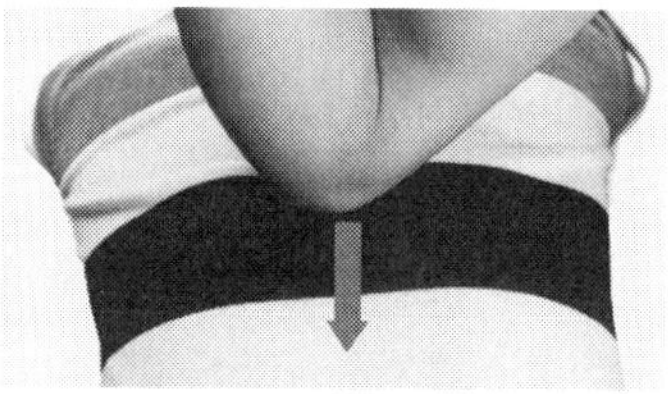

（b）屈肘点法

图1－31 点法

2）练习时注意事项。

①点压的方向要垂直，要用力向下按压。

②用力要由轻而重，平稳而持续，力量逐渐增加。

③本法操作完后，继以轻揉，不宜突然松手。

3）功效与应用。具有通经活络、消瘀破结、开通闭塞、消肿止痛、调节脏腑的功效。本法刺激强，着力点小，用力集中，其操作也较安全、省力，故适用于全身各部位及穴位。

（10）搓法（见图1－32）。用双掌面着力于治疗部位或夹住肢体做交替搓揉动作的方法称搓法。

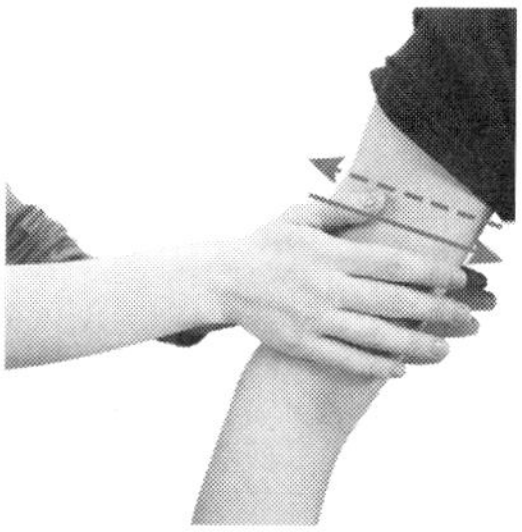

图1－32 搓法

1）动作要领。受术者肢体放松，术者用双手掌面夹住肢体的治疗部位，然后相对用力，做方向相反的快速搓揉、搓转或搓摩运动，同时做上下往返移动。

2）练习时注意事项。

①练习时双手用力要对称，腕关节放松，动作要灵活，施术部位不宜夹得太紧。

②搓揉、搓转、搓摩动作要快，但移动要慢。

③施力要深沉，并紧贴治疗部位，而且动作要连贯。

3）功效与应用。具有调和气血、疏松经络、有效地放松肌肉的功效。适用于四肢、腰背及肋部，常用于上肢。常作为辅助性结束手法应用。该手法对体育运动的训练与竞赛后的放松整理有良好的效果。

（11）刮法。用指端或拳尖或其他器具于施治部位直行、横行地反复刮拭的方法称刮法，汤匙刮法（见图1－33）。

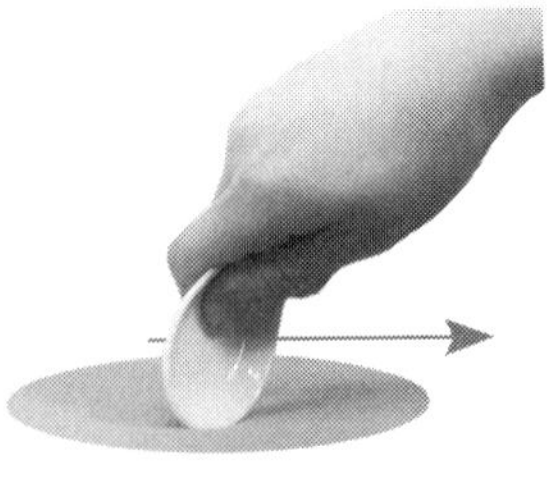

图1－33　汤匙刮法

1）动作要领。术者以指端或拳尖或其他器具紧贴于治疗部位做直行或横行的快速反复刮拭，以局部皮肤呈紫红色或青紫色为度。

2）练习时注意事项。

①操作时，要紧贴皮肤，动作轻巧，用力较推法重。

②刮法直接接触皮肤，无论用手或器具刮拭，均应注意保护皮肤。需用介质，如水、麻油、葱汁、姜汁等。

3）功效与应用。具有发散解表、温通经络、松筋活血、解痉止痛等功效。应用于颈项、肩部、背部、脊柱两侧和胸部肋间处。

（12）掐法（见图1－34）。用指端（多以拇指）甲缘重按穴位而不刺破皮肤的方法称掐法。

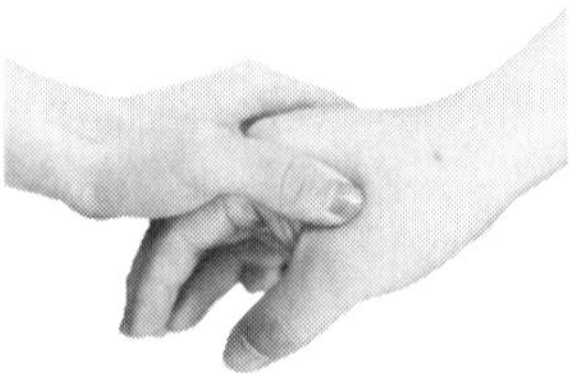

图1－34　掐法

1）动作要领。受术者取坐位或卧位，术者将力贯注于着力的单手或双手拇指指端甲缘，在需治的穴位上重按而掐之。

2）练习时注意事项。

①取准穴位再施掐法。

②可在手指上包一层薄布再施术，以免刺破皮肤。

③宜垂直用力按压，不能扭动而掐破皮肤。

④掐后需做轻揉，以缓解疼痛。

3）功效及应用。具有开窍醒脑、提神、解痛、行气通络的作用，常用掐人中、涌泉穴，灸神阙等进行急救。

（13）拨筋法（分筋法）。以拇指指端深按于肌腱部，着力按而拨动的手法称拨筋法（见图1－35）。也有利用三指或四指指端并齐同时插入肌筋缝中进行按而拨动的手法，称三指拨法或四指拨法。

1）动作要领。施术者用拇指指端或食指、中指指端，按于治疗部位，适当用力下压至一定深度，待有酸胀感时再做与肌纤维（或肌腱、韧带）或经络方向垂直的来回拨动。

2）练习时注意事项。

①施力的大小应根据部位而定。

②拨动的方向、角度、幅度应根据局部肌肉的走向决定。

③施术时向下的压力不宜过重，以患者能忍受为度。

④拨动时，指下应有弹动感，而不能在皮肤表面有摩擦移动。

3）功效与应用。具有解痉止痛、分解粘连、疏理肌筋等功效，是较强的刺激用法。常用于治疗肌肉、肌腱和韧带的慢性损伤。

（14）理筋法（顺筋法）。用拇指指腹压迫伤部，顺着肌纤维、韧带或神经行走的方向缓慢移动，以顺理其筋的手法称为理筋法（见图1－36）。

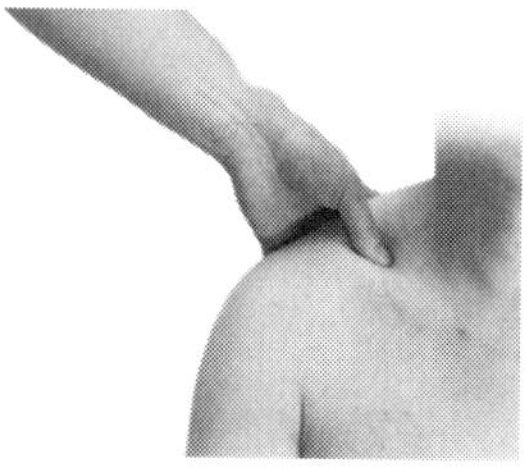

图1－35　拨筋法

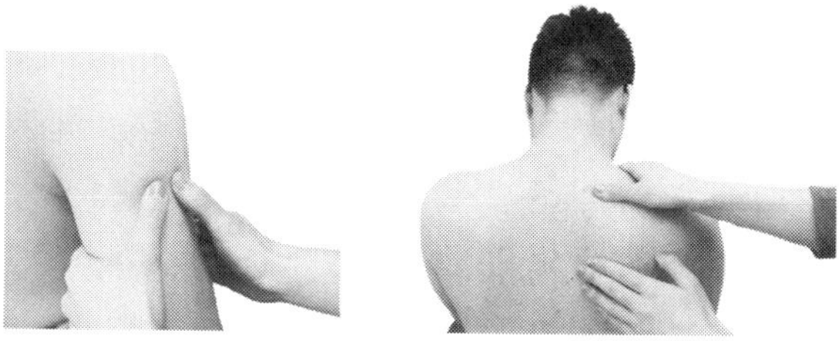

图1－36　理筋法

1）动作要领。用单手或双手拇指指腹按压在被治疗部位的上端，其余手指与拇指相对握住其肢体，沿着肌纤维、韧带和神经的方向，用力均匀、柔和，反复自上而下或左右分别理顺其筋。

2）练习时注意事项。操作时用力需均匀持续，指腹移动缓慢。

3）功效与应用。具有调和气血、顺筋归位的作用，常用于治疗急性闭合性软组织损伤。

（15）拍打（叩击、轻拍、切击）法。

1）叩击法（见图1－37）。双手握空拳，用拳的尺侧面交替叩打被按摩的部位。

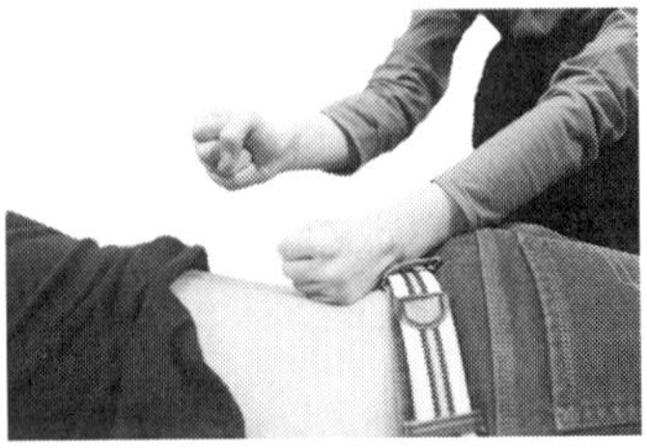

图1－37 叩击法

①动作要领与练习要求：要求动作小而轻快，肩带肘，肘带腕，腕带手，手腕尽量放松，用力均匀，连续不断，深透舒适。

②功效与应用：具有促进血液循环、舒筋活血、畅通血流、消肿止痛、消除疲劳、振奋精神的功效，常用于肩部、上背部、腰臀部及四肢肌肉较厚部位。

2）轻拍法（见图1－38）。双手握空拳或双手自然伸开，拳心或掌心向下交替进行拍打。

①动作要领与练习要求：要领同叩击法，要求用力均匀柔和，连续不断。

②功效与应用：具有调和气血、镇静止痛、消肿散瘀的作用，应用于头面部、颈胸背、肩腰臀和四肢等处。

3）切击法（见图1－39）。双手自然冲击，以手掌尺侧面接触被按摩的部位，沿着肌纤维的方向交替切击。

①动作要领与练习要求：要领同叩击法。

②功效与应用：功效同叩击法，应用于四肢、腰、臀部肌肉较厚处。

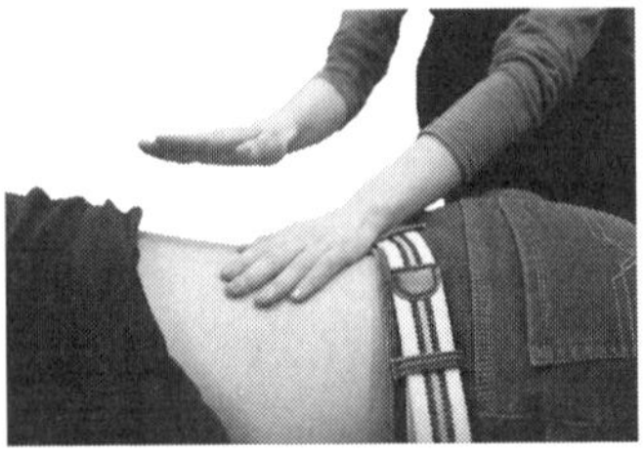

图1－38 轻拍法

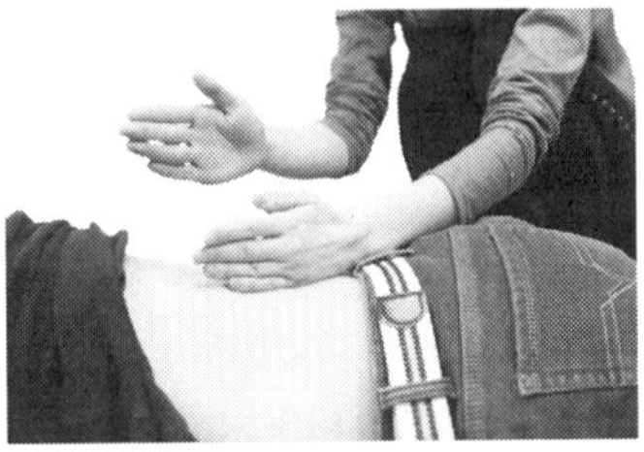

图1－39 切击法

（16）运拉法。运拉法是根据关节活动的可能性，做屈伸、内收、外展、内旋、外旋、环转及牵引等活动。

1）颈部运拉法（见图1－40）：受术者取坐位，施术者立于受术者后，先让受术者做主动运动，观察受术者活动情况，再顺势给予适当力量帮助受术者做颈部的屈伸、转动绕环动作，逐渐加大活动幅度，最后双手托住下颌，向上牵引2～3次。

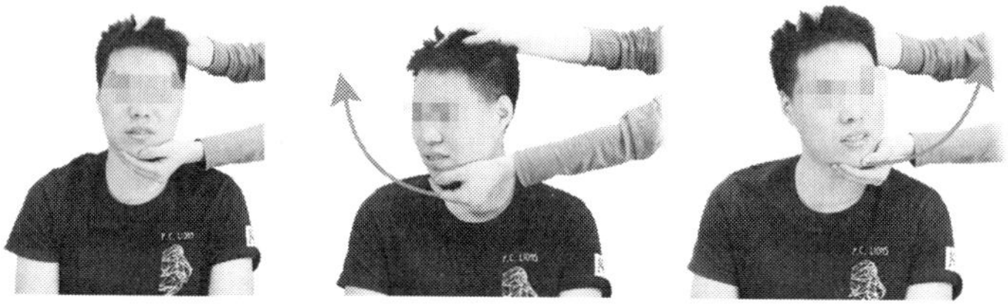

图1－40　颈部运拉法

2）肩关节运拉法（见图1－41）：施术者一手握着受术者肘部，一手按受术者肩部，帮助受术者肩部做各种活动，活动后给予轻的顺势牵引，使其感到轻微酸痛，运拉结束后会有一种轻快的舒适感。

图1－41　肩关节运拉法

3）肘关节运拉法（见图1－42）：受术者取坐位，施术者立或坐于受术者对面或侧后方，一手握住受术者前臂的远端，一手握肘部，先做屈伸和旋内、旋外的肘部活动，数次后再将受术者肘关节弯曲近90°时，再做环转（顺、逆时针方向），最后做轻度顺势牵引。

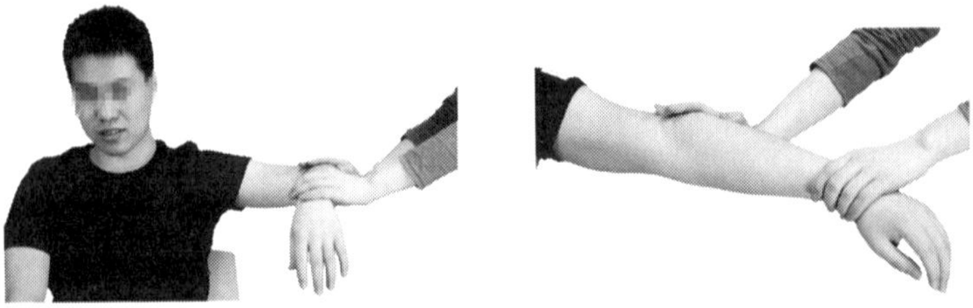

图 1－42 肘关节运拉法

4）腕关节运拉法：施术者一手握住受术者的腕关节上部，另一手握住受术者手的四指，做屈、伸和轻度内收、外展、旋内、旋外以及幅度稍大的环转活动，然后再将受术者腕关节置于水平位。

5）指关节运拉法：施术者一手捏住受术者指端，做四个手指或某一指的屈伸、环转和上下左右的摇动，最后做牵引。

6）下肢部运拉法：受术者取仰卧位，膝关节屈曲，施术者立于受术者侧方，一手按住膝关节处，一手握受术者小腿下部，帮助受术者下肢做屈、伸、内收、外展、旋内、旋外及环转等活动，最后做伸直腿牵拉。

（八）针灸疗法

针灸方法较多，常用的是毫针法和灸法。

1. 毫针法

毫针是最常用的针具，由不锈钢或合金制成。通过针刺人体穴位并给予一定量的刺激，可以“通其经络，调其气血”，调和阴阳，扶正祛邪。据统计，毫针约对 100 种疾病有明显疗效。

进针后，患者自觉在针刺部位出现酸、胀、重的感觉，称为“得气”或“针感”。实践证明，针感的有无及强弱，直接影响治疗效果。一般来说，“得气”迅速效果好，“得气”慢效果差，无“得气”则可能无效。

针刺深度应根据年龄、体质、部位和病情而定，一般以既有针感而又不伤及脏器为原则。留针时间 15 ~30 分钟。出针时，先用左手拇、食指持棉球按压在针旁皮肤上，右手持针轻微捻转并上提至皮下，稍停后随即出针，并用消毒棉球按压皮肤针孔，以防出血。

2. 灸　法

把艾绒制成艾柱或艾条，点燃后在一定的穴位上进行熏灼，给予一定的温热刺激，通过经络的调节作用而达到治疗疾病的目的。常用的有隔姜灸、温和灸、雀啄灸和温针灸等，在运动伤害中多用于治疗陈旧性或慢性软组织损伤。

（1）隔姜灸。先将鲜生姜切一薄片，中间用针刺数个小孔，把姜片置于穴位上，上面再放点燃的灸柱。当皮肤感到灼痛时再更换艾柱，一般灸 5 ~ 7 柱，以皮肤出现红晕为度。

（2）温和灸。把艾条的一端点燃后对准施灸的穴位，距离皮肤以皮肤稍起红晕为度。

（3）雀啄灸。把艾条的一端点燃后对准施灸的穴位，但两者间的距离不固定，而是像鸟啄食一样，一上一下地移动，以皮肤稍起红晕为度。

（4）温针灸。先用毫针刺入穴位，“得气”后再把艾绒捏在针柄上点燃，直至燃尽为止，也可在针柄上穿置 1 ~ 2 厘米的艾条施灸。这是针刺与艾灸结合使用的方法。

施灸时要注意先后次序，一般是先灸上部、背部，后灸下部、腹部，先灸躯干后灸四肢；要注意安全，避免烧损衣服和皮肤；颜面五官和大血管处不宜进行产生瘢痕的直接灸；孕妇腹部和腰骶部不宜施灸。灸后若出现水疱，小者可让其自行吸收，大者可用消毒毫针穿破，涂以紫药水并用消毒敷料包扎。

（九）运动拉伸

拉伸是以解剖学、生物力学为基础，提高身体柔韧性的一种方法。近些年来在运动和物理治疗领域被广泛应用。

1. 拉伸的作用

拉伸练习可以增加肌肉弹性，有助于运动者更合理地完成技术动作，预防运动损伤。拉伸可以改善关节周围软组织的伸展性以及肌肉的肌张力，进一步放松肌肉，同时加快机体的血液和淋巴循环，促进代谢产物的排出，并减缓运动后短期内肌肉延迟性酸痛，促进机体的超量恢复。拉伸可以改善肌肉的神经控制，调节肌肉张力，缓解由肌肉张力异常导致的疼痛。在肌肉失衡导致的损伤中，拉伸可以有效缓解症状。

2. 拉伸的分类

依据拉伸动作特征可分为静态拉伸和动态拉伸。

（1）静态拉伸。静态拉伸是指通过缓慢的动作将肌肉、韧带等软组织拉长到一定程度时，保持肌肉不动状态的拉伸练习方法。这种方法对改善关节活动范围、缓解机体疲劳和减少运动损伤等均有良好的作用。由于静态拉伸动作均匀缓慢且动作幅度较小，牵张反射在受到抑制过程中，虽然软组织可能会有不适的牵拉感，但不会有疼痛的感觉。目前，普遍认为拉伸的最佳时间保持在 10～60 秒，时间过长的静态拉伸没有达到比预期更好的效果。

（2）动态拉伸。动态拉伸是指有节奏控制的速度略快的多次重复同一动作的练习方法。相比静态拉伸，动态拉伸肌肉张力的变化峰值较高，能够引起肌肉的牵张反射，而且这类方法不仅可以提高肌肉的伸展性与收缩性，还可以促进血液循环，从而提高肌肉的弹性和动作效果。动态拉伸一般每个动作持续 1～2 秒，重复 4～6 次，做 1～2 组。

3. 拉伸的方法

拉伸的具体方法见本书其他章节。

4. 拉伸的注意事项

（1）拉伸时不能感觉到刺痛。

（2）拉伸时均匀用力。

（3）循序渐进地增加拉伸强度，感觉肌肉紧张时应停止拉伸。

（4）注意拉伸与呼吸动作的配合。

（5）保持正常体位，以保证目标肌肉获得良好的牵拉。

（6）静态拉伸后，应避免立刻进行爆发力训练。

（7）在柔韧固定的表面上拉伸，如瑜伽垫等。

（8）避免出现错误的拉伸动作。

二、出血紧急处理

健康成年人全身血液总量为 4000～5000 mL，平均血液分配量为 75 mL/kg（65～85 mL/kg 之间）。若急性大量出血达全身血液总量的 20% 左右，即可出现急性贫血症状。若出血量达全身血液总量的 30%，即可出现休克，甚至出现生命危险。所以，对有出血的伤员，必须立即急救，及时给予止血处理。

1. 出血的分类

血液从损伤的血管流出称为出血。根据损伤血管的分类，出血分为动脉出血、静脉出血、毛细血管出血。

2. 常见的止血方法

（1）冷敷止血法。冷敷可以收缩血管、减少充血、降低温度、抑制神经感觉，具有止血、止痛、防肿作用，一般用于急性闭合性软组织损伤早期，也可与加压包扎和抬高伤肢同时应用。可用冷水或冰袋敷于损伤部位。

（2）抬高伤肢止血法。四肢小静脉或毛细血管出血时，可将伤肢抬高，使出血部位压力降低，常在绷带加压包扎后使用，是一种辅助止血方法。

（3）包扎止血法。此法适用于小静脉和毛细血管出血的止血。用消毒敷料覆盖创口后以绷带加压包扎。

（4）加垫屈肢止血法（见图 1－43）。远端肢体出血，又无骨折和关节损伤时，可将棉垫或绷带卷放在肘、膝、腋关节窝或腹股沟上，屈曲后用绷带或三角巾做“8”字形包扎。

图 1－43　加垫屈肢止血法

（5）手指直接指压止血法。简单而有效的止血方法。即用手指指腹直接压在伤口的出血点上，但不易持久，否则易感染，只在应急时采用此法。为避免感染，可用消毒的敷料做衬垫。

（6）间接指压止血法。用手指把身体浅部的动脉压在相应的骨面上，用于临时阻断该动脉供血部位的出血。常见的指压止血法有：颞浅动脉压迫法（见图 1－44）、耳后动脉压迫法（见图 1－45）、颌外动脉压迫法（见图 1－46）、锁骨下动脉压迫法（见图 1－47）、肱动脉压迫法（见图 1－48）、桡尺动脉压迫法（见图

1－49)、指动脉压迫法（见图1－50)、股动脉压迫法（见图1－51）及胫前、胫后动脉压迫法（见图1－52)。

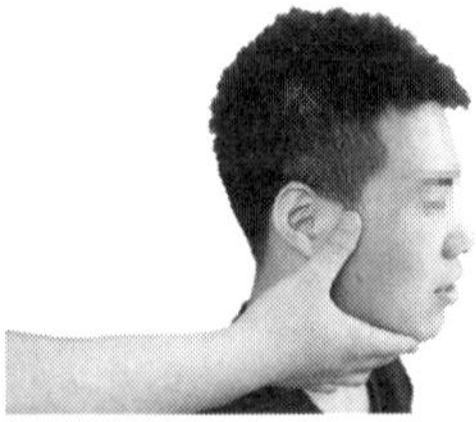

图1－44　颞浅动脉压迫法

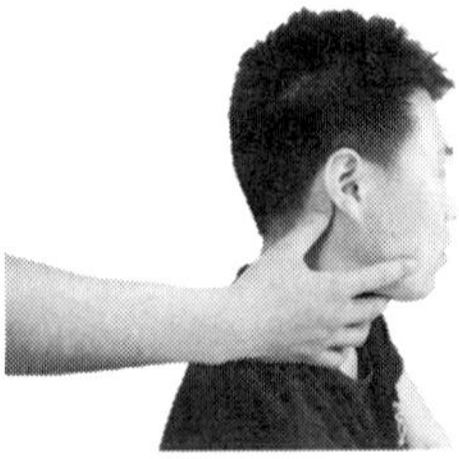

图1－45　耳后动脉压迫法

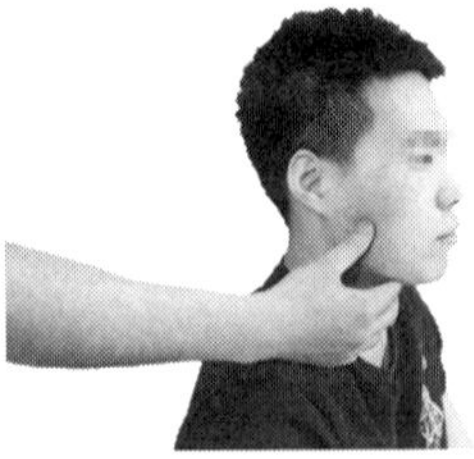

图1－46　颌外动脉压迫法

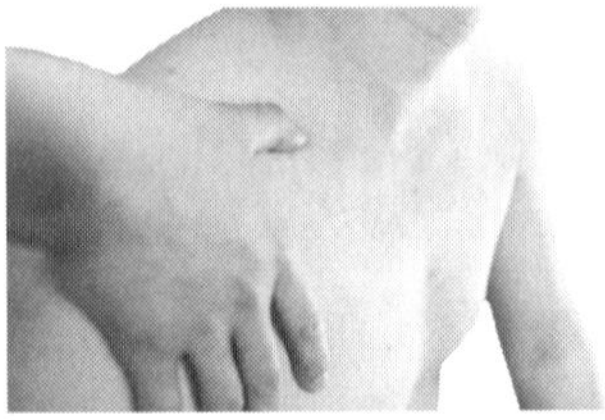

图1－47　锁骨下动脉压迫法

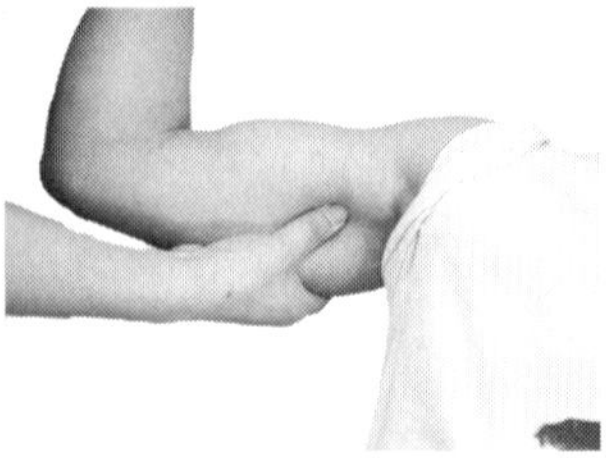

图1－48　肱动脉压迫法

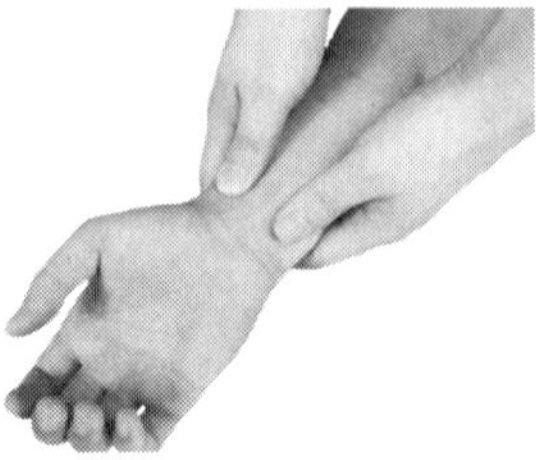

图1－49　桡尺动脉压迫法

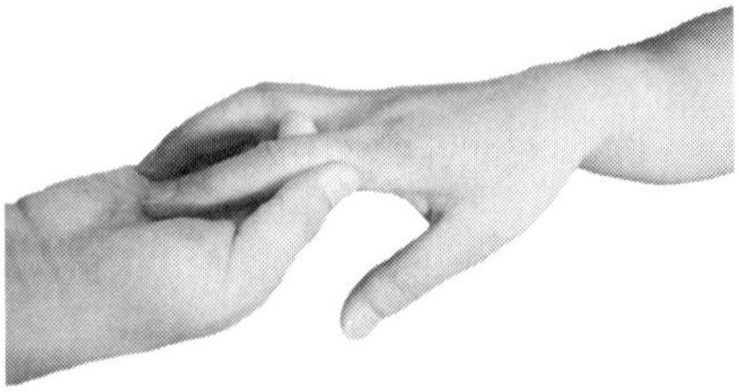

图1－50　指动脉压迫法

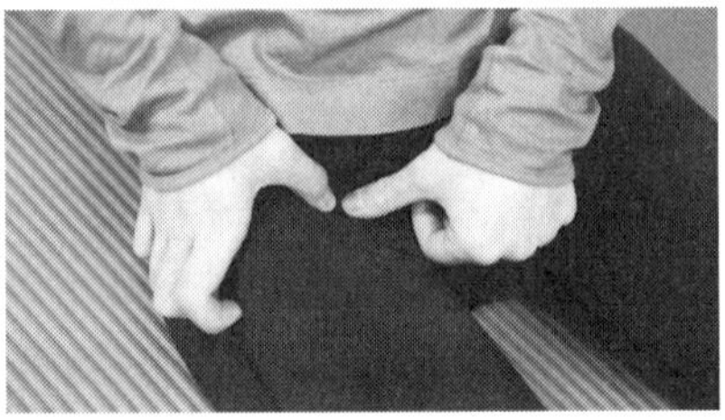

图1－51　股动脉压迫法

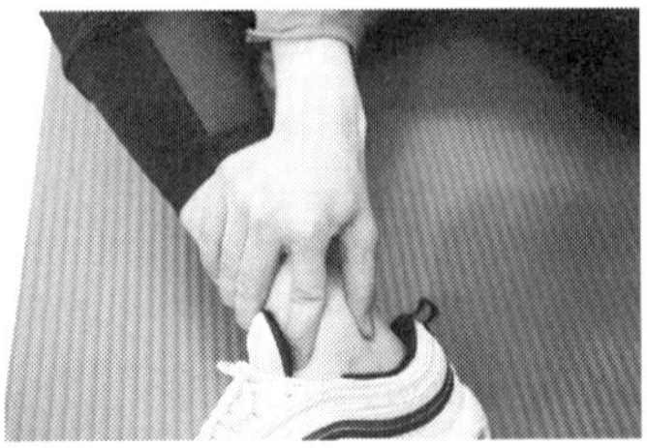

图1－52　胫前、胫后动脉压迫法

（7）止血带止血法（见图 1－53）。用于四肢较大动脉出血。用特殊的止血带或软布带、橡皮管、三角巾、扎带、手绢等代用品绑扎在伤口的近心端，对动脉的压力不应小于 26.6 kPa（200 mmHg）。

（8）充填止血法。多用于躯干的大伤口或不能用止血带的部位，运动损伤中很少使用。主要使用消毒纱布垫充填伤口压迫止血。

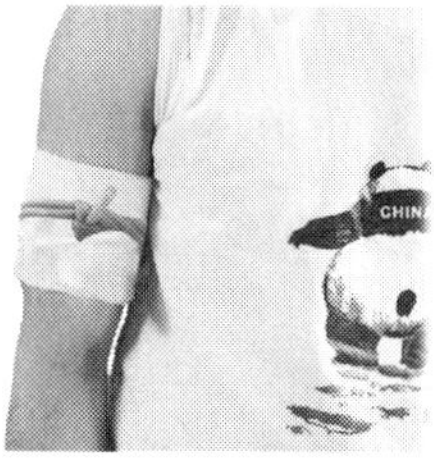

图 1－53　止血带止血法

三、心肺复苏术

心肺复苏术是针对呼吸、心跳停止所采用的抢救措施，即以人工呼吸方法代替病员的自主呼吸，以心脏挤压形成暂时的人工循环，并诱发心脏的自主搏动，临床上将二者合称为心肺复苏术。

在体育运动中，严重事故可能会导致心跳和呼吸骤停。因此，体育运动参加者和教练员掌握一些心肺复苏知识与技能是很有必要的。人工呼吸和胸外心脏按摩是心肺复苏初期要采取的最主要措施。

（一）人工呼吸

呼吸停止后应立即开始有效的人工呼吸。口对口人工呼吸方法最简便有效。具体操作方法为：伤员仰卧，头部置于极度后仰位，打开口腔并盖上一层纱布。救护者一手托起患者下颌，另一手压迫患者前额保持头后仰，同时以拇、食指捏住患者鼻孔，深吸一口气后，对准患者口部吹入。吹气完后，立即松开捏住鼻孔的手。如此反复地进行，每分钟吹气 16～18 次。有条件时采用气管插管麻醉机或人工呼吸机进行人工呼吸。施用人工呼吸时必须迅速检查并清除口腔内异物、黏液及呕吐物等，并松开裤带、领扣和衣服，以保持呼吸道的通畅。

（二）胸外心脏按压

该方法简便、易行、有效，为抢救心跳停止的首选措施。具体操作如下：病人仰卧在木板床或地上。救护者双手掌重叠，以掌根部放在病人胸骨体的下半段，肘关节伸直，借助于自身体重和肩臂肌的力量，适度用力下压，使胸骨体下半段和相连的肋软骨下陷 4～5 厘米，随后立即将手放松（掌根不离开病人皮肤），如此反复地进行。成人每分钟挤压 80～100 次；小儿用单手掌根挤压，每分钟挤压 100～120 次。

（三）心肺复苏术的类型

对于呼吸、心跳都停止的患者，可进行人工呼吸、心脏按压并用的心肺复苏术法。

1. 一人急救法

先进行两次人工呼吸，接着观察颈动脉脉搏 5 秒。如果触不到脉搏，立即转移到按压位置进行心脏按压 15 次，然后再做人工呼吸 2 次，再做心脏按压 15 次，如此反复地进行，直至脉搏出现。也可按压 30 次，人工呼吸 2 次，或只做胸外心脏按压，不做人工呼吸。

2. 两人急救法

如救护者为两人，则分别在受伤者两侧实施心肺复苏术，1 人进行人工呼吸，1 人进行心脏按压，相互配合。方法是由一人做 1 次人工呼吸，同时另一人心脏按压 5 次，两人以呼吸按压比为 1:5 的节奏进行。

四、开放性软组织损伤的处理

开放性软组织损伤后，皮肤或黏膜的完整性已遭到破坏，受伤组织有裂口与体表相通，如擦伤、刺伤、切伤、撕裂伤等。这些损伤的共同点是有出血现象和伤口。常见的一般治疗方法是用药物治疗，包括内服药物和外用药物，内服药物有镇痛药、七厘散、云南白药等，外用药有 0.1% 的苯扎溴铵（新洁尔灭）、2% 的碘酊（碘酒）、碘伏、75% 的酒精、3% 的过氧化氢溶液（双氧水）、0.9% 的氯化钠溶液（生理盐水）、松节油、莫匹罗星软膏、红霉素软膏、樟脑酊、破伤风抗毒血清等。

（一）治疗原则

止血和保护伤口。

（二）治疗方法

1. 擦伤的治疗

擦伤是皮肤受摩擦所致。例如，田径及球类运动时摔倒擦伤、体操运动时被器械擦伤、拳击时被拳套擦伤等。擦伤是外伤中最轻且最常见的一种。

（1）小面积擦伤可以用碘伏溶液涂抹，无须包扎，暴露于空气中即可痊愈。

（2）损伤面积稍大、创面有异物污染，则需用生理盐水或双氧水冲净伤口，伤口周围用75%的酒精棉球消毒，局部擦以碘酒或碘伏即可。关节及面部擦伤最好用5%～10%的磺胺软膏或红霉素软膏涂上，并给予弹力绷带包扎。

（3）擦伤面积较大、伤口深、创面有异物污染，则需用生理盐水或双氧水冲洗伤口，必要时使用医用消毒的硬毛小刷子把异物刷掉，用消毒棉球拭干。创口可用双氧水冲净，创口周围用2.5%碘酒和75%酒精沿着伤口周围从内至外做圆形消毒，然后用凡士林纱条覆盖，或涂上消炎软膏或消炎粉后再用无菌敷料覆盖并包扎。

（4）若创口较深、污染较重时，应注射破伤风抗毒血清，并给予抗生素药物治疗。感染的伤口应每日或隔日换药一次。

（5）擦伤呈刺花，系摔倒时石、煤、砂屑等镶擦入皮肤之中形成的，急救处理时必须用医用消毒硬毛刷刷出异物，然后用凡士林纱布敷盖包扎。

2. 撕裂伤、刺伤与切伤的治疗

这三种损伤，皮肤都有不同程度规则或不规则的创口，虽然各有特征，但病理却大致相同。处理时主要是清洁创面、缝合及预防破伤风。

（1）若撕裂的伤口较小，切口的创面整齐又清洁，其创面长度在1厘米以内时，可先用无菌纱布盖住伤口加压止血，然后用2%的碘酒在伤口周围消毒，再用75%的酒精脱碘处理后，将伤口对合好，用粘膏粘合，再盖上消毒纱布，4～7天除去敷料，伤口便可愈合。发生在面部的撕裂伤，为了继续比赛，可用生理盐水冲洗，肾上腺素液棉球压迫止血，再用粘胶封合，或用创可贴固定。

（2）如果被生锈铁钉或脏竹枝等刺伤感染，因刺伤的伤口小而深，这种伤口应先除去异物，用双氧水、0.1%的苯扎溴铵（新洁尔灭）、生理盐水反复冲洗，再进行消毒包扎，并注射破伤风抗毒血清。

（3）若出血较多，应立即进行临时止血，并马上送医院做进一步处理，注射破伤风抗毒血清。总之，新伤（一般在6～12小时以内）应先用肥皂水与生理盐水洗刷，然后剪除伤口边缘的糜烂部分或坏死组织，再止血、缝合；如疑有感染，可暂用凡士林纱布充填，3天后检查，无感染时再行二期缝合。切记，切伤时常同时合并神经和肌腱损伤，应一并处理。

五、闭合性损伤的治疗方法

闭合性损伤后，皮肤或黏膜仍保持完整，受伤组织无裂口与体表相通，如挫伤、关节韧带扭伤、肌肉拉伤等。这类运动损伤可按不同的病理过程进行分类，主要分为急性损伤和慢性损伤。常见的一般治疗方法有中草药内服、外敷、熏洗，压痛点封闭治疗、物理理疗等。内服中药如跌打丸、六味地黄丸（丹）、大小活络丸（丹）、七厘散。外敷新伤药、活血生新剂、旧伤药、海桐皮熏洗药等。物理治疗有冷敷、热敷、红外线治疗等。服用西药也是治疗软组织损伤的常用方法之一，常用的有抗生素（仅适用于感染性炎症）、解热镇痛剂和其他镇痛剂。

（一）急性损伤

急性损伤又分早期、中期、后期。

1. 早　期

急性损伤早期为损伤后24小时或48小时以内，治疗原则主要是止血、防肿、镇痛、适当制动和减轻炎症。必须指出，为了减少瘢痕形成，防止肌肉及韧带无力，早期尽量使出血及肿胀减少非常重要。

2. 中　期

急性损伤中期为损伤后24小时或48小时，治疗原则主要是改善伤部血液和淋巴循环，促进瘀血和渗出液的吸收，加速损伤的修复。

3. 后　期

急性损伤后期的治疗原则主要是恢复和增强肌肉、关节的功能。

（二）慢性损伤

慢性损伤按病因又可分为陈旧伤和过劳伤两类。

1. 陈旧伤

陈旧伤是由急性损伤后处理不当而致反复发作的损伤。

2. 过劳伤

过劳伤是由于局部运动负荷量安排不当，长期负担过重，超出了组织所能承受的能力，局部过劳致伤。症状出现缓慢，病程迁延较长。例如，损伤性腱鞘炎、跟腱周围炎、腰肌劳损等。

（三）治疗原则

治疗原则主要是改善伤部血液循环、促进组织的新陈代谢、合理安排局部负担量。

（四）治疗方法

1. 急性损伤

（1）早期。伤后即刻冷敷，加压包扎，抬高患肢。

（2）中期。可采用热疗、按摩、针灸及药物等疗法。

（3）后期。以按摩、理疗、功能锻炼为主，适当配以药物治疗。

2. 慢性损伤

慢性损伤的治疗方法与急性损伤的中、后期的治疗方法大致相同，但要特别注意功能锻炼。治疗方法以按摩、理疗、针灸、局部封闭、功能锻炼为主。

复习思考题

1. 什么是运动损伤？
2. 造成运动损伤的常见原因有哪些？
3. 运动损伤有哪些分类？
4. 运动损伤的预防原则有哪些？
5. 运动损伤的评估包括哪些方面？
6. 什么是上交叉综合征？如何改善？
7. 什么是下交叉综合征？如何改善？
8. 常见运动损伤处理方法有哪些？
9. 出血如何分类？
10. 常见的止血方法有哪些？
11. 心肺复苏技术都包括什么？如何操作？
12. 常见的开放性软组织损伤有哪些？有何特征？
13. 急性闭合性软组织损伤有何特征？如何处理？
14. 包扎有何作用？常见的包扎方法有哪些？
15. 拉伸有什么作用？
16. 泡沫轴在运动中有哪些应用？

第二章 肩部及上臂部常见运动损伤

第一节　肩袖损伤

肩袖损伤又称肩袖肌腱炎、肩撞击综合征等，系指肩峰下滑囊、肩袖肌腱等组织受到肩峰和肱骨大结节等结构的挤压产生的创伤性炎症。多见于投掷、排球、体操、举重、游泳、手球等项目的运动员，发生后经久不愈，影响训练和比赛。

肩关节由肩胛盂与肱骨头组成，是人体活动范围最大的关节，属球窝关节。肩胛盂的关节面仅相当于肱骨头关节面的1/4～1/3。关节头大窝小，关节囊薄而松弛，使其具有很大的运动幅度，但稳固性较差，远低于髋关节。一般来说，一个关节稳固与否取决于三个主要的因素：骨性结构、韧带和肌肉。肩关节的稳固并非依赖于它的骨性结构和韧带，而是依赖于肌肉，其中，肩袖肌群发挥着重要作用。

肩袖肌群由冈上肌（使上臂外展）、肩胛下肌（内旋上臂）、冈下肌及小圆肌（外旋上臂）四块肌肉组成。肌腱均止于肱骨大、小结节及外科颈，为联合腱，形似袖口，故称为肩袖、腱袖或旋转袖。

肩峰下滑囊位于冈上肌、肱骨大结节的上方、肩峰和三角肌的下方。当上臂下垂时，滑液囊位于三角肌下；当上臂外展时，滑液囊则会部分移动到肩峰下。同时，滑液囊的两层壁产生履带式运动（深层向内，浅层向外）。

冈上肌管是肩峰与喙突之间由喙肩韧带形成喙肩弓。其与肩胛冈组成一个三面为骨一面为韧带的“冈上肌管”，此管内有冈上肌肌腱通过。

肩袖的作用主要包括：①悬吊肱骨；②稳定肱骨头；③协助三角肌外展上臂；④旋转肩关节。

肩袖肌群的共同功能是在任何运动或静止状态下使肱骨头与肩胛盂紧密接触而获得稳定，使盂肱关节成为运动的轴心和支点。当三角肌收缩时，肩袖拮抗三角肌的作用，不让肱骨头被拉向肩峰，这样，肩袖肌群与三角肌形成一对力偶。一旦冈上肌完全断裂，三角肌就无力使肱骨外展。

冈上肌可视为外展运动的“起动装置”。从机械学上看，当臂部由体侧开始外展时，由于三角肌的拉力与骨轴平行其力臂甚小，故几乎不起作用，而冈上肌则相反，因为该肌的纤维被拉紧，其拉力与矢状轴垂直，且力臂大于三角肌，对肱骨转动的效率大，但随着外展幅度的加大，冈上肌转动效率逐渐降低，代之而起作用的是三角肌。

肩袖是肩关节活动的解剖弱点。转肩时，它不仅要保护关节的稳定，同时还要完成转肩的重任（如吊环上的动作），再加上它与肩峰紧贴，容易受到摩擦而受伤。而冈上肌和肩胛下肌由于其解剖上的特点，更易损伤。

一、损伤机制

肩撞击综合征好发于长期从事臂部用力工作的人员。发生的病因主要是肱骨大结节反复超常范围的急剧转动（特别是外展），使肩袖遭受过度牵拉、挤压并与肩峰和喙肩韧带不断摩擦所致。例如，体操运动员在单杠、高低杠、吊环中的转肩动作；运动员投掷标枪，以及棒、垒球投手的出手动作；举重抓举时，肩的突然外展、前屈、背伸动作；蝶泳、自由泳、仰泳时的转肩等动作都是引起此种损伤的典型机制。

大多有一次损伤史，如未及时合理地处理，继续重复损伤动作，最后变成慢性。也可因跌倒时手外展着地，或手持重物肩关节突然外展上举，或在运动中肩部受力突然剧增挤压致伤。本病也常发于 40 岁以后、无肩痛主诉的病人身上，原因为冈上肌明显退行性改变，而冈上肌腱在腱止点上方 1 厘米范围内缺乏血管，是退变和肌腱损伤的好发部位。

本病的主要病理变化为：①肌腱病变。肌腱失去正常的光泽变白或发黄，覆盖其表面的滑囊多与之粘连，有充血、肿胀及血管增生。镜检有腱纤维玻璃样变、纤维变及断裂，腱止点的纤维软骨化生为玻璃样软骨。冈上肌腱时有钙化，钙化沉积物周围有炎症反应。②滑囊病变。胶原纤维有玻璃样变、血管增生和管壁增厚，滑膜表面有绒毛增生。③韧带病变。喙肱韧带有胶原纤维的玻璃样变性、断裂、血管增生及充血。④肱骨头病变。肱骨的骨及软骨因反复磨损出现退行性改变，软骨骨化和骨质增生。

原发损伤一般主要出现在肩袖肌腱，以后继发滑囊炎。

二、损伤评估

（1）一般急性损伤都有外伤史。

（2）肩部疼痛、压痛。肩痛可在一次急性损伤或肩部过度训练之后发生，多于肩前方持续性钝痛，有时向三角肌（腋神经）止点放射。慢性病例仅觉肩部不适，在肩关节活动过程中突然出现剧痛。压痛多在肩峰下的深部，以肱骨大结节处压痛最明显。

（3）上举功能障碍。有肩袖大面积断裂的患者，上举及外展功能均明显受限，外展及前举范围小于45°。

（4）反弓痛。在患臂上举后再做过伸运动即出现明显的疼痛或使原疼痛程度加重。它可以随肩部充分的准备活动而减轻，也可随着运动量、强度和运动范围的加大而加重。

病程长者，肩关节功能有明显障碍，伤后约3周，即可出现肩部肌肉萎缩，因而肩胛冈、肩峰相对显得高突。

（5）特殊检查。

1）肩痛弧征：患者主动或被动使上臂外展或由外展位内收在60°~120°出现疼痛，小于60°和大于120°时，疼痛反而减轻或消失为阳性。卧位明显。

2）Neer 征：患者手臂在肩胛骨平面强制被动抬高，同时检查者将患者整个手臂尤其是肱骨内旋，肩部出现疼痛为阳性。

3）Hawkins 撞击征：患者取坐位，使患肩前屈 90°后再内旋，这时，肱骨大结节进入喙肩韧带下方，若出现疼痛则为阳性，说明存在肩峰下撞击。

（6）其他检查。X 线检查晚期有时可见肱骨大结节处有骨质硬化、囊性或肌腱钙化等改变。

三、处　理

（1）限制肩部活动。急性期疼痛剧烈时，应停止肩部训练，并将上臂外展 30°固定一周左右，减少肌肉活动，减轻疼痛。

（2）冰疗。可采用冰袋或冰按摩法。冰疗时，皮温保持在 10℃效果较好。冰疗时间 15～30 分钟，不应超过 30 分钟。

（3）按摩治疗。急性期后进行按摩治疗，可用推、揉、搓、滚等手法对肩背部、上臂部进行按摩，也可配合点穴，如刺激肩髃、肩内陵、曲池和阿是穴等，最后运拉上肢，活动肩关节。

（4）理疗。可采用 TDP 照射、蜡疗和直流电离子透入法等。

（5）中后期可使用泡沫轴进行肩袖肌群放松。具体方法为：以左侧为例。左侧卧位，上身向右侧稍微扭转，将泡沫轴放在肩胛骨的位置，左侧上肢伸直并置于左肩上方，掌心向上，右肘关节屈 90°，右手放于泡沫轴上。然后将上身向左侧扭转，再回到开始位置。整个过程保持泡沫轴不动。缓慢滚动，重复 10～15 次。如果滚动过程中有痛点，可在痛点处停留 30～60 秒（见图 2－1）。

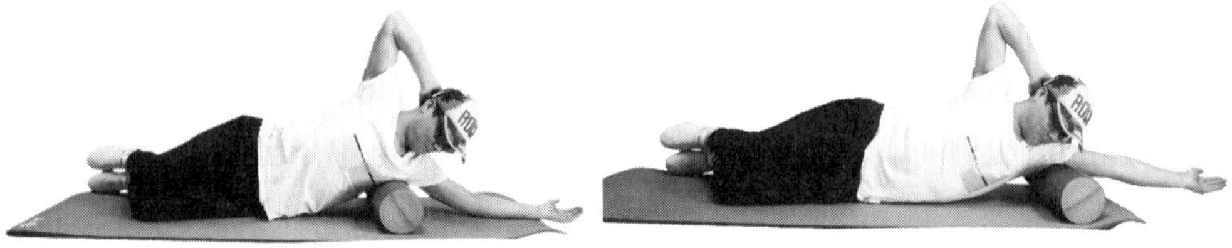

图 2－1　使用泡沫轴进行肩袖肌群放松

（6）可使用肌内效贴布，减轻疼痛，放松冈上肌，稳定肩关节及改善局部循环。采用X形贴布、I形贴布、灯笼形贴布组合进行贴扎（见图2－2）。

摆位：站立位，患肩自然下垂，内旋位，屈肘90°，前臂旋前，用健手托住患手。

X形贴布：自然拉力，中部锚固定于肩部疼痛点，尾向两端延展，见图2－2（a）。

I形贴布：自然拉力，锚固定于肱骨大结节部，尾沿冈上肌延展止于肩胛骨冈上窝，见图2－2（b）。

灯笼形贴布：两条，采用中等接力。一条贴布中部（裁剪成四条的部分）沿上臂纵轴固定包覆盂肱关节，两端分别固定于锁骨中段和三角肌粗隆下方；另一条贴布与第一条贴布垂直方向，中部（裁剪成两条的部分）包覆肩峰周围，两端分别固定于胸背部，见图2－2（c）。

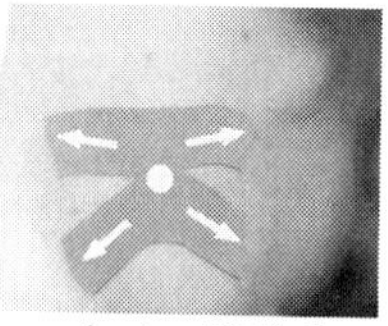
（a）X形贴布

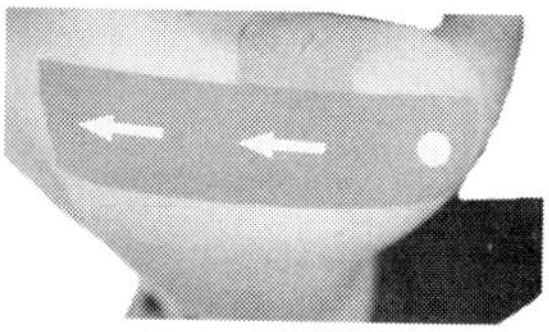
（b）I形贴布

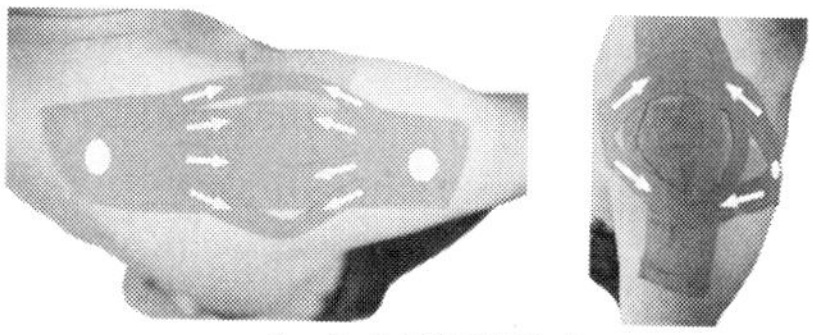
（c）灯笼形贴布

图2－2　肩袖损伤肌内效贴布扎贴程序

（7）功能训练。

1）早期的康复训练。在这一阶段，肩袖因损伤后的肿胀而使冈上肌管处于狭窄的状况。训练的主要目标是完成无痛的主动活动。①捏球练习：患者捏一个网球，在无痛的情况下，按外展、屈曲、外旋、内收、伸展、内旋的方向进行肩关节锻炼。每次每个方向做10个，每天练习两次。②Codman's下垂摆动练习：前后、左右、回旋，每个方向画10圈。③手指爬墙练习：离墙一臂远站立，患肢手指在墙上向上爬，直到感觉有疼痛感为止。每次向上爬3个来回，每天练习两次。

2）中期的康复训练。当患者在肩袖肌肉无阻力收缩已无明显疼痛感时，即进入本期的康复训练。其主要目标是增加活动范围和肌肉力量，使其基本达到受伤前的水平。①Codman's负重钟摆练习：患肢手握哑铃做下垂回旋摆动练习。每个方向做 10 个，每天练习两次。②肩关节转轮练习：每个方向缓慢转 10 圈，重复 2 ~ 3 次，每周锻炼 3 ~ 4 次。③哑铃伸展肩练习：患者卧位做手握哑铃的伸肩练习。每次伸展需维持 20 ~ 30 秒。④自我伸肩练习：主要伸展肩关节后面和下面的关节囊。

3）发展期康复训练。肩关节运动范围完全恢复，肌肉力量已接近正常时，进行本期练习。主要做肩部肌肉抗阻力训练。

第二节 肱二头肌长头腱腱鞘炎

肱二头肌长头腱腱鞘炎又称肱二头肌长头腱狭窄性腱鞘炎。多发于标枪、铁饼、吊环、单杠、举重、击剑、游泳、划船、手球及排球等运动项目中。

肱二头肌长头腱：起于盂上结节及关节盂的后唇，它向下越过肱骨头进入结节间沟。肱二头肌长头腱分为：①关节内部分，由盂上结节至结节间沟上界，是人体唯一在关节内行走的肌腱。②管状部分，即为滑膜鞘包围而在结节间沟内行走的部分。③关节外部分，由结节间沟下界至腱与肌的移行部。结节间沟前有肱骨横韧带，防止肱二头肌长头腱向外脱位。

结节间沟：位于肱骨大、小结节之间，有肱二头肌长头腱经过。沟前有肱骨横韧带横过。

结节间沟的内侧壁与沟底所形成的角度可有很大差异。中年以后，结节间沟较浅者，肱二头肌长头腱也很易受磨损而产生变异。

当肱二头肌使前臂旋后和屈肘时，肱二头肌长头腱紧张，但在结节间沟内并不引起活动。只有在盂肱关节活动时，该腱才在结节间沟内滑动。

一、损伤机制

肩关节超常范围的转肩活动（如吊环、单杠、高低杠中的转肩，投掷标枪，举重、排球、手球等转肩）使肱二头肌长头腱不断地在结节间沟中横行或纵行滑动，反复磨损而致伤。也可因一次突然的肩关节超常活动牵扯致伤，如举重物时忽然翻肩脱手。

肱二头肌长头腱腱鞘炎大多发生在结节间沟部（管状部），有时可发生在结节间沟以上或以下的肌腱部分，其病理变化是肌腱和腱鞘的创伤性炎症。肌腱表现为失去光泽、变黄、粗糙、变硬，产生退行性改变；腱鞘充血、水肿、渗出、增厚。渗出液被吸收以后，渗出液内的蛋白质、纤维素析出、沉着，最终引起肌腱与腱鞘的粘连，形成狭窄性腱鞘炎。肌腱滑动受阻，甚至不能滑动。

本病属中医“筋痹”“伤筋”范畴。

二、损伤评估

（1）有肩部活动过多、负担重，或急性损伤的历史，常与运动项目或工作性质有关。

（2）疼痛与压痛：肩部有不适、酸胀感、疼痛，逐渐加重，疼痛放射至三角肌止端及前臂的前外侧。上肢外展、上举及反弓动作时，疼痛加剧。

按压结节间沟部，可出现锐利压痛点。部分患者上肢于90°外展位，沿肢体纵轴做旋转时，可听到响声。此时，若压迫结节间沟，响声不再出现，此为狭窄性腱鞘炎的典型体征。

（3）特殊检查。

1）Yergason's test（见图2－3）：患者屈肘90°，前臂旋前，检查者一手托住肘后，另一手握住患者手腕部，使其前臂保持在旋前位。患者对抗阻力做前臂旋后动作。此时，肩前部结节间沟内产生局限性疼痛者为阳性。

2）Speed's test（见图2－4）：患者患侧肩关节屈曲60°～90°，肘关节伸直，前臂旋后，检查者在患者前臂施加向下的力量，并嘱患者对抗用力以保持其原来姿势，若肩前部结节间沟产生局限性疼痛者为阳性。

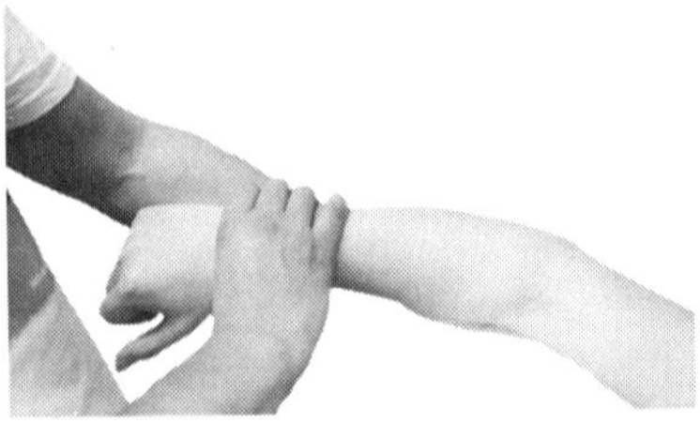

图2－3　Yergason's test

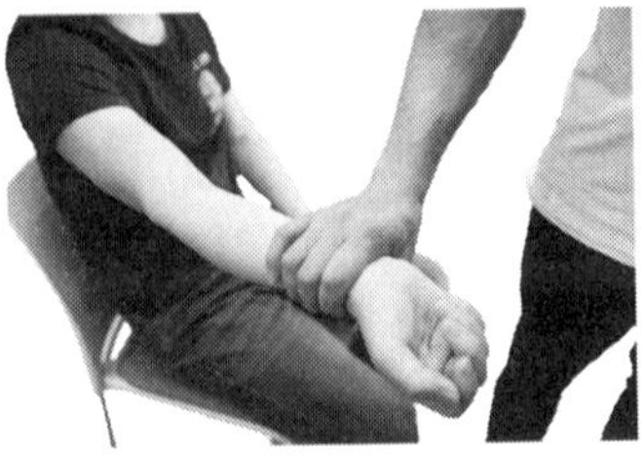

图2－4　Speed's test

3）梳头试验（Comb hair test）：即肩关节前屈、外展和外旋的综合动作出现疼痛和运动受限或不能运动者为阳性（见图2－5）。

4）X线检查：结节间沟切线位摄片可发现结节间沟变浅、狭窄，沟底或侧面有骨赘形成。

图2－5　梳头试验

三、处　理

（一）适当制动

急性期疼痛较严重者，屈肘90°用三角巾将伤肢悬吊于胸前，以限制肩关节活动。急性期后，应弯腰将上臂下垂做回环运动的练习。一般应于局部无痛或活动时无痛的情况下，才允许参加专项训练。

（二）按　摩

急性期症状严重，应以表面抚摩、轻揉等轻手法，放松肱二头肌。根据局部症状减轻的程度，逐渐增加揉捏手法及按摩强度。慢性劳损可施以较重手法，如揉、揉捏、弹拨、摇晃、抖动等。此外，点压肩髃穴及结节间沟，可以松解粘连，促进血液循环。

（三）冰 疗

急性期可采用冰敷，30 分/次，1 ~2 次/天。有助于消炎止痛。

（四）理 疗

可采用超声波连续输出固定法、超短波治疗、直流电离子导入法。痛点固定时可用激光治疗。

（五）肌内效贴布

使用肌内效贴布可以放松肌肉、缓解疼痛，对肱二头肌长头腱腱鞘炎有一定的效果。可联合使用 X 形贴布和 Y 形贴布，具体扎贴方法如下。

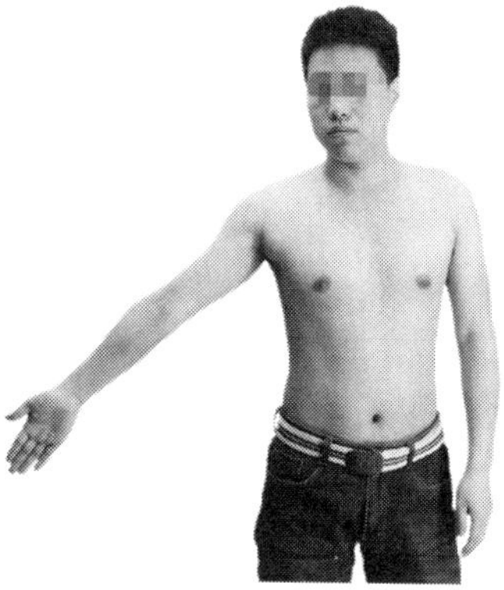

图 2 –6 摆位

1. 摆位

仰卧位，肩部外展 30°，肘关节伸直，手心向上（见图 2 –6）。

2. X 形贴布

锚在肩关节疼痛点，尾向两端延展（见图 2 –7）。

3. Y 形贴布

锚在桡骨粗隆处，尾沿肱二头肌长头、短头延展，分别止于其喙突处及盂上结节处（见图 2 –8）。

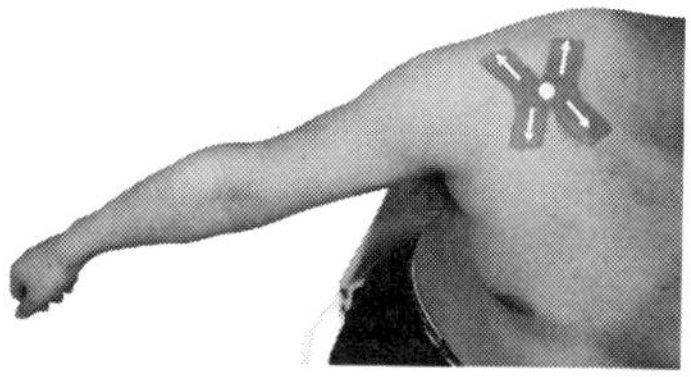

图 2 –7 X 形贴布扎贴方法

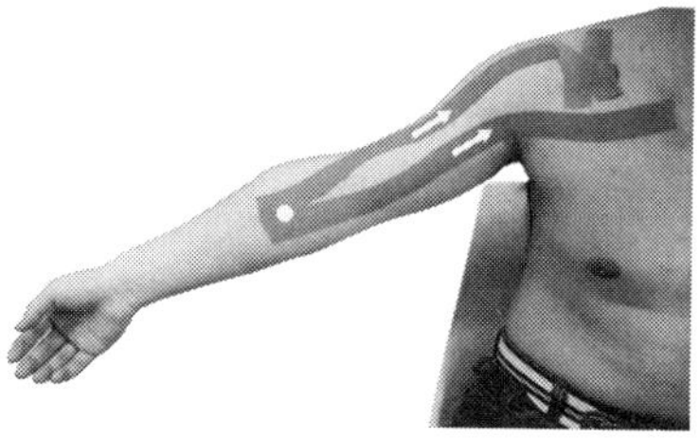

图 2 –8 Y 形贴布扎贴方法

（六）泡沫轴

慢性期使用泡沫轴对放松肱二头肌有一定效果。使用泡沫轴放松肱二头肌的方法如下：

以左侧为例，俯身跪姿，将泡沫轴竖直放在左肩外侧的位置。左手向外水平打开，掌心向下；右手肘屈 90°，支撑于右肩外侧。双腿膝屈髋屈，脚尖支撑地面。然后右手用力，带动身体向右移动，使泡沫轴滚动至靠近肘关节的位置（见图 2 – 9）。

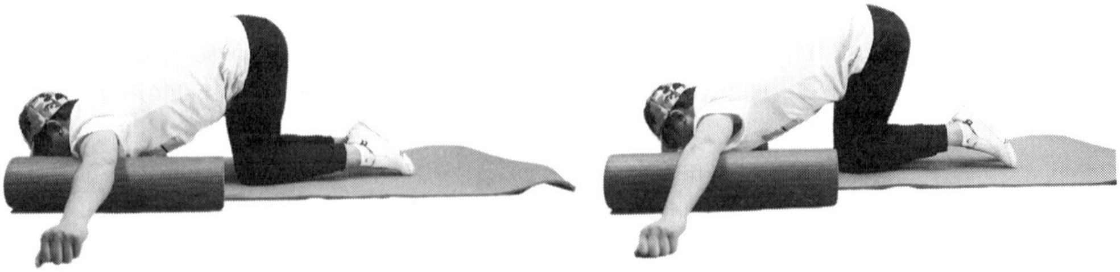

图 2 – 9　使用泡沫轴放松肱二头肌的方法

（七）拉　伸

慢性损伤或慢性期可无痛拉伸肱二头肌，缓解肌肉疲劳，增加其柔韧性（见图 2 – 10）。其拉伸方法为：双脚开立，略比肩宽，站于地面，脚尖朝前，膝关节对准脚尖方向，骨盆中立位，收腹挺胸，下颌微收，保持身体的稳定，双上肢下垂，掌心向后；然后肩关节后伸、内旋，并保持肘关节伸直位，可主动拉伸，亦可被动拉伸，操作者站于受试者身后慢慢发力，询问受试者的感觉，当受试者感觉到肱二头肌有拉伸感时，保持 10 ~ 30 秒，在整个过程中需要保持匀速呼吸，不要憋气。

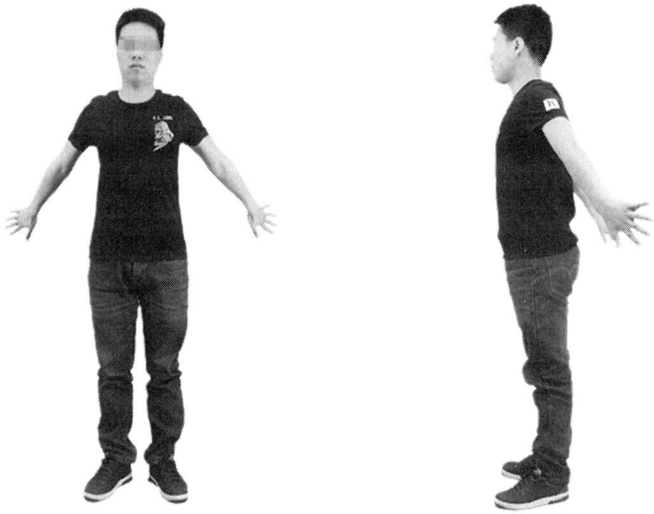

图 2－10　肱二头肌拉伸方法

第三节　肩关节周围炎

肩关节周围炎，又称“五十肩”“冻结肩”“漏肩风”“肩凝症”，是一种肩关节周围软组织的无菌性炎症，以长期肩痛、肩关节活动障碍为特征。好发于 50 岁左右的中老年人，女性稍多于男性。

一、损伤机制

可能因肩部损伤、上肢骨折、颈椎病等，肩部活动减少，或长期固定不动所致；或冈上肌腱炎、冈下肌腱炎、肱二头肌长头腱腱鞘炎、钙化性肌腱炎、肩峰下滑囊炎等继发而来。40 岁以后，肩周组织出现不同程度的退行性改变也会产生损伤。

肩关节周围炎是一种自限性疾病，其病理改变主要是一种无菌性的炎症过程，可分为以下三个阶段。

（一）急性期（冻结进行期）

即初期，表现为关节滑膜水肿，炎性细胞浸润，关节周围血管增生，组织液渗出。关节囊挛缩，关节下隐窝闭塞，关节腔容量减少。同时，由于以上病理刺激，引起肩周围软组织的痉挛，使局部血液、淋巴循环受到影响，组织代谢发生障碍，加重炎症过程，形成恶性循环。此外由于周围的痉挛和炎症疼痛，肩关节主动活动受限。

（二）冻结期（粘连期）

主要病理表现为关节囊、滑液囊及周围软组织的纤维性粘连，造成关节活动严重受限。同时，肩周软组织增厚，缺乏弹性，关节滑液分泌减少，肌肉萎缩，韧带挛缩，钙化沉着等退行性改变。

（三）解冻期（缓解期）

炎症过程逐渐消退，病理改变停止发展，症状得到缓解。经治疗或锻炼肩关节的挛缩，粘连逐渐消除而使功能逐渐恢复。

二、损伤评估

（1）好发于50岁左右，女性多于男性。个别病例有外伤史，多数病例慢性发病，常隐袭进行。

（2）主要症状为肩周疼痛，肩关节活动受限或僵硬。疼痛可为钝痛、刀割样痛，有的还牵涉上臂及前臂，亦可因运动加重。患者主诉常无固定痛点，但结节间沟及喙突处大多有明显压痛。

（3）肩关节各方向活动受限，以外展、外旋、后伸障碍最显著（盂肱韧带粘连挛缩所致），如不能梳头、穿衣服等。肩周软组织间发生广泛性粘连，使所有活动均受限制。此时，用一手触摸肩胛下角，另一手将患肩外展，感到肩胛骨随之向外上转动，说明肩关节广泛粘连。

病程较长者，可出现肩部肌肉萎缩，肩关节 X 线片显示骨质轻度脱钙或软组织钙化。

三、临床分期

本病较易诊断。凡年龄在 45 岁以上的中老年人，无明显外伤或轻微外伤后肩部疼痛，伴有进行性肩关节功能障碍者，即应考虑本病。根据病理过程，可相应分为如下三期。

（1）急性期（冻结进行期）。病期约 1 个月，个别患者也可延缓 2 ~ 3 个月。本期主要临床表现为疼痛。关节活动受限，是由疼痛引起的肌肉痉挛和韧带、关节囊挛缩所致，而肩关节本身尚有相当范围的活动度。

（2）冻结期（粘连期）。病期 2 ~ 3 个月，本期患者疼痛症状已明显减轻，其主要临床表现为肩关节活动严重受限。

（3）解冻期（缓解期）。为本症的恢复期或治愈过程。患者疼痛减轻，在治疗及日常生活劳动中，肩关节的挛缩、粘连逐渐消除，正常功能逐渐恢复。

肩部骨关节、软组织的损伤患者也可表现为肩关节活动受限，但都有明显外伤史，且可查到原发损伤疾患。

颈椎病与肩关节周围炎相比，虽有肩臂放射痛，但在肩部无明显压痛点，仅有颈部疼痛和活动障碍，肩部活动尚好。

四、处　理

本病是自限性疾病，大部分患者常能自愈，预后良好。但有些患者虽可自愈，但时间长、痛苦大、功能恢复不全。积极治疗可以缩短病程、加速痊愈，同时功能恢复也较完好。

（一）推拿按摩

早期宜采用轻手法，达到松解粘连、缓解疼痛、改善循环和减轻痉挛的目的，有关节冻结时可采用稍重手法，但切忌手法粗暴。

（二）高频透热治疗

可选用短波、超短波或微波，微热量至温热量，每次 15～20 分钟，每日 1 次，10～15 次为一疗程。

（三）热　疗

选用蜡饼法局部热敷，或中药局部熏蒸、红外线局部照射等。

（四）中频电疗

疼痛明显者可选用电脑中频、干扰电治疗等，电极置于痛点或痛点周围。

（五）运动治疗

下垂摆动练习（Codman 练习）：躯体前屈，患臂自然下垂，做前后、内外绕臂摆动练习，幅度可逐渐增大，也可患臂适当负重，做同样的练习，每日 2～3 次，每次 10 分钟。

体操棒练习：利用体操棒并借助健侧的帮助，完成患肩各轴位的练习，每日 2～3 次，每次 30 分钟。

肩梯、肋木、肩关节活动器练习：进行肩关节的屈伸、内收外展、内外旋练习，可通过调整初始体位，达到关节各轴位的活动。可在物理因子治疗后进行，能减少活动对组织损伤的可能。一般每次 20 分钟，每日 1～2 次。

五、肩关节周围炎（简称肩周炎）患者健康教育

肩周炎发作期应注意休息和局部防寒保暖，并防止进一步的损伤。社区内的运动设施应在专业人员的指导下应用。

（1）应告知本病并非一般“炎症”，乱用消炎药物无效，且容易产生不良后果。

（2）应说明本病是一种自限性疾病，许多病人常可不治而愈，更不会发展至

严重的残疾。

（3）应告知患者应尽量使用患肩，如利用患侧进行穿衣、脱衣、梳头、洗脸等动作，以增强并保持肩关节的功能。

（4）在自我活动和进行增大肩关节活动范围练习时，应注意避免肩关节再受损伤，此类活动应在无痛或轻痛的范围内进行，并在达到最大活动范围时维持至少30秒，还应注意避免肩带活动对肩关节活动的替代。

第四节　锁骨骨折

锁骨骨折是肩部最常见的骨折，也是全身常见的骨折之一，常发生于自行车、摔跤等运动员。

一、损伤机制

锁骨骨折可因传导暴力或直接暴力造成，其中传导暴力占绝大多数。直接施于锁骨的暴力，可使受力部位发生横断或粉碎性骨折。直接暴力较常引起锁骨远端1/3骨折。

传导暴力多见于滑跌时手、肘着地，或肩外侧受到撞击，冲击力顺骨、关节传导至肩锁关节和胸锁关节，使弯曲的锁骨受到挤压，形成骨折。如足球守门员侧扑球时，一侧肩部着地，容易导致锁骨骨折。

二、临床表现与诊断

（1）有明显外伤史。

（2）伤后出现局部疼痛，上肢抬举活动受限。疼痛多局限于锁骨部，少数疼痛累及上肢和手部。就诊时，患者常常用健侧手臂托着患侧肘部，头偏向患侧，下颌转向健侧，患肩向前下倾斜，以减轻伤肢的重力作用和胸锁乳突肌痉挛而引起的疼痛。

（3）骨折部可出现肿胀、隆起、压痛、骨擦感。

（4）根据患侧上肢的尺、桡动脉搏动及肢端皮肤温度与颜色，可初步判断是否有锁骨下血管损伤。根据患侧手臂痛觉异常的部位和特点，可初步判断是否有臂丛神经损伤。

（5）辅助检查。X 线检查可显示骨折。

三、处　理

多为保守治疗，对无错位或轻度骨折者仅用三角巾固定 2～3 周。对有错位者的处理如下。

（一）手法复位

患者坐位，双手叉腰挺胸，助手立于患者背后，左足蹬于凳上，并将膝抵于患者两肩胛之间，双手将患者双肩缓缓向后上方牵拉 5～10 分钟，术者面对患者，双手分别握持骨折断点两端用提、按、旋转手法进行整复。

（二）固　定

复位后用压垫和绷带行“8”字固定法，也可采用双圈固定法。注意观察伤肢的循环及感觉情况。

1. “8”字固定法

先在双侧腋下置棉垫，用宽绷带从患侧肩前侧经项背部绕至健侧腋下，再从后方交叉绕至患侧腋下，如此反复数层后固定（见图 2－11）。

2. 双圈固定法

用手触摸对位良好后，局部置纸压垫。将预制好的双圈分别套在两肩，在后面将圈扎住即可。4～6 周即可除去（见图 2－12）。

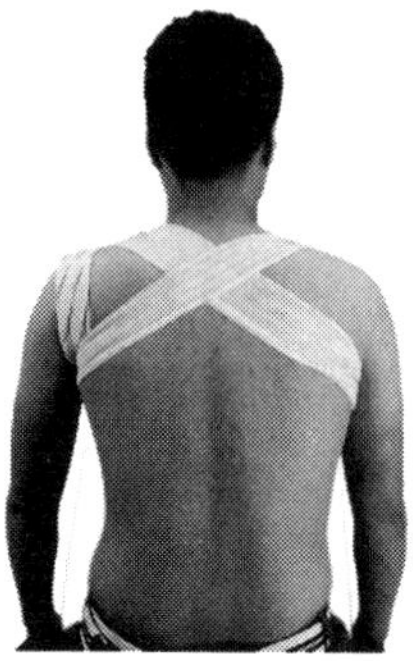

图2-11 “8”字固定法

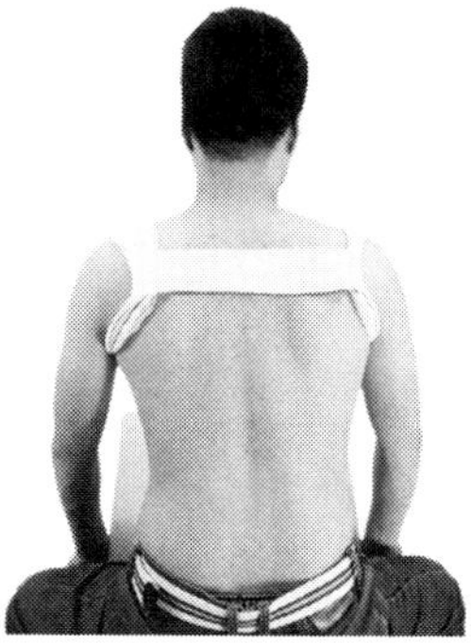

图2-12 双圈固定法

（三）药物治疗

早期内服活血止痛汤，中后期内服接骨丸和正骨紫金丹。

（四）手术切开复位

骨折合并神经、血管损伤时应尽早手术切开探查，行内固定术。多用克氏针行髓内固定术。术后三角巾悬吊约4周。

（五）功能锻炼

固定后应根据骨折愈合情况适当安排功能恢复锻炼。早期练习握拳、屈伸肘关节。中期骨折部有少量骨痂时可做肩关节的内收、外展、屈伸等活动。后期去除固定后可做肩关节各方向较大范围的活动。

第五节　肱骨干骨折

肱骨干骨折一般系指肱骨外科颈以下2厘米至肱骨髁上2厘米的骨折，约占全身骨折总数的1.31%。肱骨干，上部较粗，自中1/3以下逐渐变细，至下1/3渐呈扁平状，并稍向前倾。肱骨干骨折是较常见的运动损伤，多发于投掷、掰手腕等运动项目中。

一、损伤机制

肱骨干骨折多因直接暴力（如棍棒打击）或间接暴力引起。

直接暴力：致伤暴力直接作用于肱骨干，是造成肱骨干骨折的最常见原因，如棍棒或锐器的直接打击、汽车撞伤、机械的挤压、高处坠落伤、火器伤等。这类骨折常表现为开放性骨折，且骨折多为横骨折或粉碎性骨折，常发生在肱骨上、中 1/3 处。

间接暴力：致伤暴力通过力的传导作用于肱骨干而引发骨折，如摔倒时肘部或手掌着地、两人之间强力掰腕子等，甚至猛烈的肌肉收缩也可造成肱骨干骨折，如运动员投掷标枪、垒球时。多发生在肱骨中、下 1/3 处，骨折类型常为斜形或螺旋形。

二、损伤评估

（1）急性受伤史。

（2）肱骨干骨折后可出现疼痛、肿胀、局部压痛、畸形、反常活动及骨擦音等。

（3）合并症。骨折合并桡神经损伤，可出现垂腕、手部掌指关节不能伸直、拇指不能伸展和手背虎口区感觉减退或消失。肱骨干骨折的患者应常规检查患肢远端血运的情况，包括对比两侧桡动脉搏动、甲床充盈、皮肤温度等，必要时可行血管造影，以确定有无肱动脉损伤。

（4）影像学检查。对于不完全或无移位的骨折，单凭临床体检很难判断，对可疑骨折的患者必须拍 X 线片或 CT 片，范围包括肱骨的两端、肩关节和肘关节。对于高度怀疑有骨折的患者，即使在急诊拍片时未能发现骨折也不应轻易下无骨折的结论，可用石膏托暂时固定两周后再拍片复查，若有不全的裂纹骨折，此时会因骨折线的吸收而显现出来。

三、处 理

（一）手法整复

患者坐位或平卧位，一助手用布带通过腋窝向上，另一助手握持前臂在中立位向下，沿上臂纵轴做对抗牵引，一般牵引力不宜过大，否则易引起断端分离移位。待重叠移位完全矫正后，根据骨折不同部位的移位情况进行整复。

（二）固 定

可使用小夹板或管形石膏进行固定，成人固定6～8周，儿童固定3～4周。肱骨干骨折固定方法（见图2－13）。

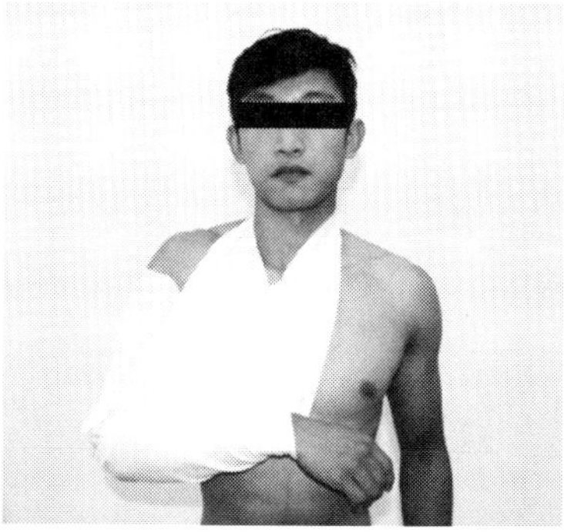

图2－13 肱骨干骨折固定方法

（三）药物治疗

如疼痛剧烈，可口服镇痛药物。合并神经损伤，加用神经营养药物，如维生素B族、神经生长因子等。可服用钙片促进骨折愈合。中药按骨折三期辨证口服或外用，如跌打丸、三七、云南白药、接骨片等。

（四）物理因子治疗

骨折延迟愈合者，可采用电刺激疗法（直流电或脉冲电磁场）、紫外线疗法来促进骨折愈合。

（五）饮食治疗

初期以补充高蛋白、高维生素、低脂肪饮食为主，如牛奶、鸡蛋、瘦肉等，并从进食稀饭变为进食米饭，增加蛋白质摄入量。

（六）运动治疗

复位固定后即可做伸指、握拳、耸肩活动。内固定者术后24小时开始肘关节

CPM（continous passive motion，持续被动训练）练习，每次 1 ~2 小时，一日 2 次。术后 1 周，练习肘关节主动伸屈、肩关节轻度主动活动，逐渐增加肘关节、肩关节活动范围、持续时间和活动次数。

外固定时间一般不超过 4 ~6 周。避免患者在直立位练习肩外展。

第六节　肩关节脱位

肩关节肱骨头大，呈半球形，关节盂小而浅，约为肱骨头关节面的 1/3，关节囊和韧带薄弱松弛，所以关节的灵活性很大，是全身活动范围最大的关节，稳定性较差，易发生损伤，是运动损伤中最常见的关节脱位之一。

一、损伤机制

肩关节脱位可由直接暴力或间接暴力引起。

其中直接暴力多因打击或冲撞外力直接作用于肩关节而引起，但极少见。常见的是向后跌倒时，以肩部着地，或因来自后方的冲击力，使肱骨头向前脱位。

间接暴力可分为传导暴力与杠杆作用力两种。

传导暴力：患者侧向跌倒，上肢外展外旋，手掌向下撑地，暴力由掌面沿肱骨纵轴向上传导至肱骨头。较为常见的是肱骨头可能冲破较薄弱的肩关节囊前壁，向前滑出至喙突下间隙，形成喙突下脱位。若暴力继续向上传达，肱骨能被推至锁骨下部成为锁骨下前脱位，但较为少见。

杠杆作用力：当上肢过度高举、外旋、外展而向下跌倒，肱骨颈受到肩峰冲击，成为杠杆支点，使肱骨向前下部滑脱，先成盂下脱位，后可滑至肩前成喙突下脱位。

肩关节脱位的主要病理变化为关节囊撕裂及肱骨头移位，关节周围的软组织可发生不同程度的损伤，或合并肩胛盂边缘骨折、肱骨头骨折及肱骨大结节骨折等，其中以肱骨大结节骨折最为常见，有 30% ~40% 的患者合并有大结节撕脱骨折，偶见腋神经损伤，故复位前后应注意检查神经有无损伤。

二、损伤评估

（1）首先详细询问有关的病史。了解是否为第一次发作，以及首次发作的时间。首次脱位年龄越小者，以后复发脱位的发生率越高。年龄 20 岁以下的患者，首次脱位以后复发脱位的发生率为 80% ~95%。其次应询问致伤外力的大小和外伤机制、外伤时肩关节的位置以及外力作用的方向等，有助于对以往脱位方向的分析。

（2）肩部疼痛、畸形、活动受限，触诊肩峰下空虚，常可在喙突下、腋窝部位触到脱位的肱骨头。

患者常以健手扶持患肢前臂、头倾向患侧以缓解疼痛症状。上臂处于轻度外展、外旋、前屈位。肩部失去圆钝平滑的曲线轮廓，形成典型的方肩畸形。患肩呈弹性固定状态位于外展约 30°，做任何方向的活动都可引起疼痛加重。患肩不能内旋、内收。

杜格氏征（Dugas）：患侧肘关节屈曲，肘尖不能紧贴胸壁，若勉强将肘贴及胸壁，则患侧的手不能搭在健侧肩部，即为杜格氏征阳性，是肩关节脱位的特殊检查方法。

（3）影像学检查。外伤后怀疑有肩关节脱位时，需拍摄 X 线片确定诊断，以明确脱位的方向、移位的程度、有无合并骨折，更为重要的是明确有无合并肱骨颈的骨折。不能只根据临床典型体征做出脱位的诊断，更不能不经 X 线检查就采取手术复位治疗，否则不仅复位会遇到困难，也有可能造成医源性骨折。

三、处　理

（一）手法整复

肩关节脱位的整复方法有很多种，可根据实际情况选择适合的整复方法。

1. 足蹬手拉法

图2－14　足蹬手拉法

患者仰卧，用拳大的软布垫于患侧腋下以保护软组织，术者立于患侧，用两手握住患肢腕部，并用足（右侧脱位用右足，左侧脱位用左足）抵于腋窝内，在肩外旋、稍外展位置沿伤肢纵轴方向缓慢而有力地牵引，继而徐徐内收内旋，利用足跟为支点的杠杆作用，将肱骨头挤入关节盂内，当有回纳感时，复位即告完成（见图2－14）。在足蹬时，不可使用暴力，以免引起腋窝血管神经创伤。若用此法而肱骨头尚未复位，可能系肱二头肌长头腱阻碍，可将患肢进行内外旋转，使肱骨头绕过肱二头肌长头腱，然后再按上法进行复位。

2. 拔伸托入法

患者坐位，术者站于患肩外侧，以两手拇指压其肩峰，其余几指插入腋窝（亦可左侧脱位时，术者右手握拳穿过腋下部，用手腕提托肱骨头；右侧脱位时，术者用左手腕提托）。第一助手站于患者健侧肩后，两手斜形环抱固定患者，第二助手一手握患侧肘部，一手握腕上部，外展、外旋患肢，由轻而重地向前下方做拔伸牵引。与此同时，术者插入腋窝的手将肱骨头向外上方钩托，第二助手逐渐将患肢向内收、内旋位继续拔伸，直至肱骨头有回纳感觉，复位即告完成（见图2－15）。

图2－15　拔伸托入法

（二）Stimson 法

病人俯卧于床，患肢垂于床旁，用布带将 2.3 ~4.5 千克重物悬系患肢手腕，自然牵拉 10 ~15 分钟，患肩肌肉因疲劳而逐渐松弛，肱骨头可在持续牵引中自动复位（见图 2 –16）。有时需内收患侧上臂，或自腋窝外上轻推肱骨头，或轻旋上臂而获得复位。该悬吊复位法具有安全、有效等优点。

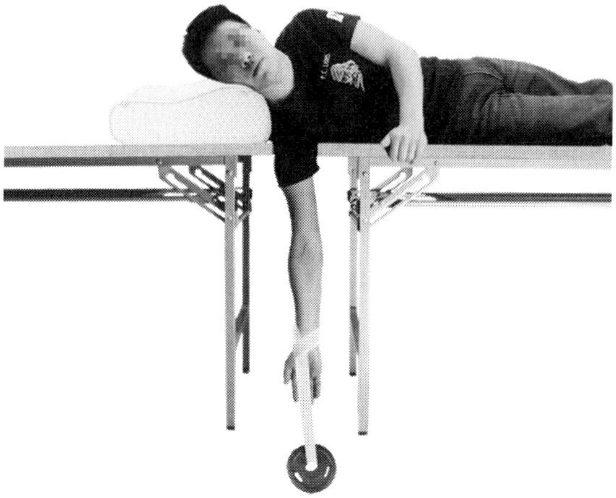

图 2 –16　Stimson 法

复位后检查：手法复位后，宜使患肢屈肘 90°，试以手掌搭于对侧健肩，观察肘部能否与胸壁接触。检查肩部外形是否丰满圆隆，嘱患者正位坐，观察双肩是否对称，患肩畸形是否消失，患侧腋窝下、喙突下、锁骨下是否已摸不到突出的肱骨头，肩关节能否做被动活动。

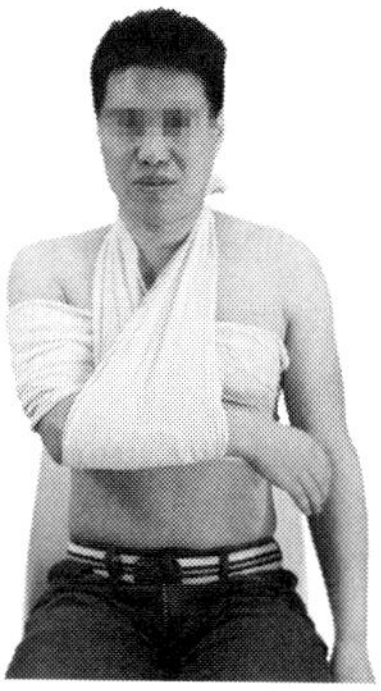

图 2 –17　肩关节脱位固定

（三）肩关节脱位固定

复位后必须给予妥善固定，使受伤的软组织得以修复，以防日后形成习惯性脱位。一般可用胸壁绷带固定法，将患肢上臂保持在内收内旋位，肘关节屈曲 60° ~90°，前臂依附胸前，用纱布棉垫放于腋下和肘内侧，防止胸壁与上臂内侧皮肤长期接触发生糜烂。将上臂用绷带包扎固定于胸壁，前臂用颈腕带或三角巾悬吊于胸前，固定 2 ~3 周即可（见图 2 –17）。

第七节　肩部常见运动损伤的预防

一、概　述

肩部损伤在运动中比较常见，我国学者任玉衡对优秀运动员进行的运动损伤流行病学调查，其中肩部损伤发生率为8.47%，占全身运动损伤发生率的第四位。美国一项针对一般人群的研究发现，肩部损伤占全部运动损伤的8.1%。按运动项目来说，棒球、垒球、水球等投掷性球类及游泳类等运动项目肩部损伤发生率比较高。按损伤性质来说，可分为急性损伤、慢性损伤，其中慢性损伤发生率较高。本节主要讲述慢性损伤的预防。

二、预防措施

（一）选择合适的运动装备

专业的运动装备可以减少肩部损伤的发生，例如网球拍上的手胶，可以减小冲击和振动的传导，它能够减少手部和肩部的损伤，并可能会影响过劳损伤的发生率。

（二）合理安排运动量和正确的运动技术

合理安排运动量和正确的运动技术对于运动参加者来讲非常重要，尤其是生长发育中的青少年。训练的重点应该是控制能力训练，而不是速度训练。

（三）预防肩部损伤的训练计划

在需要上肢发力的运动中，肩部要传递并产生一定的力量，这就要求肩关节具备一定的稳定性，这是运动的重要基础；同时，为了精准控制上肢远端动作，肩部也需要具备一定的灵活性，这就要求肩部的稳定不能通过加固肩关节来获得，而必须依靠肩部肌肉的协调性和力量。如果肩部稳定功能和灵活功能与运动需求不匹配，则可能导致肩部损伤概率增加。因此，肩部损伤预防训练计划应包括稳定性训练、协调性训练和灵活性训练三方面。

1. 稳定性训练

肩袖力量练习（见图 2-18）：用弹力带进行练习。以右侧为例，直立位，右手持弹力带进行旋前和旋后运动。练习过程中，肩胛骨保持稳定，肘关节与肩胛骨保持在同一平面内。在进行旋后运动时，弹力带从前下方伸出，在进行旋前运动时，弹力带从身后肩部水平伸出。

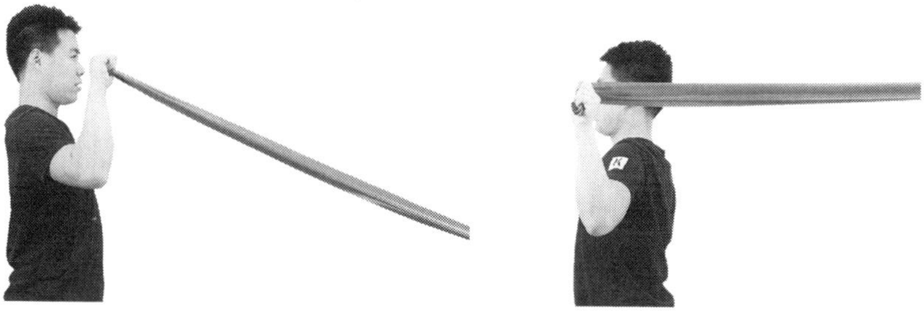

图 2-18　肩袖力量练习

斜方肌和对侧前锯肌训练（见图 2-19）：以右侧为例，直立位，将弹力带（弹力管）固定在左脚上，并用右手拿起弹力带（弹力管）的另一端。当右肩提起时，其斜方肌的上部就得到了训练；当手臂进一步向后旋时，其斜方肌的中下部就得到了训练。同时，左手可抓住弹力带（弹力管），并向前推，以锻炼左侧的前锯肌。

图 2-19　斜方肌和对侧前锯肌训练

前锯肌和斜方肌训练（见图 2－20）：以左侧为例，俯卧位，左肘部着地，保持核心区域和肩胛骨的稳定性，右臂 90°弯曲或外展的同时旋转身体，尽可能伸得远一些。可以用右手拿一个重物来进行加强练习。

图 2－20　前锯肌和斜方肌训练

核心稳定练习：核心肌肉虽然不直接参与肩关节运动，但核心稳定，对肩部功能的发挥具有重要意义，因此，核心稳定练习也是肩部损伤预防练习的一部分。

2. 协调性练习

用球杆训练协调性（见图 2－21）：直立位，用一只手保持球杆的平衡，双脚不能移动，可不断改变手臂的位置。该练习需要坚持 3 分钟。

用健身球训练协调性（见图 2－22）：仰卧位，用一只手保持瑜伽球的平衡，可以通过屈、伸、收、展改变手臂的位置。该练习需要坚持 3 分钟。

图 2－21　球杆训练协调性

图 2-22　用健身球训练协调性

3. 灵活性练习

胸椎后伸练习 1（见图 2-23）：直立位，双肘抵住墙面，双手手指放在胸椎某一阶段周围，使胸椎后伸，同时保持腰部的稳定。

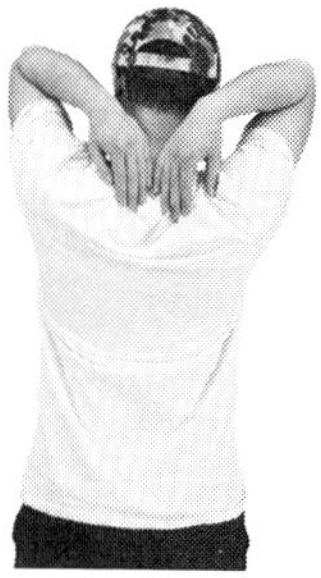

图 2-23　胸椎后伸练习 1

胸椎后伸练习 2（见图 2-24）：仰卧位，腰背部下垫瑜伽球，双手上举过头，前后滚动瑜伽球，使胸椎被动后伸。

胸椎后伸练习 3（见图 2-25）：坐位，坐在带靠背的椅子上，使胸椎后伸超过椅背。

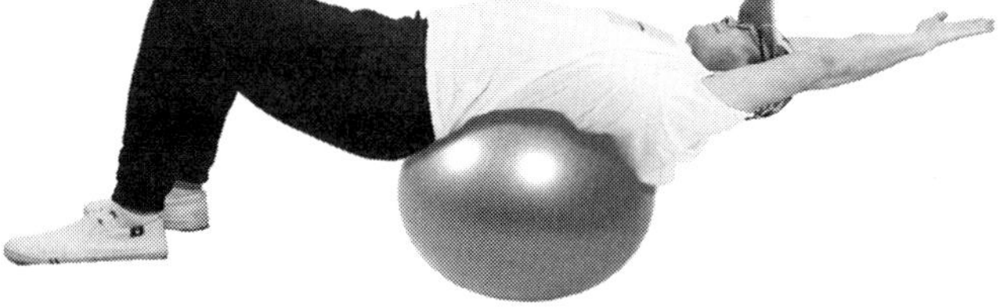

图 2-24　胸椎后伸练习 2

图 2－25 胸椎后伸练习 3

拉伸肩关节囊后部并向外回旋（见图 2－26）：侧卧位，右臂屈曲 90°，左臂将肱骨头向后压，同时，向内旋转右前臂，每个姿势需要保持 40 秒。

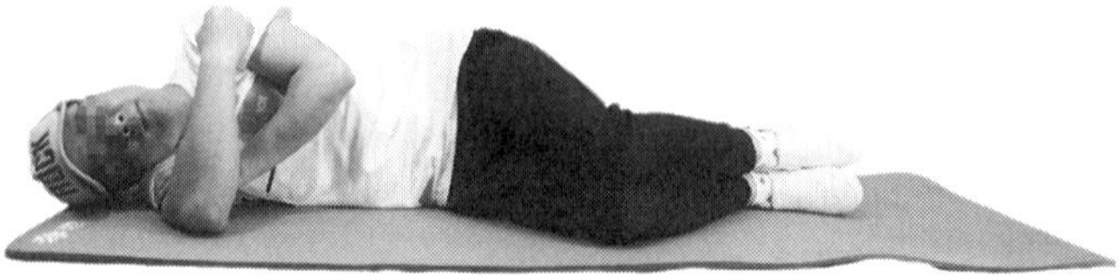

图 2－26 肩关节囊后部的拉伸

拉伸背阔肌（见图 2－27）：以左侧为例，坐于垫子上，双腿分开，左手臂由体前伸直高举过头顶，右手由头上方握住左手肘关节，向右侧弯曲，同时转动身体向右后方弯曲，保持 40 秒。

图 2 -27　拉伸背阔肌

拉伸胸小肌（见图2－28）：站立位，立于门口，右肘关节屈曲180°，肘部抵住门框，身体向前倾斜，以拉伸胸小肌，每个姿势保持40秒。

图2－28　拉伸胸小肌

复习思考题

1. 什么是肩袖？它的功能是什么？
2. 肩袖损伤有哪些表现？
3. 肱二头肌长头腱腱鞘炎有哪些表现？
4. 如何拉伸肱二头肌？
5. 肩周炎有哪些表现？
6. 锁骨骨折有哪些表现？
7. 肱骨干骨折的损伤机制是什么？
8. 肩关节脱位有哪些表现？
9. 如何利用泡沫轴放松肩袖肌群？
10. 肩关节脱位的整复方法有哪些？

第三章
肘部及前臂部常见运动损伤

第一节 肘内侧副韧带损伤

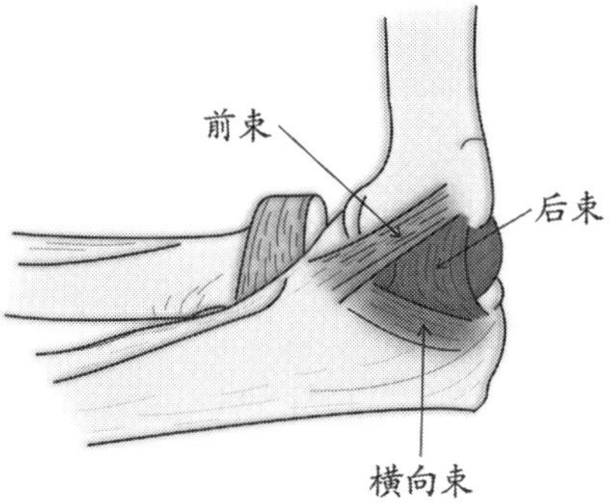

图3－1 肘内侧副韧带

肘内侧副韧带包括前束、后束和横束。前束起自肱骨内上髁，止于尺骨突内侧，分成上、下两部分，肘部伸展时上部纤维束紧张，肘部屈曲时下部纤维束紧张，前束纤维与肘关节稳定性有密切关系。后束起自肱骨内上髁下端，呈扇状附着于尺骨鹰嘴滑车内侧缘，后束是较薄的一层纤维。横束止于冠突与鹰嘴之间的骨嵴上，为斜行纤维，加深滑车切迹。（见图3－1）。

一、损伤机制

任何暴力引起肘关节过度被动外翻、旋后、过伸，导致肘内侧副韧带被高张应力牵拉；或外力直接作用于肘内侧局部，引起韧带局部的挫伤、挤压，部分纤维折裂或完全断裂；或因前臂屈肌、旋前圆肌的突然主动收缩，都可能造成内侧副韧带或肌肉的损伤。

在运动损伤中，常见于标枪、铁饼、体操、举重等项目运动员，如当投掷标枪或铁饼时的动作错误，前臂突然外展，致尺侧副韧带损伤；体操运动员从器械上掉下手掌撑地时，若前臂处于旋后位，肘微屈外翻，可造成尺侧副韧带部分或完全撕裂。

除运动损伤外，日常生活意外事故、交通及工矿事故中也常有肘内侧副韧带损伤发生。在韧带损伤时，局部充血、出血、肿胀，其周围组织呈反应性炎症，易发生瘢痕愈合。若反复损伤，将使尺侧副韧带松弛，有时可出现钙化现象。如果是较大暴力的急性损伤，可因肘内侧装置的完全撕裂而并发肘关节脱位或半脱位。

二、损伤评估

（1）急性损伤。肘关节内侧有不同程度的肿胀、疼痛。压痛点多位于尺骨的半月状切迹或肱尺关节间隙。当内侧副韧带完全断裂时，局部肿胀明显，压痛敏锐，功能严重受限。少数可因治疗不当，发生肘内侧粘连甚至骨化，导致肘关节僵硬。

（2）慢性损伤。多有肘内侧持续性钝痛，开始活动和重复受伤动作时疼痛加重，休息后疼痛减轻，常有前臂发软、无力和工作能力下降等。

（3）被动肘外翻应力检查（见图3－2）：前斜束损伤时，伸直被动外翻位痛；后斜束损伤时，肘屈曲90°被动外翻位痛；若肘内侧副韧带完全断裂，外翻试验肘内侧有明显的开口感，外翻角度约在30°以上。

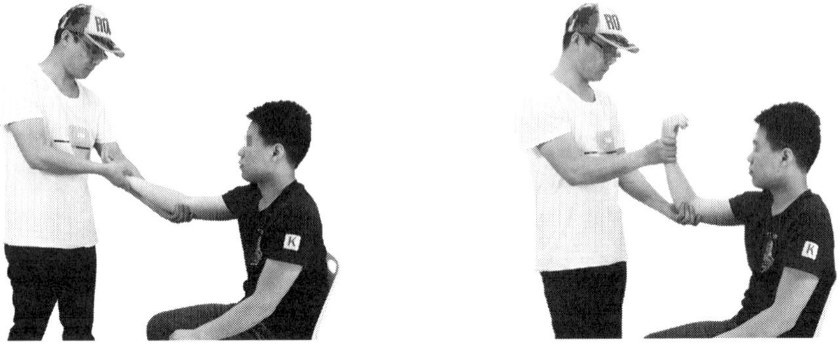

图3－2　被动肘外翻应力检查

（4）X 线检查：急性期可见软组织肿胀，反复损伤者，日久可见韧带钙化，或有骨质增生、硬化现象。如韧带完全断裂，肘外翻应力 X 线片可见肘内侧关节间隙明显加宽，有时可见撕脱的小骨片。

三、处　理

（一）损伤急救

急性损伤宜立即局部冰敷，加压包扎，屈肘 70°～90°位固定，抬高患肢。

（二）理　疗

必须在伤后 24 小时后采用。以超短波逆热及直流电碘离子导入为好。

（三）手术治疗

若韧带完全断裂、关节不稳时可考虑进行手术治疗。肘内侧韧带重建术的适应症：①肘外翻时，内侧出现疼痛，有时可向前臂放射；②30°屈肘，肘外翻时 X 线片上证实肘内侧关节间隙增大，提示肘内翻不稳定；③6～12 个月保守治疗无效；④局部疼痛反复发作；⑤肘关节出现早期骨关节炎改变；⑥18 岁以内同样有适应症。

（四）运动疗法

早期应鼓励患者主动活动指、腕关节，中后期应积极进行主动的伸屈肘关节活动、肘及前臂肌肉力量练习，练习方法如下。

（1）主动的伸屈肘关节活动。每天主动屈肘、伸肘 20～30 次，如练习时达不到正常功能角度，可在温水浴后被动屈伸练习。

（2）上肢静力支撑练习。可根据个人实际情况，在无痛或不加重症状的情况下进行练习，练习体位可从站立位开始，最后可进行俯卧撑位静力支撑。

（3）腕肘关节抗阻屈伸练习：每组 60～100 个，每日 3～6 组。

第二节　肱骨外上髁炎

肱骨外上髁炎是反应肘关节外侧前臂伸肌起点附近的无菌性炎症，因好发于网球运动员，又称为网球肘。

一、损伤机制

一般认为是由于肱骨外上髁伸肌总腱，尤其是桡腕伸短肌的慢性劳损及牵扯引起。如网球、羽毛球运动员，反拍击下旋球、上旋球时球的冲力，作用于腕伸肌或被动牵扯；排球扣球、击剑甩剑屈腕使前臂伸肌附着部位也不断受到牵扯；此外，旋螺丝钉、扎钢丝等均有可能产生此症。

二、损伤评估

（1）长期伸腕动作负荷过度、过多的运动史。

（2）肘关节外侧疼痛、压痛。疼痛逐渐出现，手不敢着力握持，握锹、拧毛巾、打毛线等运动时疼痛加剧。压痛位于肱骨外上髁、桡骨头、环状韧带部、肱桡关节间隙等处。

（3）特殊检查。

1）伸腕抗阻试验（见图3－3）：患者伤肘微屈，前臂旋前，检查者一手托住患者前臂，另一手加外力于腕背侧，令患者用力背伸腕关节，肱骨外上髁部疼痛为阳性。

2）前臂抗阻旋后试验（见图3－4）：患者屈肘，前臂旋前，检查者一手握住肘后部，另一手握其腕部，令患者对抗阻力使前臂旋后。此时，肱骨外髁部出现疼痛为阳性。

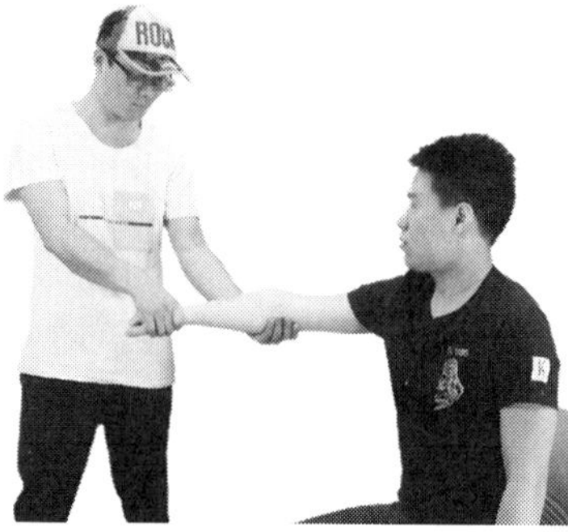

图3－3　伸腕抗阻试验

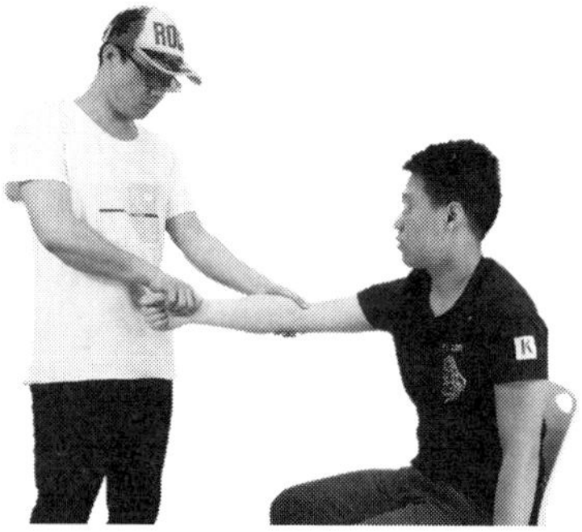

图3－4　前臂抗阻旋后试验

3）Mill's 征（见图3－5）：患者肘、腕、指屈曲，检查者握其手部使其前臂被动旋前，并逐渐伸直肘关节，出现疼痛即为阳性。

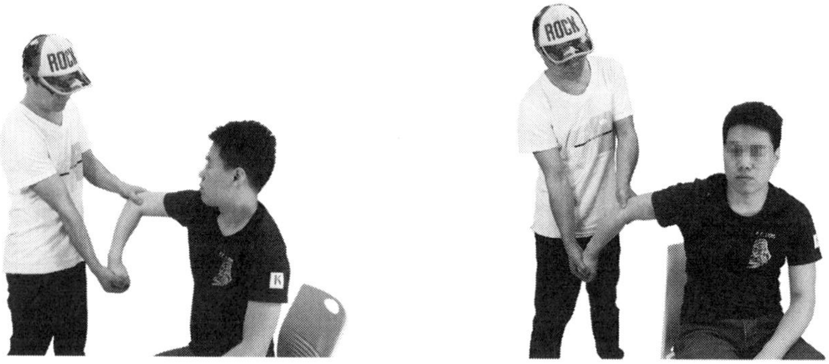

图3－5　Mill's 征

（4）X 线检查。晚期病例可见肱骨外上髁表面粗糙或骨质增生，伸肌腱末端钙化或骨化。

三、处　理

（一）按摩治疗

患者坐位，患肢前臂旋后。医者一手握患侧腕部，另一手从前臂至上臂，来回做表面抚摩和揉捏手法，重点揉捏前臂至上臂外侧；再用拇指按压在肱骨外上髁或肱桡关节间隙及周围，向上下、左右做推拨手法 1～2 分钟，使之有酸胀感，同时屈伸肘关节及旋转前臂数次，掐、揉曲池、手三里、外关等穴。最后揉捏、抚摩 1～2 分钟。

（二）物理因子治疗

采用红外线局部照射、超短波治疗、经皮神经电刺激疗法、超声波治疗、超声导入药物透皮治疗、体外冲击波治疗等均有一定效果。

（三）拉　伸

前臂伸肌拉伸可增加肌肉柔韧性，缓解疼痛。可主动拉伸：面对墙 30～50 厘米处站立，上肢伸直向前，手指向下，手背触及墙面并加压，然后将伸直的手和前臂向上缓慢滑动，此时即可感觉到前臂伸肌有紧张感，继续抗阻力向上滑动，伸肌牵张感更明显，当达到最大的牵拉感觉时，保持该位置不动约 1 分钟，重复 5～10 次，每天至少练习 2 次。也可被动拉伸：治疗师一手握住患者上臂，另一手抓住腕部使腕关节屈曲，前臂完全旋前，肘关节屈曲，然后牵伸肘关节使其伸直，重复数次。

（四）肌内效贴布

贴扎肌内效贴布可以减轻疼痛放松肌肉，固定肘关节，对肱骨外上髁炎有一定疗效。根据伤者个人实际情况，X 形贴布、Y 形贴布、I 形贴布可组合使用，具体方法如下。

1. 减轻疼痛

采用 X 形贴布（自然拉力）。

摆位：患肢前臂旋前，腕关节掌屈（见图3－6）。

X形贴布贴法（见图3－7）：中间为锚，固定于肘关节外侧痛点，尾向两端延展贴上。

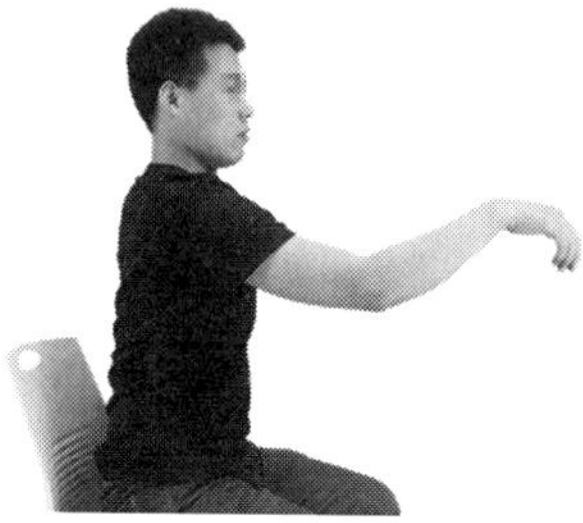

图3－6　摆位

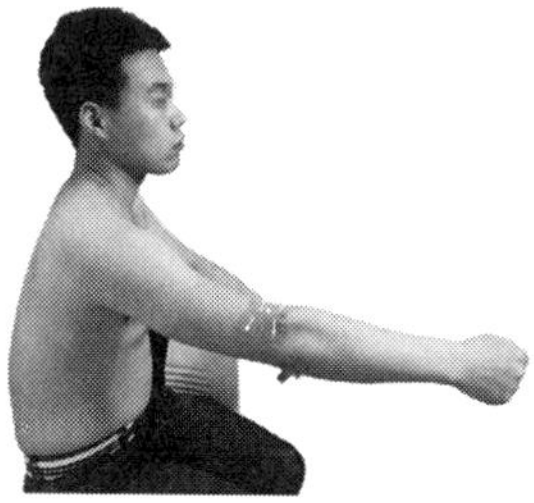

图3－7　X形贴布贴法

2. 放松肌肉

采用Y形贴布（自然拉力）。

摆位：同X形贴布。

Y形贴布贴法（见图3－8）：锚固定于背侧掌指关节处，两尾分别沿桡侧腕伸肌和尺侧腕伸肌走向延展，止于肱骨外上髁。

3. 固定肘关节

采用I形贴布（中度拉力）。

摆位：同X形贴布。

I形贴布贴法（见图3－9）：包绕固定肘关节（中间为锚，固定于肱骨外上髁，尾沿肘关节延展贴上）。

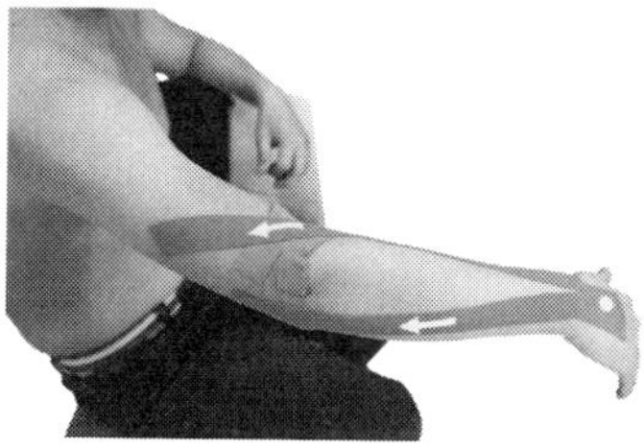

图3－8　Y形贴布贴法

图3－9　I形贴布贴法

4. 泡沫轴

可使用泡沫轴放松前臂伸肌肌群，降低肌肉张力，缓解疼痛。以左前臂放松为例，采用四点跪姿，将泡沫轴放在左手前臂靠近肘关节的位置。左手肘屈，掌心向上；右手压在左前臂上方保持稳定。保持腹部收紧，背部挺直。左手向下滑动，使泡沫轴滚动至靠近左前臂中间位置。在滚动过程中注意保持上身腰椎部位不要过度弯曲，固定双腿及髋关节位置以稳定身体（见图 3 - 10）。

图 3 - 10　泡沫轴放松前臂伸肌肌群

5. 肌力增强训练

前臂伸肌肌群力量练习，可以提高肌肉力量和耐力，提升抗负荷的能力。患者患肢抓握重量为 2 ~ 4 千克物体进行缓慢的腕屈伸练习，先掌屈，然后背伸，每个方向保持 1 分钟，重复 5 ~ 10 次，每天练习至少 2 次。

第三节　肱骨内上髁炎

肱骨内上髁部是前臂屈肌总腱的起始部。长期的劳损、过度的牵拉造成该处软组织的慢性炎症，即为肱骨内上髁炎。由于高尔夫球运动的初学者易患肱骨内上髁炎，故肱骨内上髁炎也称为高尔夫球肘。体操，投掷等运动项目也可见到此损伤。

一、损伤机制

肱骨内上髁为桡侧腕屈肌、掌长肌、旋前圆肌、指浅屈肌、尺侧腕屈肌等附着，持续应力作用于肱骨内上髁或前臂屈肌群的过度使用导致肌腱附着点、神经及韧带组织发生退变。如高尔夫击球时，杆头击在地面障碍处受阻，反作用力使杆后旋，强力使腕背伸，猛烈牵拉屈肌止点，引起损伤；举重运动员提铃时屈腕肌突然收缩，致使屈肌内上髁附着点捩伤；排球运动员在拦网时，注意力不集中，肘关节处于松弛状态，在球撞击手掌时，前臂屈腕肌骤然收缩，也被动地导致内上髁附着点捩伤。

二、损伤评估

（1）运动史或劳动史。

（2）肘关节内侧疼痛、压痛。患者在打棒球、高尔夫球或网球上网拦球时，肱骨内上髁的旋前圆肌剧烈收缩，感觉肘内侧疼痛，击球乏力。抗阻前臂旋前，抗阻腕关节屈掌或肘伸位被动伸腕时肘内侧疼痛可重复产生。所有肱骨内上髁炎均有肱骨内上髁局限性深压痛。

（3）特殊检查。

1）前臂旋前抗阻试验：患肘屈曲 90°，前臂旋后位，术者一手握住肘上部固定，另一手握持腕上部，令患者前臂旋前抗阻时，肱骨内上髁处疼痛为阳性。

2）屈腕抗阻试验：患肘微屈或伸直位，前臂旋后位，术者一手握患前臂中部，另一手压在患手掌上，嘱患者对抗屈腕时，肱骨内上髁处疼痛为阳性。

（4）影像学检查：10% ~20% X 线片上可出现肱骨内上髁钙化。

三、处　理

（一）物理理疗

可选用超声波、超短波、微波、蜡疗等方法。

（二）手法治疗

用擦法从患者腕部沿桡侧经内上髁向上臂内侧操作，以局部透热为度，然后以滚、揉法在前臂操作10分钟。再将患肢被动屈曲10次。患者屈肘，先内旋掌心向前，然后再外旋掌心向后，反复操作10次。

（三）拉　伸

前臂屈肌拉伸可以降低肌肉张力，缓解疼痛（见图3－11）。拉伸方法：上身保持垂直坐在垫子上，左手向前伸直，掌心向上，手指向前，右手握住左手手掌，右手将左手掌向下、后拉伸，同时手掌处给予向内旋转的拉伸（大拇指向下），注意在拉伸过程中肘关节保持伸直。

图3－11　前臂屈肌拉伸

（四）泡沫轴

可使用泡沫轴放松前臂屈肌肌群，促进血液循环，降低肌肉张力，缓解疼痛（见图3－12）。放松方法：采用四点跪姿，将泡沫轴放在左手前臂靠近肘关节的位置。左手肘屈，掌心向下；右手压在左前臂上方保持稳定。保持腹部收紧，背部挺直。左手向下滑动，使泡沫轴滚动至靠近左前臂中间位置。注意整个过程中保持上身腰椎部位不要过度弯曲，固定双腿及髋关节位置以稳定身体。

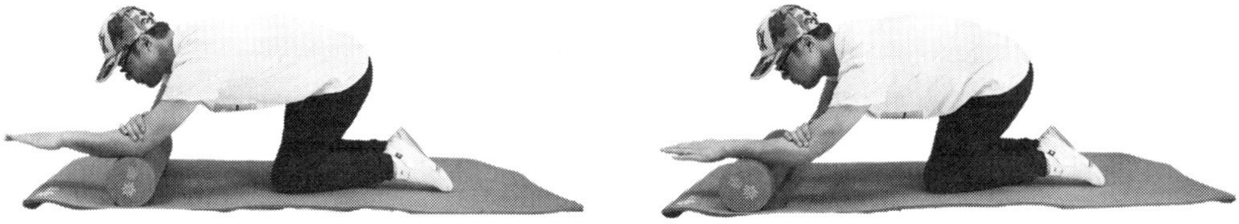

图3－12 泡沫轴放松前臂屈肌肌群

（五）肌内效贴布

贴扎肌内效贴布可以减轻疼痛、放松肌肉、固定肘关节，对肱骨内上髁炎有一定疗效。根据伤者个人实际情况，X形贴布、Y形贴布、I形贴布可组合使用，具体方法如下。

1. 减轻疼痛

采用X形贴布（自然拉力）。

摆位（见图3－13）：前臂旋后，腕关节背屈位。

X形贴布贴法（见图3－14）：中间为锚，固定于肘关节内侧痛点，尾向两端延展。

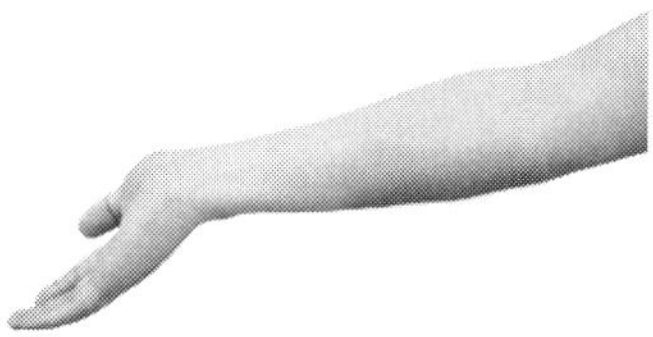

图3－13 摆位

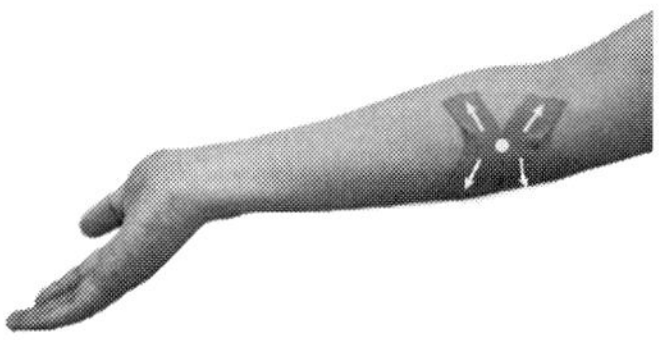

图3－14 X形贴布贴法

2. 放松肌肉

采用Y形贴布（自然拉力）。

摆位：同X形贴布。

Y形贴布贴法（见图3－15）：锚固定于掌侧腕关节远端，两尾分别沿桡侧腕屈肌和尺侧腕屈肌走向延展，止于肱骨内上髁。

3. 固定肘关节

采用I形贴布（中度拉力）。

必要时可以I形贴布包绕固定，中间为锚，固定于肱骨内上髁，尾沿肘关节延展贴上）（见图3－16）。

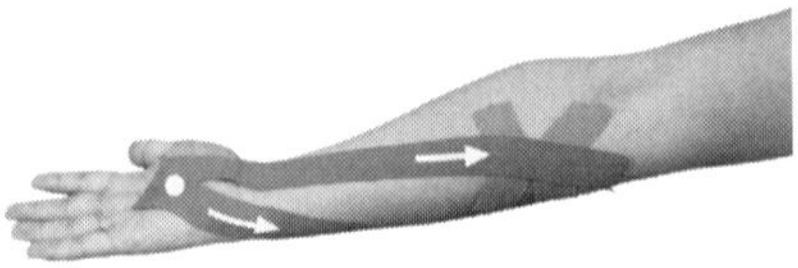

图3－15　Y形贴布贴法

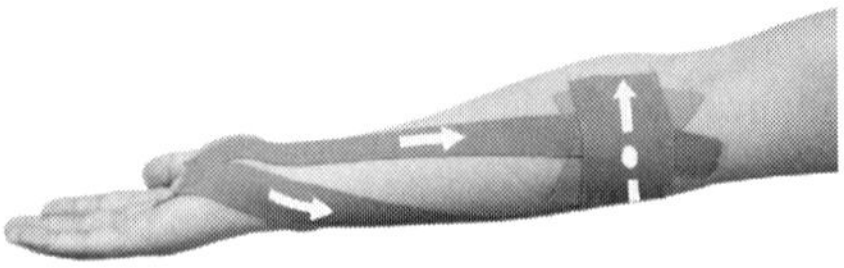

图3－16　I形贴布贴法

（六）运动疗法

1. 主动屈伸肘关节训练

患者伤后主动屈伸肘关节20～30次，每天1～3组。如训练时达不到正常功能角度，先热水浴后自己被动屈曲或伸直。

2. 等长训练

患者面向肋木或墙，取站立位，双上肢伸直支撑于墙上或地面上，静止不动坚持到酸软为止。俯卧撑位同此，只是体位不同。休息5分钟后进行第2组，支撑时间以超过第1组为宜。

3. 等张训练

患者体位同等长训练，做肘关节屈伸，即站立位身体前倾，俯卧位训练肘关节屈伸。每组以最大努力次数为止，休息5分钟后进行第2组训练，支撑次数以超过第1组为宜。

第四节　肘关节创伤性滑膜炎

肘关节创伤性滑膜炎多见于标枪、体操、铁饼及举重等项目运动员，发生后常影响训练及比赛成绩。

一、损伤机制

肘关节创伤性滑膜炎可分滑膜挤压伤和慢性劳损两种情况。

（1）急性损伤如投掷标枪的“挥鞭”动作（或投掷铁饼）、举重抓举时的突然锁肘、体操跳马或小翻时直臂的突然支撑等都可将某部分嵌入滑膜挤伤，产生局部滑膜炎。最常见的受伤部位是鹰嘴窝滑膜、鹰嘴内缘与滑车间的滑膜、肱桡关节间滑膜。受累的滑膜有充血、水肿、绒毛增生等改变。

（2）慢性劳损炎症范围较广，无明确的急性损伤史，关节内有积液及滑膜肥厚。多数主要是软骨摩擦、碎屑落入关节内，刺激滑膜造成的早期骨关节炎。

二、损伤评估

（1）有过伸损伤史或劳损史。

（2）肘关节过伸痛，活动受限，半屈支撑起痛（双杠推起）。肘外侧关节间隙饱满，触之有滑膜肥厚感（慢性劳损尤为明显）。

（3）关节间隙有压痛和挤压痛，这是确诊的重要体征。施术者一手握住病人前臂，另一手的拇指尖将关节间隙的受伤滑膜按入关节隙，再同时将肘伸直，这时伤部多出现刺痛难忍的症状，即为阳性。

三、处　理

（一）急救处理

急性损伤，可进行冷敷，并用弹力绷带进行“8”字固定包扎，将肘关节于微屈位固定，并进行加压。

（二）穿刺、封闭治疗

关节积液明显，可先行穿刺抽吸积液后，在关节内注入肾上腺皮质激素曲安奈德 10 ~ 30 mg，有助于积液的吸收及减少关节内粘连等。加压包扎 2 ~ 3 天后，可外敷中药和熏洗。

（三）手法治疗

术者先在患肢上臂及前臂上段做表面抚摩、捏、揉捏等手法数分钟，然后用拇指对痛点行挤压按摩，再轻轻屈伸肘关节，最后以搓、揉捏及表面抚摩结束。

（四）物理治疗

慢性滑膜炎者或损伤中后期，宜用超短波、微波、超声波等理疗。

（五）手术治疗

对慢性滑膜炎反复积液、有关节发响、交锁症状者，宜手术或在关节镜下摘除脱落的软骨碎片等。

第五节　肘关节脱位

运动引起的肘关节脱位占40%。一般分为前脱位和后脱位，前脱位较少见，占1%~2%，其余为后脱位。

一、损伤机制

摔倒手伸出支撑是引起肘关节脱位的主要原因。以往多认为肘过伸是引起肘后脱位的机制，但有研究认为其机制为外翻外旋：跌倒时，肩关节处于外展位，肘关节屈曲，手撑地，肩关节的内收肌和内旋肌使得肱骨相对固定于地面的前臂产生内旋，即前臂相对于肱骨外旋、外翻使得肘关节的力线轴位于内侧，这种屈肘过程中的旋后（或外旋）扭矩和外翻以及轴向压力的结合，使肘关节产生后外旋半脱位和肘关节完全脱位。

二、损伤评估

（1）受伤史。

（2）肘关节疼痛、肿胀、功能障碍、畸形。肘脱位时畸形明显，后脱位时，肘关节保持在半屈曲位，伸屈限制，上肢短缩，肘关节的前后径加长；触诊可发现肘后三角的等腰三角形关系改变，鹰嘴远端移向后上方。前脱位时，肘关节保持在伸直位，伸屈限制，上肢延长，肘后三角中鹰嘴的位置改变，前臂移向前方。

（3）影像学检查。X线片有助于确诊，并可判定有无合并骨折。

三、处　理

（一）复　位

肘关节脱位整复较容易，可在局部麻醉或全身麻醉下牵拉前臂，并向前推（前脱位）或后压（后脱位）上臂即可复位。复位后要通过检查确定合并损伤，尤其是关节囊和韧带损伤的情况。

（二）固　定

复位后可用小夹板或石膏托固定 2～3 周。

（三）运动疗法

一般手法整复后，用石膏托或粘膏固定 2～3 周后开始活动，但要防止手支撑和悬吊动作。早期要注意肘关节屈伸功能的练习，避免粗暴的康复手法，以防止功能受限。半脱位的患者固定 2～3 天后即可开始屈伸练习，6～8 周会恢复较好的功能；3 个月可恢复肘功能的 80%～90%。肌力练习时应首先从肘及腕的伸屈肌肉力量开始，以加强肘关节的稳定性。伤后 3～6 个月可参加负重的运动项目，要根据功能康复的情况和肌力康复的程度决定，过早的训练常会引起关节囊和韧带特别是内侧韧带松弛，从而容易发生再脱位及肘的骨性关节炎。

第六节　肘部常见运动损伤的预防

一、概　述

肘部位于手部与肩部之间，其重要作用是传递核心和肩部的力量到手部，同时有助于手在空间的精准定位。暴力作用于肘部，可以导致肘部急性创伤，如肘关节的脱位、肘部的骨折。细微应力的过度积累，会导致肘部慢性劳损性损伤。目前，关于肘部常见运动损伤的预防主要集中在高尔夫、网球和投掷运动三个项目上。以下预防措施也同样适用于其他运动。

二、预防措施

（一）高尔夫

高尔夫运动肘部损伤发生率较高，尤其是在未成年运动员中。高尔夫球杆较长，通过杠杆放大作用，使通过肘关节的负荷成倍增大，这是高尔夫球肘或肘内侧肌腱损伤的发病机制。

预防措施：改进高尔夫挥杆技术以减小冲撞力，避免掀起大块的草皮，选择适合手掌大小的手柄，使用韧性更好的球杆来吸收振荡等。

（二）网　球

最常见的与网球相关的肘部损伤是反手击球时前臂后群肌肉反复牵拉肘关节外侧导致的慢性劳损性损伤。预防的措施包括选择合适的器械、改进技术动作、加强功能训练等。器械选择方面，注意如拍柄大小、拍头大小、网球线张力等。在技术动作方面，由单手反拍改为双手反拍击球。功能训练包括力量练习和柔韧练习。网球损伤预防的功能训练，可参照下述方案。

1. 斜向抗阻牵拉

手从身体前面交叉至对侧大腿外侧。用爆发力斜向上拉拉力器，使手臂完全外展外旋。缓慢回到开始位置（见图 3－17）。每组 15～20 次，重复 1～3 组。

图 3 – 17　斜向抗阻牵拉

2. 直臂划船抗阻练习

手臂向前伸直并与拉线张力方向一致。手臂像划船一样，向后牵拉拉力器并保持肩胛骨内收（见图 3 – 18）。每组 15 ~20 次，重复 1 ~3 组。

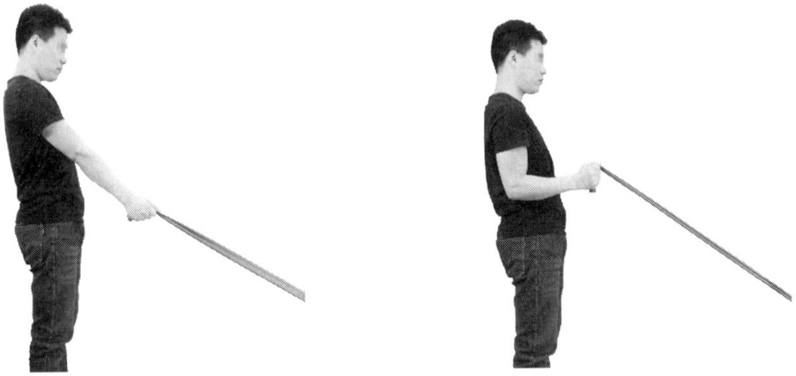

图 3 – 18　直臂划船抗阻练习

3. 站立外旋抗阻练习

前臂置于体侧，并保持 0°外展或不旋转，抗阻外旋（见图 3 – 19）。每组 15 ~20 次，重复 1 ~3 组。

图3－19　站立外旋抗阻练习

4. 90°－90°外旋抗阻练习

上臂外展90°并放松，抗阻外旋（见图3－20）。每组15～20次，重复1～3组。

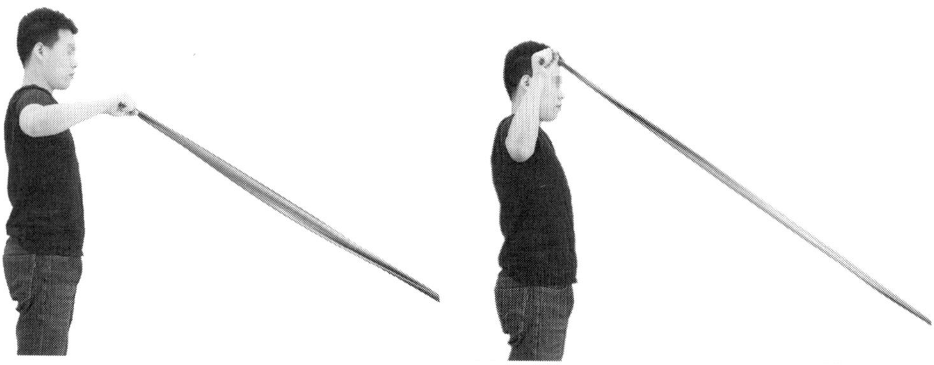

图3－20　90°－90°外旋抗阻练习

5. 腕关节后伸（加强）抗阻练习

取坐位，前臂自然放于大腿上，手握阻力棒。腕关节从前屈、掌心朝下的姿势向上充分伸展（见图3－21）。每组15～20次，重复1～3组。

图 3－21　腕关节后伸（加强）抗阻练习

6. 腕关节前屈（加强）抗阻练习

取坐位，前臂自然放于大腿上。手握阻力棒，腕关节从后伸掌心朝上的姿势向上充分前屈（见图 3－22）。每组 15～20 次，重复 1～3 组。

图 3－22　腕关节前屈（加强）抗阻练习

7. 前臂内旋抗阻练习

取坐位，前臂自然放于大腿上。手握高尔夫球杆，使球杆向拇指侧伸出并确保其游离端安全。保持掌心向上直到球杆稳定。抗阻内旋转动前臂，使掌心向下（见图 3－23）。每组 15～20 次，重复 1～3 组。

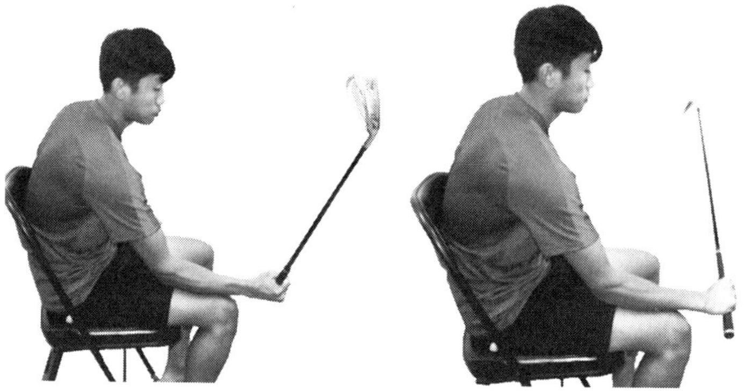

图 3－23　前臂内旋抗阻练习

8. 前臂外旋抗阻练习

取坐位，前臂自然放于大腿上。手握高尔夫球杆，使球杆向拇指侧伸出并确保其游离端安全。保持掌心向下直到球杆稳定。抗阻外旋转动前臂，使掌心向上（见图 3－24）。每组 15～20 次，重复 1～3 组。

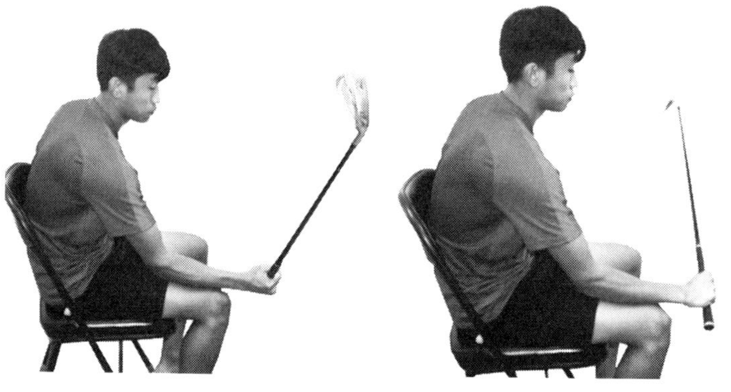

图 3－24　前臂外旋抗阻练习

（三）投　掷

投掷运动项目肘部损伤预防的功能练习应当包括肩袖力量练习、肩胛骨稳定性练习、核心力量练习和关节囊后部伸展练习。下述方案可做参考。

1. 对角线屈/伸

站立位，使用拉力器，开始时手臂屈曲充分外展和外旋，然后牵拉拉力器向大腿对侧做对角线伸。重复这种对角线屈伸练习（见图 3 – 25）。

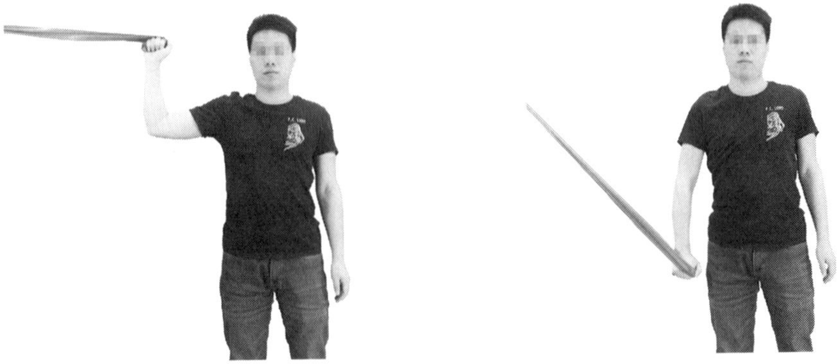

图 3 – 25　对角线屈/伸

2. 在 0°和 90°外展位向内/向外旋转

站立位，使用拉力器，手臂做 0°内旋（见图 3 – 26），0°外旋（见图 3 – 27），90°外旋（见图 3 – 28），90°内旋（见图 3 – 29）。

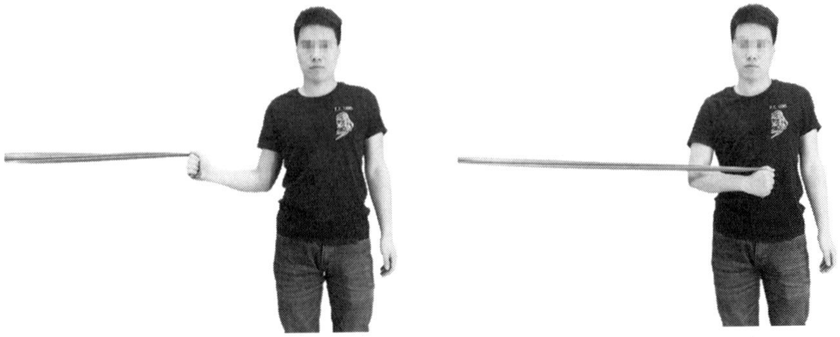

图 3 – 26　0°内旋

图 3 –27　0°外旋

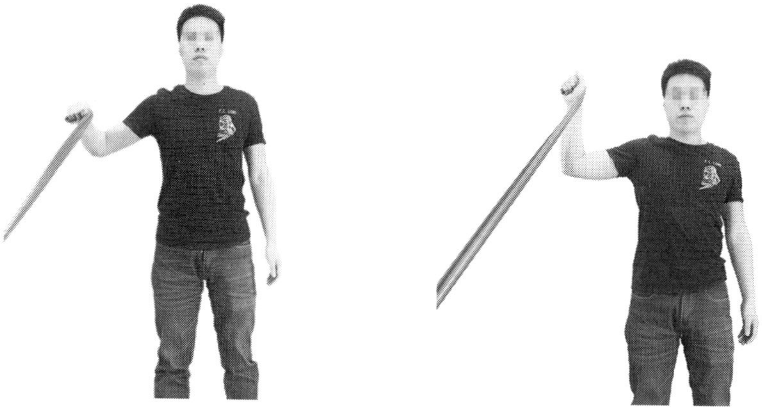

图 3 –28　90°外旋

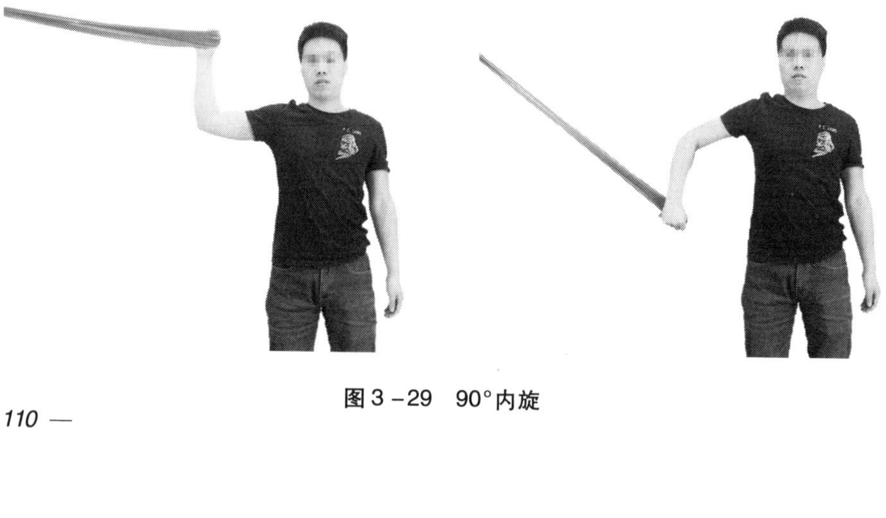

图 3 –29　90°内旋

3. 肩关节外展 90°后伸

站立位，手持拉力器，开始时手臂置于体侧，然后外展肩关节至 90°，并使关节充分后伸（见图 3－30）。

图 3－30　肩关节外展 90°后伸

4. 肩胛骨下旋

站立位，手臂置于体侧，肘部伸直。上举手臂至肩部水平并前屈 30°（在肩胛骨平面）。保持 2 秒后缓慢放下（见图 3－31）。

图 3－31　肩胛骨下旋

5. 坐位撑起

坐在椅子或桌子上，双手手掌向下撑于椅/桌表面。双手缓慢向下推，将身体撑起。保持 2 秒后缓慢放下（见图 3－32）。

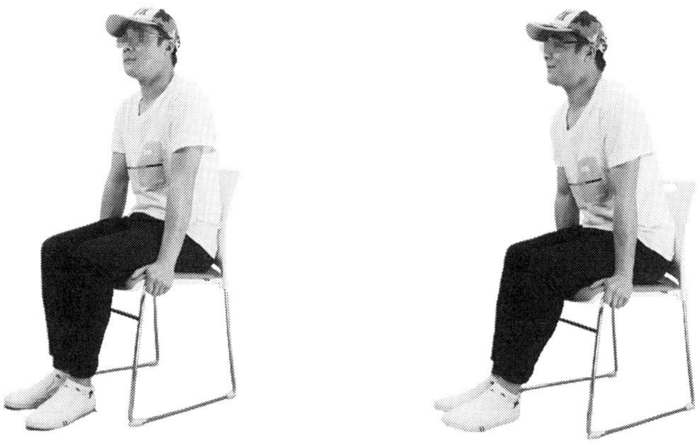

图 3－32　坐位撑起

6. 俯卧飞鸟

俯卧于瑞士球（或长凳）上，手臂悬置于地板上，手持哑铃或阻力棒，向侧方展开手臂直到与地板平行。保持 2 秒后缓慢放下（见图 3－33）。在中立位和充分外旋位重复上述动作。

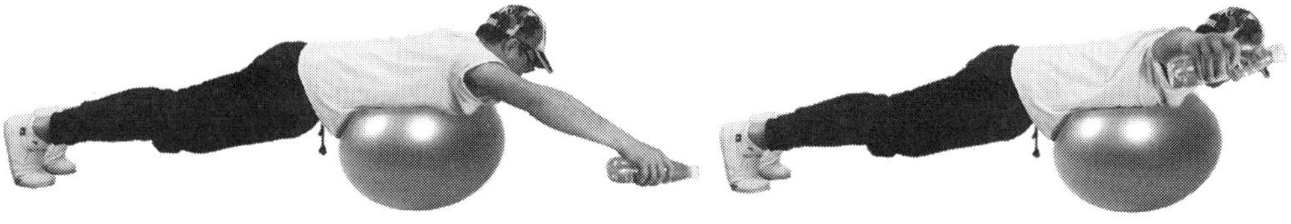

图 3－33　俯卧飞鸟

7. 俯卧划船

俯卧于瑞士球（或长凳）上，手臂悬在地板上，像划船一样手持哑铃向后提拉，肘部屈曲。哑铃尽可能地向高处提拉。坚持 2 秒后缓慢放下（见图 3－34）。

图 3－34　俯卧划船

8. 俯卧撑

身体俯卧，双手略宽于肩撑地。撑起时尽可能地撑高，肘部保持伸直的同时肩部前缩（见图 3－35）。

图 3－35　俯卧撑

9. 肘部屈/伸

双手紧贴于体侧，肘关节充分前屈，拉起拉力器或举起哑铃，保持 2 秒后缓慢放下（见图 3－36）。手拉拉力器或手持哑铃，使肘关节向前伸直，保持 2 秒后缓慢放下（见图 3－37）。

图 3－36　肘部屈

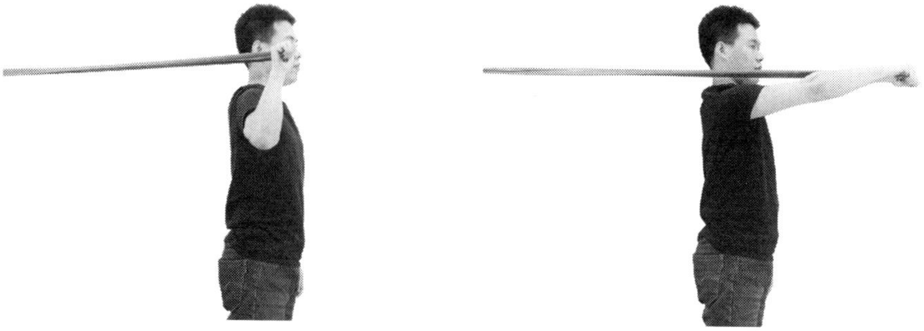

图3－37　肘部伸

10. 腕部伸/屈

掌心向下，腕关节抗阻后伸。腕关节置于中立位，在对抗拉力器的阻力时使腕关节伸（见图3－38）。掌心向上，腕关节抗阻前屈。腕关节置于中立位，在对抗拉力器的阻力时使腕关节屈（图3－39）。

图3－38　腕部伸

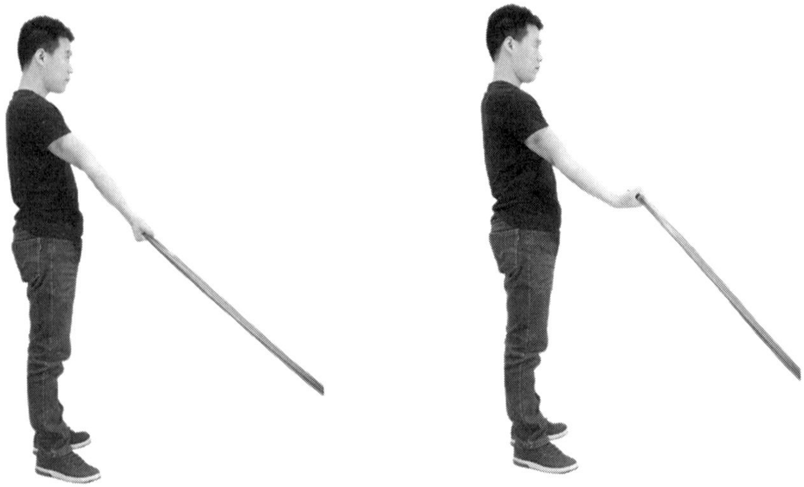

图 3－39　腕部屈

复习思考题

1. 肘关节的韧带有哪些？
2. 肘关节内侧韧带的损伤机制是什么？
3. 肘关节内侧韧带损伤的表现是什么？
4. 肱骨外上髁炎的损伤机制有哪些？
5. 肱骨外上髁炎有哪些表现？
6. 肱骨内上髁炎有哪些表现？
7. 肘关节创伤性滑膜炎有哪些表现？
8. 关节脱位有哪些表现？
9. 如何拉伸前臂屈肌？
10. 如何拉伸前臂伸肌？
11. 如何利用泡沫轴放松前臂屈肌？
12. 如何利用泡沫轴放松前臂伸肌？

第四章
腕部和手部常见运动损伤

第一节　腕三角纤维软骨损伤

本病多见于体操、排球、乒乓球、网球、摩托车、击剑等运动项目，是常见的运动损伤。

一、损伤机制

桡尺远侧关节由尺骨环状关节面与桡骨尺切迹构成，属车轴关节。从桡骨尺切迹下缘至尺骨茎突根部有一三角形的关节纤维软骨盘，它与尺切迹共同构成关节窝，并将尺骨小头与腕骨隔开。前臂极度旋转时，三角纤维软骨被拉紧，而桡尺远侧关节有分离的趋向，若旋转暴力和活动范围加大，能使三角纤维软骨盘撕裂，或从附着处撕脱，导致桡尺远侧关节不同程度的分离或脱位。

此损伤可是急性的，也可是慢性的。临床上常见致伤情况有：①腕关节背伸，前臂极度旋前；②腕关节背伸，前臂旋后或尺偏；③腕掌屈时、前臂过度旋前等都可引起三角纤维软骨盘急性损伤。长期在腕反复背伸支撑下做旋转动作，使三角纤维软骨盘受到长期磨损和牵拉，也可造成软骨盘的慢性损伤。如排球、体操运动员跌倒时，手背伸位，手掌着地，会导致急性损伤；鞍马、单杠转体动作，手腕多处于背伸尺偏支撑下旋转，易导致慢性损伤。

此外，也可并发于桡骨远端骨折或桡尺远侧关节脱位。

二、损伤评估

（1）有明显受伤史或前臂支撑过多的运动史。

（2）腕部肿胀、疼痛，以尺侧较为明显。关节乏力，握力减退。做背伸支撑，尤其在尺侧偏和前臂旋前时疼痛加重，手腕旋转功能受限。

（3）三角纤维软骨盘挤压试验：术者一手握住患者前臂远端，另一手握患手，使腕关节做极度屈曲，旋前和尺偏形成旋转挤压的力量，腕关节尺侧痛者为阳性。

（4）影像学检查。

X 线检查：对诊断有一定的帮助。平片如见桡尺远侧关节脱位（横向或纵向，与健侧对比），可助诊。

腕关节碘剂造影：若见造影剂从桡腕关节进入桡尺远侧关节，可证实三角纤维软骨已破裂。应注意在正常人中，三角软骨盘中央穿孔者，可导致假阳性；陈旧性损伤的粘连可产生假阴性。因此，仍需结合临床症状，以鉴别假阳性或假阴性。

三、处 理

（一）手法治疗

先行适当的相对牵引，术者轻轻扶按，揉捏尺骨小头与桡骨远端的尺侧缘，其突出处复平，再以指尖或指腹轻轻按压痛点 1 分钟，亦可反复施用点、刮手法，以散其瘀结。

（二）固定疗法

急性期局部制动，旋前位疼痛时，旋后位固定；旋后位疼痛时，旋前位固定；两者皆痛者中立位固定 3 ~4 周。治愈前运动时，需用 5 ~6. 6 厘米宽布带缠绕腕部，以减轻症状。避免牵扯，使病程延长。

（三）练功疗法

受伤 24 小时后局部疼痛减轻，可练习各指活动。3 ~5 天疼痛消失后，可在外固定的情况下练习腕伸屈活动。总之，腕部各指的活动应在不引起尺骨小头周围疼痛的情况下进行。

（四）手术治疗

对于影响腕部功能并有持续性疼痛的成年病人，要求手术者，可考虑行尺骨头切除术。

第二节　腕管综合征

任何原因引起腕管内压力增高，使正中神经在管中受到卡压，而引起感觉、运动神经功能障碍，即称腕管综合征。

一、损伤机制

腕管位于腕部掌侧，由腕横韧带与腕骨共同形成骨纤维管。其前壁为腕横韧带，即前臂深筋膜特殊增厚的坚强韧带纤维束；后壁为一层覆盖桡腕关节及中腕关节光滑的筋膜组织；桡侧壁为舟骨结节及大多角骨结节，尺侧壁为豌豆骨、钩骨骺。腕管内有 9 条屈指肌腱和正中神经通过。深层有拇长屈肌腱和指深屈肌腱；浅层有指浅屈肌腱；正中神经位于指浅屈肌腱掌面稍偏桡侧。指浅屈肌和指深屈肌腱周围包以指总肌腱鞘，拇长屈肌腱周围包以拇长屈肌腱鞘。由于腕管间隙是骨韧带结构，缺乏弹性，管腔窄小，肌腱及腱鞘和神经排列十分紧密，是构成腕管综合征的解剖学因素。任何使腕管容积缩小或其内容物增多、增大的原因都可导致正中神经受压，出现腕管综合征，如腕部处扭挫伤、关节脱位、骨折后的畸形愈合等；腕横韧带肥厚或慢性劳损；风湿性腱鞘炎、类风湿性关节炎、结核、肿瘤、腱鞘囊肿等；内分泌系统的变化如黏液水肿、肢端肥大症等。

二、损伤评估

（一）病史及症状

起病缓慢，患者主诉拇、食、中指麻木、刺痛或灼痛，夜间加剧，温度增高时疼痛明显。常伴有患侧手怕冷、发凉、发绀等血液循环障碍的症状。

（二）体　征

拇、食、中指及环指桡侧感觉减退，或感觉过敏；大鱼际、外展拇短肌、屈拇短肌及拇对掌肌萎缩，肌力减弱；正中神经分布区皮肤干燥，表皮脱屑，指甲干脆等神经营养功能障碍表现。

（三）特殊检查

1. Tinel 征

在腕横韧带中央部轻轻叩击，若产生正中神经支配区疼痛者为阳性（见图4－1）。

2. Phalen 征

屈腕压迫试验，患者两腕掌屈，掌背相贴，与健侧对比，患肢出现疼痛症状加剧者为阳性（见图4－2）。

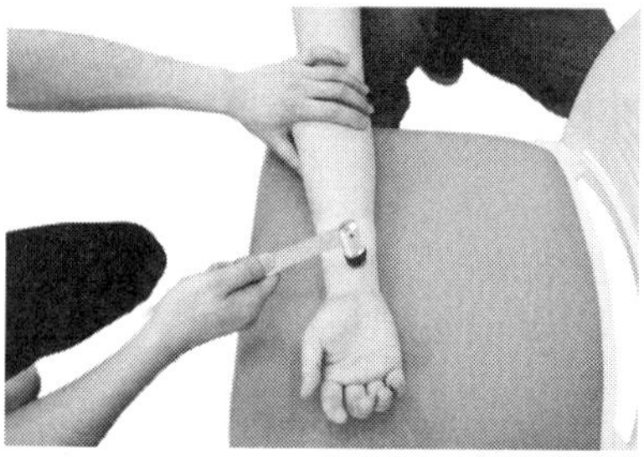

图 4－1　Tinel 征

图 4－2　Phalen 征

3. 压脉带试验

用血压计气囊带缚于患肢上臂，将气囊充气到收缩压与舒张压之间，使手充血 1 分钟，手部症状加剧者为阳性。

4. 茚三酮试验

以患手各指同时压于茚三酮试纸上，可发现正中神经分布的手指出汗减少。汗液遇茚三酮呈紫蓝色，出汗多时，色泽较深。

（四）其他检查

1. 肌电图检查

拇对掌肌或拇短展肌处的运动纤维传导时间明显延长。

2. X 线检查

可见腕关节骨质增生、脱位、骨折等所致的腕管形态变化；或可有腕横韧带钙化影。

三、处　理

本病应尽早查找病因，进行治疗。腕部骨折脱位者，应立即准确整复及固定，以解除对正中神经的压迫。

1. 手法治疗

用揉捏和推压手法，以腕横韧带为中心，向近、远两端操作 5 ~ 10 分钟。有粘连时可配合拔伸。指针刺激阿是、内关、阳池、阳溪、阳谷、合谷、劳宫、鱼际、外关等穴位，然后在轻度拔伸下，将患肢缓缓旋转，屈伸腕关节。后依次拔伸 1 ~ 4 指。

2. 限制活动

患肢用支具固定腕关节于平伸位限制活动，让患肢能够得到充分的休息，避免过分活动引起充血。

3. 运动疗法

进行肌肉被动运动和主动收缩的神经冲动练习，包括腕关节屈伸、拇指屈伸、对掌、对指等主动性练习；做加大腕关节屈伸和前臂旋转度的牵引与抗阻练习，以及腕掌支撑练习。

4. 肌内效贴布

用肌内效贴布进行贴扎，可以减轻疼痛，放松腕屈肌群，可使用 X 形贴布与 Y 形贴布组合贴扎。

（1）X 形贴布，自然拉力，患肢处于自然舒适体位。X 形贴布中部为锚固定于腕横纹中点，尾向两侧延展（见图 4 – 3）。

（2）Y 形贴布，自然拉力，患肢肘关节伸直，前臂旋后，腕背伸。Y 形贴布锚固定于掌侧 4 ~ 5 掌指关节处，尾沿桡侧和尺侧腕屈肌延展至肱骨内外侧髁（见图 4 – 4）。

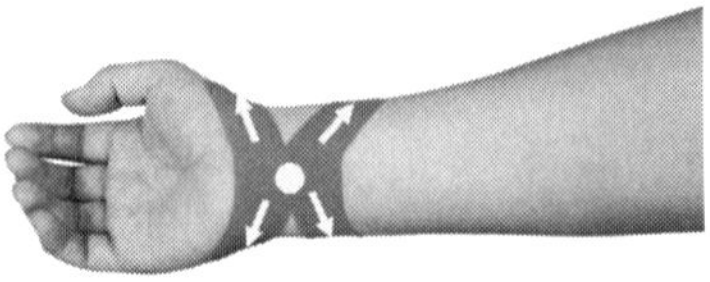

图 4 – 3　X 形贴布

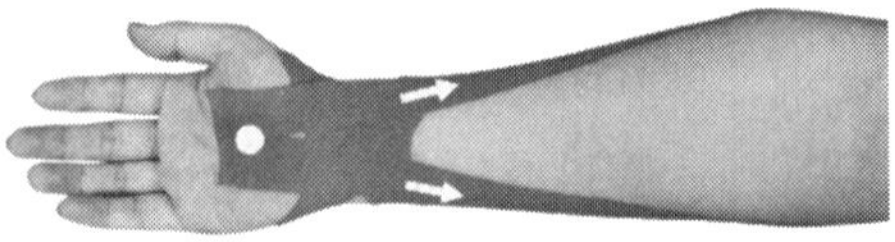

图 4 – 4　Y 形贴布

5. 手术治疗

经非手术治疗无效或怀疑腕管内有新生物压迫，或陈旧性腕部骨折脱位所致腕管综合征者，可行手术或内窥镜减压等治疗。

6. 其他治疗

根据患者在进行功能训练中出现的不同症状给予脉冲磁疗、中药煎洗、超短波、干扰电等治疗，促进局部血液循环，消肿止痛，松解粘连。

第三节　腕尺管综合征

腕尺管综合征为位于腕尺管内的尺神经受压而出现的一组症状。

一、损伤机制

腕尺管位于腕管的浅面尺侧，起自屈肌支持带近缘，止于豆钩韧带远侧缘。它的前壁为腕掌侧韧带（浅腕横韧带）和小鱼际腱弓，后壁为屈肌支持带（深腕横韧带），内侧壁由豌豆骨和豆钩骨间韧带共同构成一长约 1.5 厘米的三角形骨纤维鞘管道。尺管内软组织有尺神经和尺动、静脉走行。尺神经管狭窄而固定，管内压力稍有增高即可压迫尺神经而产生症状。常见原因为外伤，或慢性劳损，或职业性损伤。腱鞘囊肿，腕部骨折，肿瘤如脂肪瘤、血管瘤压迫，以及创伤性关节炎等均可引起腕尺管综合征。另外，解剖异常，如掌长肌异位肌腹，尺侧屈腕肌肥大，副掌肌、小指展肌、小指短屈肌、掌短肌变异，或者尺动脉栓塞，屈肌腱类风湿性滑膜炎，水肿压迫均可导致腕尺管综合征。

二、损伤评估

（1）发病缓慢，多有腕部活动过多、腕部摩擦过多等病史。

（2）腕部疼痛并向环、小指及前臂放射，麻木无力。

腕部尺侧有压痛及放射痛，沿手尺侧缘疼痛，强力屈腕时疼痛加重；小指及环指尺侧半掌面感觉减退。病人常主诉手深部界限不清的胀痛和灼痛，不仅是在尺侧而是整个手，在大鱼际也有广泛的肌肉痛。以后手的骨间肌和小鱼际肌肉出现萎缩、无力。手指不能分开，握拳无力，拿笔、碗、筷很容易从手中滑掉，环指和小指呈爪形，表现为掌指关节过伸，指间关节屈曲。

（3）特殊检查。

Tinel 征：叩击豌豆骨外侧，尺神经支配区有过敏感觉者为阳性。

Phalen 征：患腕被动屈曲，可诱发尺神经分布区有电窜感者为阳性。

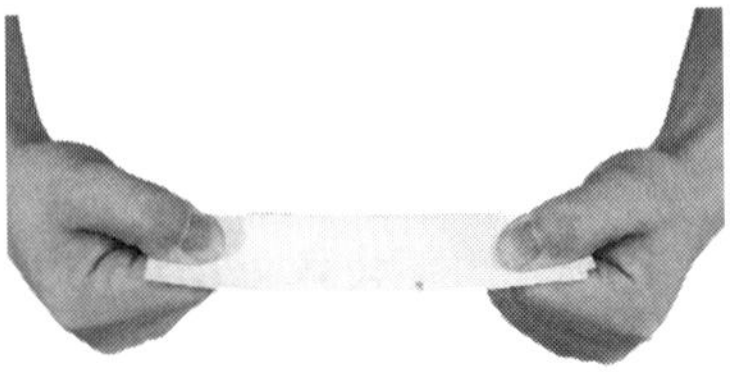

图 4－5　Froment 征

Froment 征（见图 4－5）：即捏纸征阳性。正常人在拇指与食指间捏一张纸时，掌指关节轻度屈曲，指骨间关节伸直。当尺神经受压时，掌指关节屈曲较少或伸直，而指骨间关节强力屈曲者为阳性。

三、临床分型

第Ⅰ型：尺神经在尺管入口处的近端豌豆骨处受压，深浅两支均受损害，在手的尺神经分布区感觉与运动均出现障碍，又称为混合型。

第Ⅱ型：尺神经在钩突部受压，累及尺神经深支，出现尺神经支配的掌内肌（掌短屈肌除外）麻痹的运动障碍，而无感觉异常，又称为运动障碍型。

第Ⅲ型：尺神经浅支于尺管远端处受压，临床上只有感觉障碍，主要是手掌尺侧及尺侧一个半指皮肤感觉障碍。

四、处　理

治疗原则同腕管综合征，先行药物及封闭治疗，无效时可手术治疗，切除压迫。必要时行尺神经移位及尺侧屈腕肌腱扩张部减压术。

第四节 桡骨远端骨折

桡骨远端骨折是指距桡骨远端关节面3厘米以内的骨折。该部位是松质骨与密质骨的交界处，为解剖薄弱部位，受到外力容易骨折。桡骨远端关节面由背侧向掌侧形成10°~15°的掌倾角，由桡侧向尺侧形成20°~25°的尺倾角。桡骨远端尺侧与尺骨小头的桡侧构成尺桡远端关节，与尺桡近端关节一起构成上臂旋转活动的解剖学基础。

一、损伤机制

桡骨远端骨折多为间接暴力引起的。摔倒时手部着地，暴力向上传导，发生骨折。受伤机制不同，骨折也表现出不同的移位方式。跌倒时腕关节处于背伸位，前臂旋前、手掌着地所发生的骨折，称为Colles骨折（伸直型）。Colles骨折的远端骨块向背侧及桡侧移位，桡骨的掌倾角及尺偏角减小，可发生典型的“餐叉手”及“枪刺手”畸形（见图4-6）。Colles骨折常常合并有尺骨茎突骨折、下尺桡关节脱位及腕三角纤维软骨的损伤，治疗不当将影响以后前臂的旋转功能。因此，对于腕及前臂旋转功能要求较高的运动员，如乒乓球、台球选手等，应给予特殊的关注。

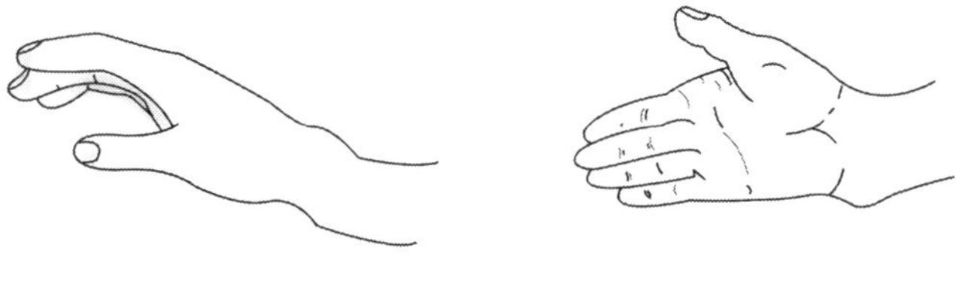

图4-6 Colles骨折腕部畸形

跌倒时腕关节屈曲、手背着地所致的骨折，桡骨的远端向掌侧移位，发生少见的 Smith 骨折（屈曲型）。桡骨远端关节面骨折伴腕关节脱位或半脱位者，称为 Barton 骨折。

二、损伤评估

（1）急性受伤史。

（2）伤后桡骨远端明显疼痛、肿胀、瘀斑。

（3）腕部压痛、纵轴挤压痛、骨擦音或骨擦感，腕关节的活动障碍。

（4）可出现典型的畸形，如“餐叉手”或“枪刺手”。

（5）影像学检查。X 线片可见骨折线及不同的移位方式。

三、处　理

对于稳定的桡骨远端骨折，采用手法复位外固定的方法治疗。以 Colles 骨折为例，局部麻醉后患者仰卧，肩外展 90°角、屈肘 90°角，术者一手握住伤者拇指，另一手握住其余 4 指，沿前臂纵轴牵引，助手握住前臂做反向牵引。充分牵引后，术者握住腕部，拇指压住骨折远端向远侧推挤，2 ~ 5 指顶住骨折近端，纠正成角及尺偏，缓慢放松牵引，小夹板或石膏固定。为防止复位后的再移位，一般将腕关节固定于屈腕尺偏位，10 ~ 14 天后改为功能位固定，共 4 ~ 6 周。拆除固定后，应积极练习腕关节的屈伸活动，约 3 个月后可开始腕部的力量训练及练习。

第五节　腕舟骨骨折

在腕部骨折中，以舟骨骨折最为多见，发生率仅次于桡骨远端骨折。由于舟骨在腕骨排列中独特的解剖位置以及特殊的血供特点，在临床诊断和治疗上尚存在一些问题，如新鲜舟骨骨折漏诊率较高，保守治疗易出现骨折不愈合、舟骨近端骨坏死，以及骨坏死后并发进行性腕关节塌陷及腕关节不稳等。

一、损伤机制

腕舟骨骨折损伤机制与 Colles 骨折相同。当前臂旋前、腕关节背伸、手掌部着地跌倒受伤时，桡骨远端关节面锐利的背缘或茎突缘将舟骨截断。而桡骨远端骨骺尚未成熟的儿童易发生骨骺分离损伤；若是青年，一般仅为舟骨骨折；而老年则易出现 Colles 骨折。因此，在临床上可见到舟骨骨折合并桡骨远端骨骺分离或合并 Colles 骨折的病例。

跌倒时，手掌着地支撑是本能的保护动作，所以舟骨骨折的发生没有运动项目的特异性。该损伤较多发生于足球、滑冰等项目，也易发生于滑雪项目中。

二、损伤评估

（1）急性腕关节受伤史。

（2）伤后腕关节的桡侧痛、肿胀、压痛，腕关节功能障碍，以桡偏和掌屈受限为主，沿第 1、2 掌骨的纵向叩痛，疼痛程度不一。“鼻烟壶”肿胀、疼痛和压痛是新鲜腕舟骨骨折最典型的症状及体征。

（3）影像学检查。X 线检查是确诊舟骨骨折的依据，少数新鲜舟骨骨折病例早期 X 线片上的骨折线极难辨认，因此，凡可疑腕舟骨骨折的病例应先按骨折处理，并于伤后 2 周左右再拍片检查，以确认骨折是否存在。此外，也可选择 CT 扫描伴三维重建以尽早确诊。

三、处　理

腕舟骨骨折，常无移位，保守治疗效果可靠，治疗的关键在于外固定的位置。将腕关节固定于尺偏 10°～15°，背伸 30°。固定方式可运用石膏或铁丝托板，拇指的掌指关节可不予固定。多数在 8～12 周内可获得骨性愈合，但由于骨折部位和患者年龄的不同，腕舟骨骨折愈合时间差别很大。

物理疗法可用超声波疗法和直流电离子导入等。

不稳定腕舟骨骨折需手术治疗。运动员的陈旧性腕舟骨骨折，非手术治疗方法难以愈合，可考虑手术植骨治疗。对于腕关节有明显创伤性关节炎改变、桡骨茎突变尖的病例，可行植骨术并将变尖的桡骨茎突一并切除。

第六节　掌指关节、指骨间关节扭伤

掌指关节及指骨间关节扭伤是常见的运动损伤之一，好发于篮球、排球、手球和水球等运动项目的运动员以及足球守门员等。

一、损伤机制

指骨间关节属屈曲型的滑车关节，由近节指骨滑车与远节指骨底组成。掌指关节属髁状关节，由掌骨头与近节指骨底构成。掌指关节和指骨间关节囊均松弛、薄弱，关节腔较宽阔，背侧部较薄弱，关节的掌侧和两侧均有韧带加强。关节前面有关节囊增厚形成的掌板，以限制掌指和指间关节过伸；关节两侧有侧副韧带加固以限制侧向运动。在掌指关节屈曲时，侧副韧带紧张，关节几乎无侧方活动；伸直位时侧副韧带松弛，活动范围以尺侧偏大于桡侧偏。指间关节正好相反，伸直位时侧副韧带紧张，指骨间关节屈曲时，侧副韧带松弛。

手指受到侧方或扭转暴力，可引起掌指和指间关节产生过度内收、外展或旋转而致伤。如篮球、排球、手球、水球运动中手指被球撞击，或接球技术动作错误，皆可引起侧副韧带或关节囊损伤。严重者可引起掌指或指间关节脱位和撕脱骨折。掌指关节损伤多见于第 1 掌指关节，第 2 ~5 掌指关节较少发生。

二、损伤评估

（1）有明显的受伤史。

（2）受伤后关节周围肿胀，疼痛剧烈，局部有压痛，关节活动受限，伸屈不灵活。侧副韧带损伤时，关节损伤侧肿胀压痛明显，向对侧扳动远端指节时疼痛，如有韧带断裂则侧扳时有松弛感，重者有开口感。关节脱位者有畸形，功能丧失。指间关节脱位可伴发指骨基底部骨折。

（3）X 线检查：可见伤侧指间关节间隙增宽，并可鉴别有无骨折及脱臼。

三、处　理

（一）急救处理

损伤后可局部冷敷，并进行固定，掌指关节扭伤固定在屈曲 90°位，指间关节扭伤可用胶布与伤侧邻指一起固定于微屈位。

（二）物理治疗

2～3 天后可进行热疗，如热敷、中药熏洗等。

（三）手法治疗

轻度扭伤关节稳定性正常者，可于微屈位轻轻拔伸牵引，然后使用理筋手法：一手拇指和食指捏住受伤关节远侧，保持轻轻牵引下，另一手拇指顺着受伤韧带走向推压 1～2 遍。此外，指间关节扭伤不宜做局部按摩，以免过多刺激引起局部组织增厚。

（四）手术治疗

侧副韧带断裂及指间关节脱位者应及时送医院诊治，进行手术治疗。

复习思考题

1. 腕三角纤维软骨损伤有哪些表现?
2. 什么是腕管?
3. 腕管综合征有哪些表现?
4. 什么是尺管?
5. 尺管综合征有哪些表现?
6. 桡骨远端骨折有哪些表现?
7. 腕舟骨骨折有哪些表现?
8. 掌指关节扭伤有哪些表现?
9. 指骨间关节扭伤有哪些表现?
10. 掌指关节、指骨间关节扭伤如何处理?

第五章
髋部与大腿部常见运动损伤

第一节　梨状肌综合征

梨状肌综合征是以一侧臀、腿痛为主的病症，急、慢性梨状肌损伤导致梨状肌的痉挛、水肿、肥厚，刺激或压迫了坐骨神经及其他神经而产生相应的症状，是临床中的常见病和多发病。

一、损伤机制

梨状肌是臀部的深层肌肉，起于骶骨前面的外侧面，由坐骨大孔穿出，将坐骨大孔分为梨状肌上孔、下孔，止于股骨大转子。梨状肌的主要作用是协同其他肌肉完成大腿的外旋动作。大多数坐骨神经经梨状肌下孔穿出骨盆后分布到臀部。从解剖位置来看，梨状肌与坐骨神经的关系非常密切。如果梨状肌受损伤或梨状肌与坐骨神经解剖位置发生变异，就可能导致坐骨神经受到压迫而发生各种疼痛症状。梨状肌损伤是引起梨状肌综合征的主要原因，如跨越、闪、扭、肩扛重物下蹲、负重行走等动作使下肢外展、外旋或蹲位变立位时导致梨状肌拉长、牵拉而损伤梨状肌。当梨状肌损伤后，局部充血、水肿或痉挛；反复损伤引起梨状肌肥厚，均可直接压迫坐骨神经而引起各种疼痛症状。另外，梨状肌和坐骨神经的解剖位置如果发生变异，那么更容易刺激或压迫坐骨神经产生梨状肌综合征。

二、损伤评估

（1）受伤史。多数患者有外伤史，如闪、扭、跨越、肩扛重物下蹲、站立及负重行走等，部分患者有夜间受凉史。

（2）臀、腿部疼痛，患者自觉患肢变短，走路跛行。臀部深在性疼痛，且向同侧下肢后面或后外方放射，偶有小腿外侧发麻、会阴部不适，走路时身体半屈。严重者臀部有“刀割样”或“烧灼样”疼痛，双下肢屈曲困难，双膝跪卧，夜不能眠。大小便或大声咳嗽增加腹压时，患肢窜痛加重。

（3）检查时，腰部一般无压痛点及明显异常，患侧臀肌呈紧张状态。嘱患者臀部肌肉放松，在梨状肌的投影区（髂后上棘与尾骨作一连线，再将此线的中点与股骨大转子作一连线，沿此线方向即为梨状肌的表面投影区）可透过臀大肌触到深在钝厚的索样肌性隆起，即紧张挛缩的梨状肌肌腹，此处压痛最明显。久病患者，由于臀上、臀下的神经血管受累，故常显臀部肌肉松软或出现肌肉萎缩。如坐骨神经受累则其支配的小腿肌肉张力减退或肌肉萎缩。

（4）特殊检查。

1）直腿抬高试验：在60°以前出现疼痛，而超过60°以后疼痛反而减轻者为阳性。这是由于抬腿在60°以前损伤梨状肌被拉长呈紧张状态，加强了与坐骨神经的病理关系，故疼痛明显；抬腿超过60°以后，损伤的梨状肌不再被继续拉长，所以疼痛有所缓解。

2）梨状肌试验：患者面向术者，健肢在下，伸髋伸膝，患肢在上，屈髋屈膝60°侧卧。术者一手扶患侧髂嵴以固定骨盆，另一手在患膝外侧处向下按压，患者感觉梨状肌部有疼痛，或伴有下肢放射性疼痛者为阳性。

三、处　理

1. 手法治疗

首先在臀部及下肢施以推抚、按揉法，以行气活血，放松肌肉，消除紧张与痉挛，为进一步的治疗做好铺垫。对明显压痛及其周围组织施以轻柔的一指禅推法或一指禅缠法和摩法，可以减少渗出，促进吸收，改善血液循环，从而消炎、镇痛、解痉。用消除粘连的弹拨法和弹筋法配以理筋法和按压法，可以将肌肉强直于正常范围内，减少压迫和再粘连。可点按环跳、承扶、殷门、委中、承山、昆仑等穴。

2. 针灸治疗

急性损伤，取阿是、环跳、秩边、大肠俞、委中、阳陵泉等穴，采用强刺激手法。慢性损伤，取穴同急性损伤，用平补平泻法。

3. 物理治疗

可用超声波治疗，在臀部痛处及其附近做横向移动治疗，也可用局部热敷，在臀部疼处热敷 10～15 分钟。

4. 拉　伸

通过拉伸训练缓解肌肉痉挛，提高梨状肌的柔韧性，改善症状。以右侧为例，拉伸方法是患者平直坐于地面，左腿伸直，右脚平放于左膝外侧地面，缓慢将右膝向左肩拉，并在极限位置保持 15 秒左右（见图 5－1）。

图 5－1　梨状肌拉伸

5. 利用泡沫轴放松

针对痉挛的梨状肌，可以使用泡沫轴进行梨状肌的放松。以右侧为例，具体方法为：右侧坐姿，将泡沫轴放在右侧臀部靠近下背部的位置。右手肘微屈，支撑身体于头部前方，右脚放在左膝上，左手抱右膝向身体内侧拉。左腿膝屈 90°，脚掌着地，支撑身体。左腿伸直膝关节，推动身体向上移动，使泡沫轴滚动至臀部略向下的位置。（见图 5－2）

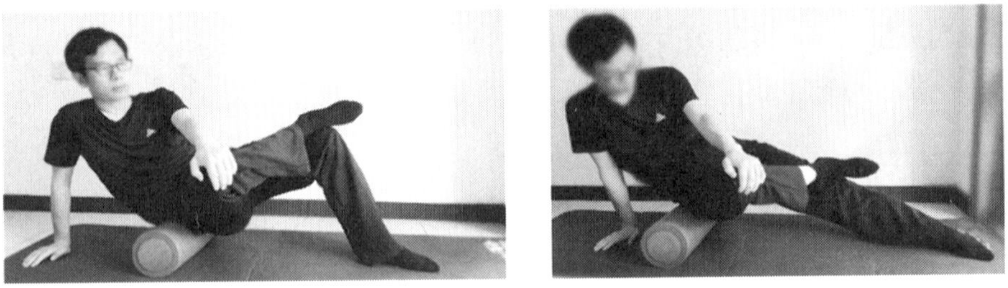

图 5－2　梨状肌的泡沫轴放松

6. 功能训练

强化力量，一旦患者可以负重且炎症反应已经消退，应针对以下肌肉进行力量训练：臀大肌、臀中肌、臀小肌、腹横肌和腹外斜肌。

7. 手术治疗

经非手术治疗无效，症状明显、诊断明确者，可考虑进行手术切断梨状肌，以解除坐骨神经压迫。

第二节　股四头肌挫伤

股四头肌是人体体积最大的一块肌肉，是由股直肌、股内侧肌、股外侧肌及股中间肌四肌组成，各肌均有单独的起点，在下部互相融合成一坚强的股四头肌腱，止于髌骨，并向下延长成为髌韧带。股四头肌位于大腿前面，占下肢体表面较大面积，在运动和体力活动中易遭受挫伤。

一、损伤机制

股四头肌挫伤多是遭受直接的钝性暴力所致。在体育运动中，足球、篮球、举重、散打、撑竿跳高等项目都容易发生股四头肌挫伤。轻度挫伤，指仅有部分肌纤维损伤，肌肉内出血或有小血肿，经治疗可以吸收；重度挫伤可使肌肉断裂，形成股四头肌肌疝，或组织大面积出血，血肿较大。如果伤后未及时休息和治疗，或重复受伤，可产生肌肉纤维钙化或骨化形成骨化性肌炎。

二、损伤评估

（1）患者大腿前面有明显的直接外力损伤史。

（2）伤后局部立即出现明显而剧烈的疼痛，疼痛的性质依伤势轻重可表现为：肿痛、牵扯样痛、撕裂痛或跳痛。大腿前侧可见明显肿胀，数小时后可出现皮下瘀斑。

（3）检查时，伤处有皮下瘀斑，压痛明显。血肿大者，触摸时有较明显的波动感。血肿机化或有钙化者，可摸到发硬的索状物。做伸膝抗阻试验时，伤处疼痛。

根据膝关节活动受限的情况，将本病分为轻、中、重三度。轻度挫伤压痛明显，膝关节能屈曲至90°以上。中度挫伤局部明显肿胀，可以摸到肿块，膝关节仅能屈曲45°~90°，跛行，上楼或起立时均疼痛。重度挫伤广泛肿胀，摸不出股四头肌的轮廓，膝关节屈曲在45°以下，跛行明显，非用拐不能行走。中、重度挫伤发生骨化性肌炎的可能性较大。

（4）X线片：一般为阴性。如并发骨化性肌炎，在伤后5周左右即可在X线片上观察到钙化阴影。

三、处　理

（一）股四头肌挫伤分期治疗

股四头肌挫伤可以按以下三期辨证治疗。

（1）限制活动期。此期的主要目的是止血，应及时采取 PRICE 原则，即：保护（protection）、休息（rest）、冰敷（ice）、压迫（compression）、抬高（elevation）。可以外敷新伤药加三七、赤芍、王不留行、泽泻等。24 ~ 48 小时后可做股四头肌主动绷紧练习。此期一般不做局部推拿，但可先取绝骨、足三里、血海诸穴，用指掐、按压 1 分钟以开窍移痛。

（2）恢复活动期。当受伤的股四头肌伤情稳定 2 ~ 4 天以后，患者自己可以控制股四头肌收缩时，可开始膝关节轻微伸屈活动。中药以舒筋活血为主。这一期治疗结束的标志是膝关节可以屈曲至 90°以上，走路不用辅助工具。

（3）功能恢复期。逐渐增加伸膝抗阻的力量练习，直到膝关节完全恢复正常。中药治疗上宜养血和络、祛风宣痹。

（二）肌内效贴布

为促进中、后期股四头肌的功能恢复，可使用肌内效贴布，减轻疼痛，辅助锻炼。具体方法如下。

摆位：坐位，膝屈曲至最大角度。

Y 形贴布（见图 5 – 3）：锚在髌骨下方，尾沿髌骨两侧向上，顺股四头肌延展至腹股沟下方。

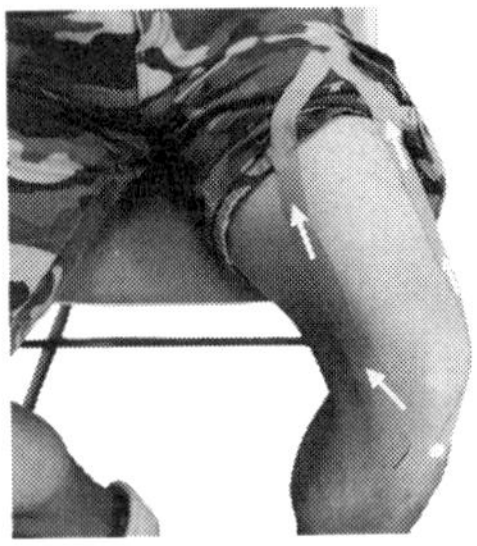

图 5 – 3　股四头肌 Y 形贴布

（三）股四头肌的功能训练

起始姿势：在健身垫上单膝下跪，前脚全脚掌着地，后腿小腿放于地面（如果柔韧性较好，可增加难度，用一手拉后腿踝部使小腿离开地面，如图 5－4），保持躯干挺直。

动作描述：保持躯干稳定，重心前移，以拉伸后腿股四头肌，感受到有拉伸感后，保持这个姿势 15 秒。可重复 3～5 次。

动作要领：保持躯干挺直，依据个人耐受度，调整拉伸强度。

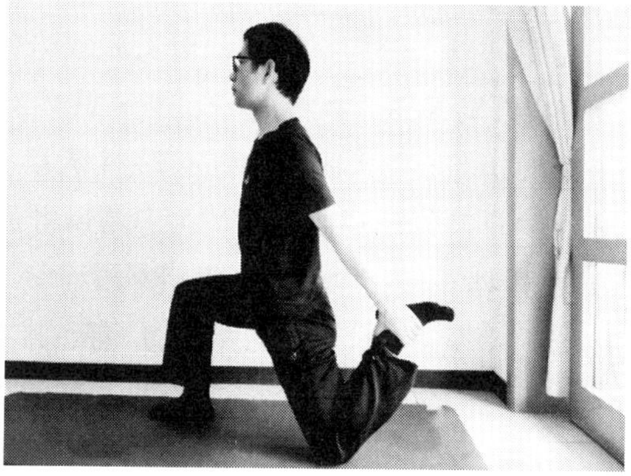

图 5－4　股四头肌拉伸

强化力量：只要站立时没有疼痛感，就可以恢复上半身的力量训练。一旦炎症反应消退，就可以开始逐渐恢复正常训练。

第三节　股后肌群拉伤

股后肌群拉伤是指股二头肌、半腱肌、半膜肌损伤，又称腘绳肌损伤。这种损伤主要发生在体育运动中，如赛跑、跨栏、跳跃、武术等项目，是常见的运动损伤之一。

一、损伤机制

股后肌群的三块肌肉均为双关节肌，在功能上均能伸髋屈膝，在做各种超生理范围的运动动作时，肌肉主动收缩和被动牵拉可产生损伤。如运动员做肌肉的韧性压腿、劈叉、踢腿练习，或在跨栏时运动员向前伸腿并突然弯腰，短跑运动员猛烈蹬离起跑器或屈膝向前摆腿时，腘绳肌受到较大牵引力作用后损伤。此类动作易伤及肌腱部或腱止部（以坐骨结节上起点为多）。此外，在跑步或踏跳做扒蹬动作时，足着地而重心在后，导致腘绳肌主动收缩受阻而受伤。此类动作易伤及肌腹或腱肌连接处。

肌肉、肌腱可发生捩伤、部分断裂或完全断裂。可为半腱肌、半膜肌、股二头肌单独伤，也可为合并损伤。在肌肉断裂的同时，如果损伤血管可引起较大血肿。陈旧性病例，断裂肌肉产生数量不等的瘢痕，重者因瘢痕挛缩、肌肉短缩，常常影响屈髋，致使跑动时“前摆”受限或易牵拉再伤。

二、损伤评估

（1）患者多有急性损伤史，伤时可有拉伤感或声响。

（2）伤后局部疼痛，不能继续跑动，轻者跛行，重者屈曲不能行走。大腿后侧肿胀，出现大面积皮下瘀斑。

（3）检查时，伤处压痛明显，肌肉发紧，有时能触及硬结。完全断裂者，可摸到膨大的两断端与中间的凹陷。抗阻屈膝时，伤部疼痛。

肌腱张力检查：患者平卧，双膝屈曲90°置于床上，然后检查者以双手按压腘窝后肌腱的张力。双侧对比，如果张力减弱或消失，多属大部断裂或完全断裂。

三、处　理

1. 急救处理

伤后立即采用 PRICE 原则，但应注意的是，部分断裂的病例，应将患肢置于伤肌拉长位固定，目的是使伤肌纤维不致因瘢痕挛缩而变短，以免运动时正常肌肉部分不能用力，而使伤部肌纤维处于第一防线。

2. 药物治疗

伤后外敷新伤药加大黄、黄芩、三棱、莪术等。肿痛皮下瘀斑甚者，外敷大黄、蒲黄、黄芩、三棱、莪术、血通、五灵脂、泽兰、牛膝等，内服桃红四物汤加减等。症状减轻后改用旧伤药。后期用软坚药水加红外线照射，可辅以蜡疗、短波或超短波等治疗。

3. 手法和针灸治疗

轻度肌腹拉伤，在 24 小时以后，可做轻按摩。较重损伤，待肿胀消退后，即可做手法按摩治疗。常用抚摩、大面积揉、揉捏、推压、搓、抖动、叩击等；指针承扶、殷门、委中、环跳等穴；针刺治疗，可取阿是、承扶、殷门、委中、承山、昆仑等穴。特别是取阿是穴直刺或斜刺，有较好的效果。

4. 泡沫轴

针对挛缩的腘绳肌，可以使用泡沫轴进行腘绳肌的放松，促进腘绳肌功能恢复和防止腘绳肌再度损伤。具体办法为：基础腘绳肌放松，放松腘绳肌起始端。坐姿，将泡沫轴放在坐骨的位置。双手抓住脚踝，双腿屈膝，脚跟着地。上身前倾，背部挺直；膝关节伸直，带动臀部向上移动，使泡沫轴滚动至略低于髋关节的位置。（见图 5－5）

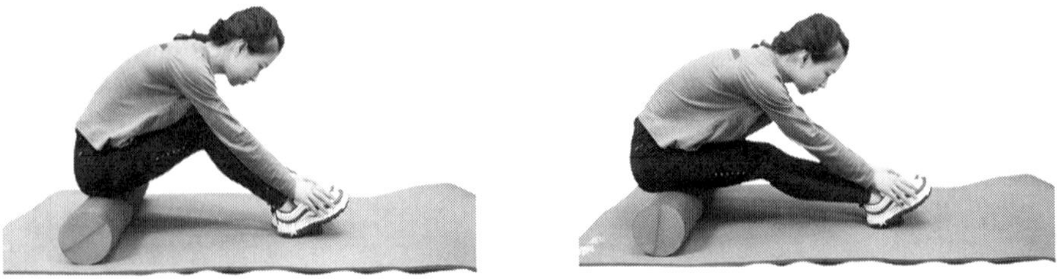

图5－5　基础腘绳肌放松

强化腘绳肌放松。坐姿，将泡沫轴放在左大腿靠近坐骨的位置。肘微屈，双手支撑于身体后方。左腿伸直，右腿屈膝90°搭在左膝上方。收紧腹部，背部挺直，身体后倾放松；双臂用力，带动身体向上移动，使泡沫轴滚动至左腿靠近膝关节的位置。（见图5－6）

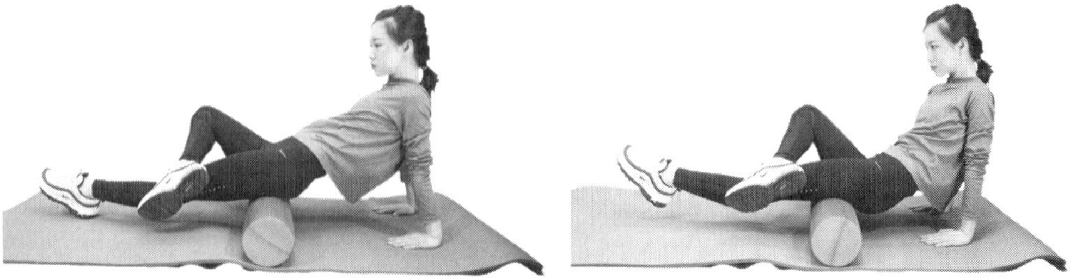

图5－6　强化腘绳肌放松

放松腘绳肌内侧。坐姿，身体向右微转，将泡沫轴放在左大腿内侧靠近坐骨的位置。双臂肘微屈，支撑于身体后方。左腿伸直，右腿屈膝90°搭在左膝上方。收紧腹部，背部挺直，身体后倾；双臂用力，带动身体向上移动，使泡沫轴滚动至左腿靠近膝关节的位置。（见图5－7）

放松腘绳肌外侧。坐姿，身体向左微转，将泡沫轴放在左大腿外侧靠近坐骨的位置。双手肘微屈，支撑于身体后方。左腿伸直，右腿屈膝90°搭在左膝上方。收紧腹部，背部挺直，身体后倾；双臂用力，带动身体向上移动，使泡沫轴滚动至左腿靠近膝关节的位置。（见图5－8）

图 5－7　放松腘绳肌内侧

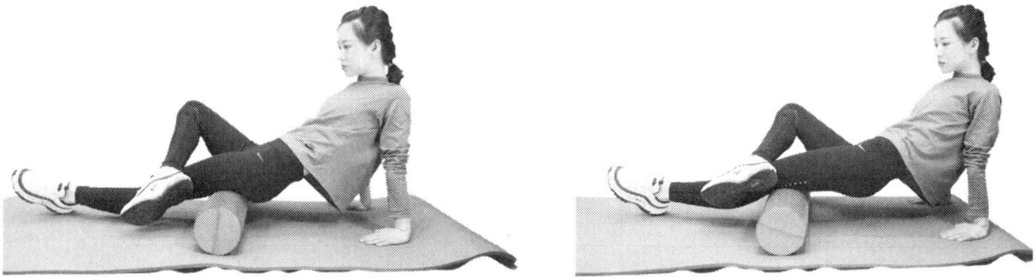

图 5－8　放松腘绳肌外侧

5. 肌内效贴布（扎）贴

可使用肌内效贴布，减轻疼痛，促进腘绳肌收缩功能的恢复，防止下肢伸肌痉挛。

摆位：俯卧位，膝关节屈曲 90°。

Y 形贴布：锚固定于大腿后坐骨结节下，尾沿大腿后方向下延展至腘窝两侧（见图 5－9）。

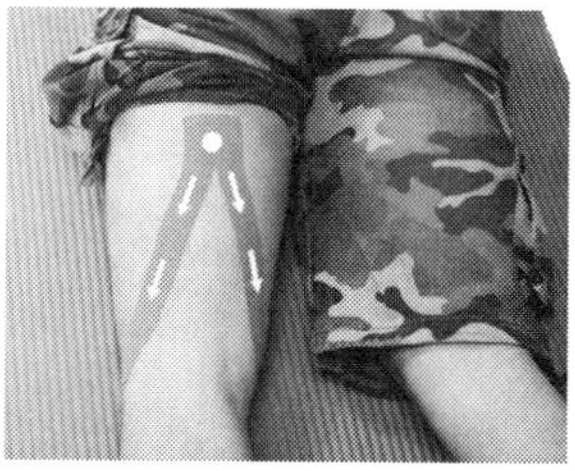

图 5－9　腘绳肌肌内效贴布（扎）贴

6. 手术治疗

肌腹和肌腱完全断裂者，应尽早手术治疗。

7. 功能训练

肌肉部分撕裂者一般 1 周后可开始活动，内容应以增加力量、拉长肌肉瘢痕的训练为主。取坐位伸直伤膝，健腿屈膝，足坐于臀下，然后向前弯腰逐渐拉长伤肌，也可坐位进行该肌的抗阻练习。一般 1 个月后可进行正规训练。

图 5 – 10　腘绳肌的拉伸训练

腘绳肌的拉伸训练也可以参考如下的方法。

起始姿势：坐在瑞士球上，脊柱呈一条直线。用食指与拇指捏住腰椎处的一小块皮肤。如果无法捏起皮肤，尝试将骨盆向前倾料。若仍然无法捏起皮肤，可将运动贴布捆在腰椎范围。

动作描述：捏住后背的皮肤，从髋关节向前方倾斜躯干，直至腘绳肌有牵拉感。吸气，脚跟向地面用力，使腘绳肌收缩，保持该姿势 5 秒。身体放松，呼气，躯干再向前方倾斜，直到感觉到吃力、无法继续。保持这个姿势 5 秒。重复以上动作 3 ~ 5 次，或直到感觉到疲劳而无法继续为止。（见图 5 – 10）

动作要领：捏住后背皮肤不要放开，保持胸部挺直、下颌内收。

第四节　股内收肌群拉伤

股内收肌群拉伤多见于骑马者，故又称为骑士损伤，在武术、跳高、跨栏、足球、体操、羽毛球等运动中也有发生。

一、损伤机制

股内收肌群由股薄肌、耻骨肌、长收肌、短收肌和大收肌组成，其主要功能是使大腿内收。耻骨肌，长、短收肌还能屈曲并外旋髋关节，股薄肌能屈曲及内旋膝关节。当内收肌猛烈收缩或大腿迅速内收突然遇到阻力时，或者对内收肌长期过度牵拉，超过了肌纤维的弹性限度时，都能导致内收肌的拉伤。如骑马跳越障碍时，双腿夹紧马鞍，马着地时，由于地面向上的反作用力，通过马鞍作用于臀部，迫使双腿分开，内收肌受到过度牵拉而受伤；足球运动员用足内侧接停空中高球或在抢截时滑倒，髋关节被动外展；体操运动员横劈腿腾起；武术运动员侧踢腿等动作均有可能拉伤股内收肌。

由于长收肌起于耻骨上支，在大收肌起点的前方，向下斜行止于股骨粗线，跨度较长，起止点集中，故往往首先受累。损伤可为肌纤维部分撕裂或完全断裂。撕裂多发生在肌腹、肌腹与肌腱交界处，以及肌肉附着处。伤处出血，形成血肿，进而机化。有时可伴发骨化性肌炎。

二、损伤评估

（1）多有急性拉伤史。

（2）受伤后大腿内侧疼痛，呈持续性胀痛，严重者足尖不敢着地行走。患侧髋关节呈半屈曲位，大腿不敢做内收和外展动作。

（3）检查时，局部可有明显肿胀和皮下瘀斑，在耻骨上支或肌腹处常有明显压痛，以及因保护性肌痉挛出现的发硬条索状物。完全断裂者在肌肉抗阻收缩时有异常隆起，并可触及断裂的凹陷和肌张力降低。

（4）特殊检查：“4”字试验阳性。髋关节被动外展时疼痛剧烈。大腿内收抗阻，伤处出现剧烈疼痛者为阳性。

（5）X 线片：多无异常改变，晚期可见耻骨肌起点有骨质增生。

三、处　理

（一）急救措施

受伤后，应及时采取 PRICE 原则急救，以减少组织出血。

（二）药物治疗

（1）初期。一般指损伤后 2～3 天。此时以气滞血瘀为主要病机，以疼痛剧烈、局部肿胀、功能障碍为主要临床症状。治则宜行气活血、消肿止痛。外敷新伤药加三七、赤芍、王不留行、泽泻等。内服七厘散或桃仁四物汤加减。

（2）中期。为受伤后 4～15 天。以瘀聚未化为主要病机兼气滞血瘀；以瘀血渐化、肿胀渐消、疼痛渐轻、瘀斑转为青紫、皮肤温热为主要临床表现。治疗上述病征以舒筋活血为主。外敷官桂、丁香、檀香、木香、川芎、白芷、乳香、没药、续断、海桐、合欢皮、牛膝、血通、骨碎补、地肤子等。内服舒筋活血汤加减，可加一些性温平、味辛甘苦、入肝经的药物，如川芎、丹参、乳香、没药、牛膝、延胡索等，加强疏通气血、活血通络之力。

（3）后期。指受伤第 15 天以后的阶段。由于损伤日久，故多有肝肾不足、瘀血凝结、筋结粘连挛缩。同时伴有风寒湿邪、关节酸痛、伸屈不利。因此，在治疗上宜养血和络、祛风宣痹。外敷当归、黄芪、鸡血藤、骨碎补、儿茶、白芨、远志、川断、牛膝、五加皮、秦艽、红花、海藻、白蔹、生南星、生半夏等。内服大活络丹或强筋丸。

（三）手法治疗

（1）初期慎用。可在伤部上下、周围施以推压，伤部只宜轻抚摩。

（2）中期可广泛运用推拿。以揉、揉捏、推压为主，但应循序渐进，推拿结束时适当牵拉肌肉。

（3）后期在中期手法基础上，多注意肌肉功能的恢复。加提弹和在阳明经穴位上指针。

（四）针　灸

常用阿是、血海、伏兔、阴陵泉、足三里、三阴交等穴，特别是阿是穴，术者应仔细触摸伤部，寻找肌肉痉挛和压痛明显的肌束，以直刺或斜刺进针，留针直至患者针感消失后再出针。电针治疗效果亦较佳，电流强度以病人能够耐受为度，每天 1 次或隔日 1 次。

（五）封闭疗法

使用强的松龙 25 mg 加 2% 的利多卡因 10 mL，作痛点封闭，每周 2 次，连续 3 ~ 4 次，效果较好。也可配合理疗。

（六）肌内效贴布

可使用肌内效贴布减轻疼痛，放松拉伤肌肉（见图 5 – 11）。

摆位：仰卧位，患侧大腿处于外展 30° 左右，以不引起患者的疼痛及不适为度。

X 形贴布贴法：锚固定于肌肉疼痛点中心，尾向两端延展。

I 形贴布贴法：锚固定于股骨内上髁上方，尾沿大腿内侧缘向上延展，止于大腿内侧根部。

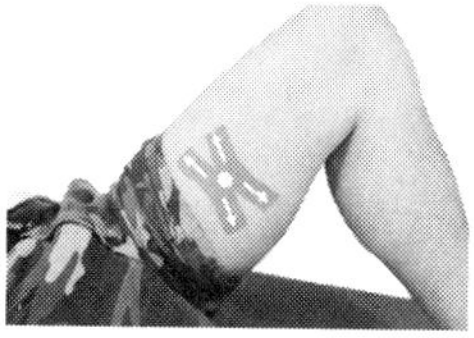

X形贴布

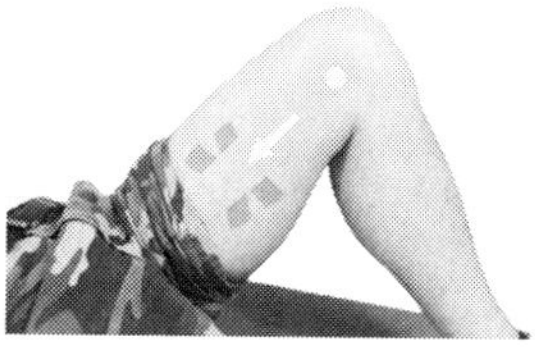

I形贴布

图 5 – 11　肌内效贴布扎贴方法

（七）泡沫轴放松

针对挛缩的股内收肌群，可以使用泡沫轴进行股内收肌的放松，促进股内收肌群功能恢复和防止腘绳肌再度损伤。具体方法为：以左侧为例，俯卧，将泡沫轴斜放在左腿内侧靠近骨盆的位置。左腿屈髋屈膝，向外打开，右腿伸直，脚尖支撑。双臂屈肘 90°，支撑于肩前方；双臂用力，带动身体向右移动，使泡沫轴滚动至靠近膝关节位置。（见图 5－12）

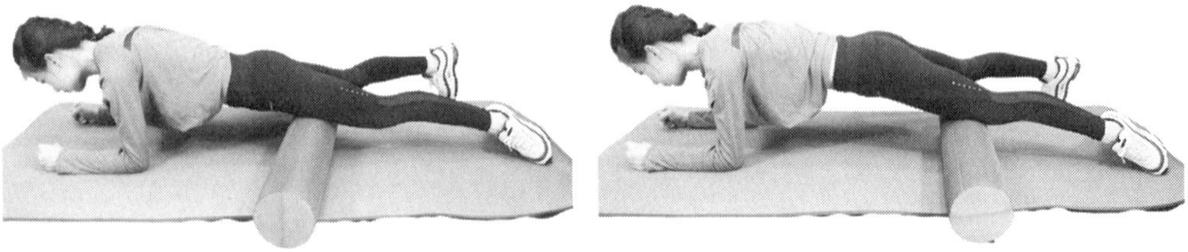

图 5－12　泡沫轴放松股内收肌群

（八）功能训练

拉伸运动：一旦炎症反应消退，患者应在没有疼痛感的前提下，平缓地活动髋关节和膝关节，进行拉伸训练，帮助关节完全恢复伤前的活动范围，同时适当活动可以使肌肉瘢痕组织更好地生长排列。股内收肌群拉伸训练的方法如下。

动作描述：不做拉伸的一侧腿的膝关节弯曲，身体在瑞士球上慢慢向前移动，直至感觉到拉伸腿的肌肉被拉伸。吸气，保持拉伸侧的脚全脚掌着地 5 秒。身体放松，一边呼气，一边加大另一侧膝关节的屈曲程度（见图 5－13）。保持这个姿势 5 秒，重复此过程 3～5 次。

动作要领：弯曲下肢，脚尖方向与膝部方向保持一致。保持躯干挺直。整个过程中，保持拉伸侧的脚全脚掌着地。

图 5－13　股内收肌群拉伸

强化力量：只要站立时没有疼痛感就可以恢复上半身的力量训练。一旦炎症反应消退，就可以开始逐渐恢复正常训练。

（九）手术疗法

肌肉完全断裂者应及时手术缝合。

第五节　股后肌群拉伤的预防

一、概　述

股后肌群又称腘绳肌，由股二头肌、半腱肌和半膜肌组成，腘绳肌拉伤发生率为4.9% ~38%，是最常见的运动损伤之一，常见于需要高速奔跑的运动项目，如田径、足球、橄榄球等。腘绳肌拉伤发生后，轻者影响运动员教学、训练和比赛，重者可导致运动生涯的终止。同时它也是复发率最高的肌肉拉伤，有研究表明，其复发率为12% ~18%，股后肌群损伤是其他运动损伤复发率的3倍。因此，预防股后肌群损伤十分重要。

二、预防措施

股后肌群拉伤的危险因素分为可变因素和不可变因素。可变因素指通过训练可以改变的因素，不可变因素指通过训练不能改变的因素。股后肌群拉伤不可变因素有种族、年龄、肌肉的解剖学结构、损伤史等，可变因素有准备活动不充分、肌肉疲劳、柔韧性差、力量不平衡等。股后肌群拉伤的预防措施主要针对可变因素展开。

建议做到以下几点。

（1）在进行正式运动之前，做好充分的准备活动。

（2）尽量不要疲劳训练或比赛，当出现疲劳时，要适当地休息。

（3）加强柔韧性练习。

1）坐位膝关节伸展训练（见图5－14）。

2）站立位股后肌群伸展训练（见图5－15）。

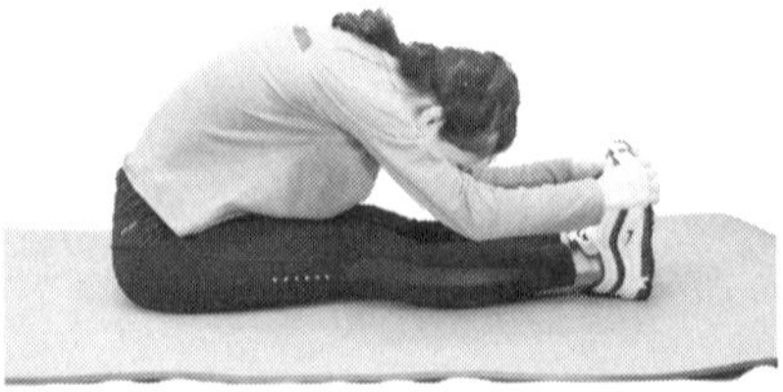

图5－14　坐位膝关节伸展训练

图5－15　站立位股后肌群伸展训练

3）靠墙股后肌群伸展训练（见图5－16）。

图5－16　靠墙股后肌群伸展训练

4）静态股后肌群伸展训练（见图 5－17）。

可分别在下肢内旋位、中立位、内旋位进行拉伸。

图 5－17　静态股后肌群伸展训练

5）动态伸展训练（见图 5－18）。

图 5－18　动态伸展训练

6）本体感觉神经肌肉促进训练（PNF）（见图 5－19）。

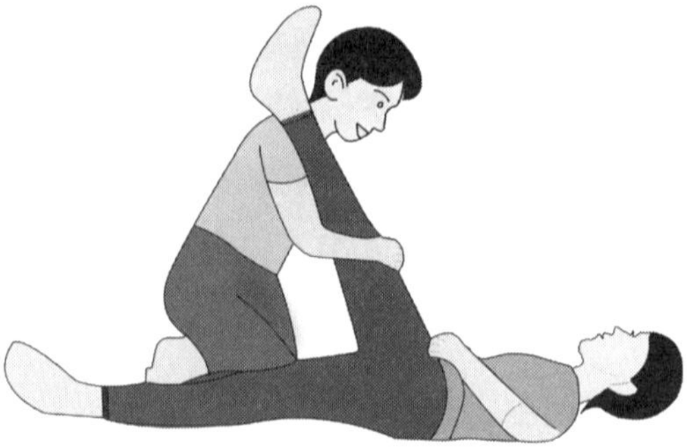

图 5－19　本体感觉神经肌肉促进训练

（4）加强股后肌群力量练习。

1）站立位屈膝训练（见图 5－20）。

图 5－20　站立位屈膝训练

2）俯卧位屈膝训练（见图5－21）。

图5－21　俯卧位屈膝训练

3）椅上抬高训练（见图5－22）。

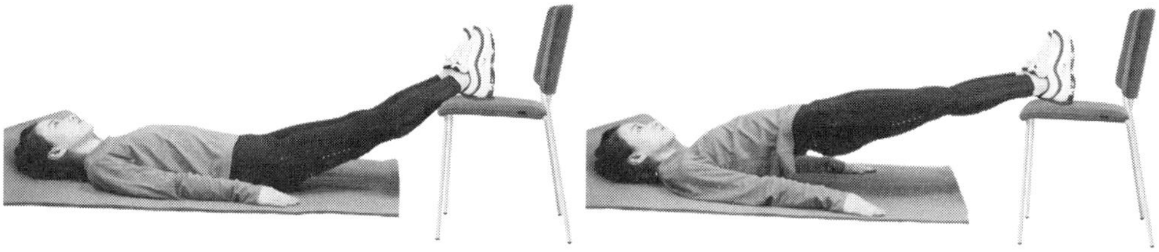

图5－22　椅上抬高训练

4）抗阻屈膝训练（见图5－23）。

图5－23　抗阻屈膝训练

5）离心性肌力训练（见图 5－24）。

图 5－24　离心性肌力训练

复习思考题

1. 什么是梨状肌综合征？
2. 梨状肌综合征的表现有哪些？
3. 梨状肌如何拉伸？
4. 如何利用泡沫轴放松梨状肌？
5. 股四头肌挫伤如何处理？
6. 如何利用泡沫轴放松股四头肌？
7. 股内侧肌群有哪些？
8. 股内侧肌群拉伤如何处理？
9. 股后肌群的功能是什么？
10. 股后肌群拉伤的损伤机制是什么？
11. 股后肌群拉伤如何处理？
12. 股后肌群拉伤的预防方法有哪些？

第六章
膝部常见运动损伤

第一节　膝关节内侧副韧带损伤

膝关节内侧副韧带损伤在体力劳动和体育运动中较为常见，以足球、篮球、排球、手球、跳高和体操等体育项目多发。

一、损伤机制

膝关节内侧副韧带起于内收肌结节下方的股骨内上髁，延伸至前胫骨结节，止于胫骨内侧髁内侧。当膝关节伸直时，内侧副韧带紧张；当膝关节半屈时，内侧副韧带松弛，从而稳定膝关节，限制其外翻和旋转。膝关节内侧副韧带是在膝关节屈曲位时防止膝关节外翻的关键因素。当膝关节处于伸直位或屈曲位时，受到使其外翻的应力过于强大，可发生损伤。

膝关节在130°~150°半屈位时，大多数韧带松弛，关节不稳定。此时，小腿突然外展、外旋，足与小腿固定，大腿猛烈内收、内旋，更容易引起膝内侧副韧带损伤。膝关节微屈时，暴力直接作用于膝外侧，也可引起膝内侧副韧带损伤，如足球的“二人对脚”；滑雪急转弯时，雪橇板被小树“挂住”；跳马时摔倒；蛙泳蹬水等。

膝关节内侧副韧带损伤可分为三度。

一度为捩伤：组织结构只在显微镜下可见胶原纤维的断裂及轻度肿胀，而无明显的病理改变，关节轻度松弛。

二度为部分撕裂：内侧副韧带或关节囊韧带的上部或下部附着处，或后上、下斜部的部分纤维有撕裂。

三度为完全断裂：撕裂可发生在任何部位，但多从附着点断裂，浅层内侧副韧带自胫骨附着处撕脱，关节囊韧带自股骨附着处撕脱。关节囊韧带中部断裂时常合并内侧半月板边缘撕裂，或合并前交叉韧带断裂，甚至出现奥多诺休（O'Donoghe）三联征（内侧副韧带、内侧半月板、前交叉韧带都断裂），使膝关节的稳定性遭到严重破坏。韧带断裂也常合并滑膜撕裂，引起创伤性滑膜炎或关节积血。若膝内侧副韧带从股骨上撕脱，附着处的骨膜被掀起，骨膜下血肿将产生骨化，形成骨刺、骨针或骨斑。

二、损伤评估

（1）有明显的小腿外展、外旋的受伤史。

（2）轻者除局部疼痛外，肿胀不明显，膝关节功能无明显障碍；严重者局部可有肿胀、皮下瘀斑、局限性疼痛、压痛以及膝关节功能障碍、关节失稳等。完全断裂时，可摸到局部组织缺损性凹陷。

（3）特殊检查。

1）浮髌试验：合并关节内损伤者，可出现全关节肿胀，此时浮髌试验为阳性。具体操作为，患者坐位或仰卧位，患膝伸直放松置于检查床上，检查者一手在髌骨上方压迫髌上囊，将液体挤入髌股关节腔，另一手食指反复按压，髌骨后有液体可触到髌骨的浮动感。

2）韧带紧张试验：主要用于捩伤的检查。膝关节完全伸直时，韧带处于紧张状态，伤部疼痛，膝关节半屈曲时，内侧副韧带松弛，疼痛消失，即为阳性。

3）膝关节外翻应力试验（膝侧方分离试验，见图6－1）：患者仰卧于检查床上，检查者用一手固定患肢踝部，另一手握住膝部，并用大鱼际的隆起部对准腓骨头处，然后向内推膝关节，向外拉踝关节，确认膝内侧是否有开口感。检查应在完全伸膝位及屈曲 30°位分别进行。单纯挨伤者，本试验为阴性，不松弛，但有牵扯疼痛；部分撕裂者，本试验为阳性；完全断裂者则膝伸屈各角度皆松弛，开口感明显伴有疼痛。

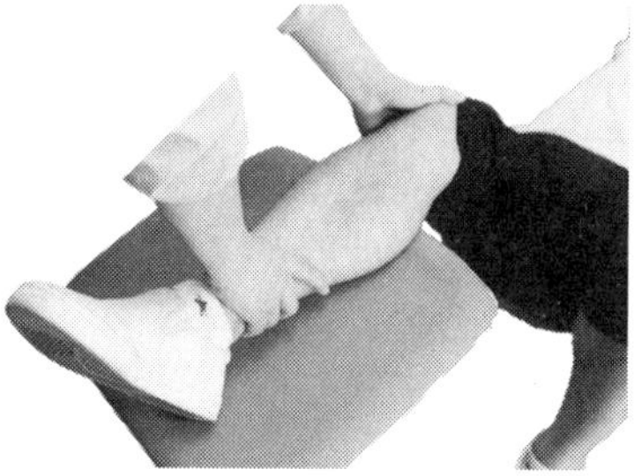

图6－1　膝关节外翻应力试验

如疑有奥多诺休（O’Donoghe）三联征，则应加做前后稳定试验及旋转稳定试验。

（4）X 线检查。普通 X 线片正侧位像，只有当撕脱性骨折存在时才有阳性所见。

三、处　理

（一）急救处理

在受伤现场进行及时的 PRICE 是十分有必要的。立即冷敷需用氯乙烷喷洒，以结霜为度，然后包扎。它可以减少内出血，避免并发症，缩短病程，有利于进一步治疗。

（二）手法治疗

可指针血海、阳陵泉、阴陵泉、委中、太冲、足三里等穴位，强刺激按压1 分钟；提弹膝后股二头肌、半腱肌、半膜肌及股薄肌肌腱，缓慢做膝屈伸活动数次；局部有肿胀者，在肿胀周缘行推压、揉、摩等手法，以利于瘀肿消散。中、后期，宜用推、揉、捏、搓等手法，在伤处周围和大腿肌肉部按摩，并用摇晃、屈伸等手法活动膝关节。在韧带附着处的损伤，局部不宜手法刺激太多，以防止局部钙化或骨化。

（三）针灸治疗

早期，取阿是穴、阴陵泉穴（同侧）快针，后取尺泽穴（对侧），留针加运动患膝15分钟，每日1次。中、后期，阿是穴温针，后配对侧尺泽穴加运动患膝15分钟，间日1次。

（四）肌内效贴布

1. 止 痛

稳定膝关节及支持带，减轻疼痛，采用X形贴布。

摆位：患者舒适坐位，自然屈膝（见图6－2）。

X形贴布：中间锚固定于膝部痛点，尾向各端延展（见图6－3）。

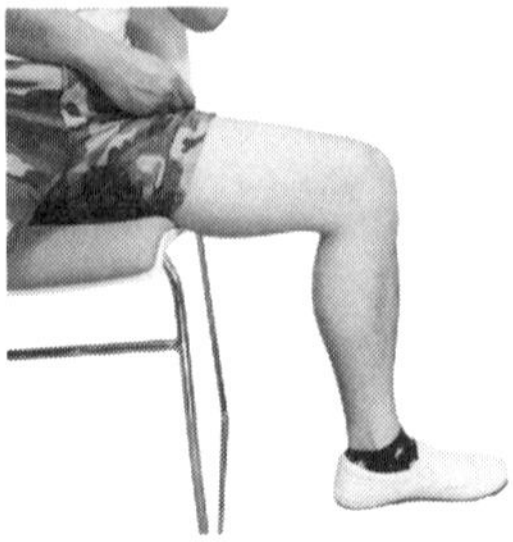

图6－2 摆位

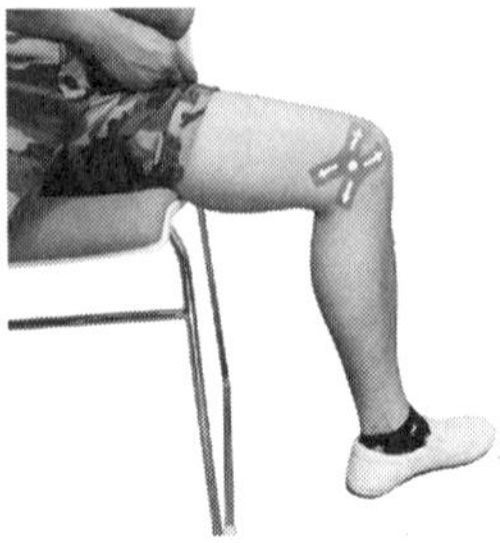

图6－3 X形贴布贴法

2. 消除肿胀

消除肿胀，采用爪形贴布（自然拉力）。

摆位：患者舒适坐位，自然屈膝（见图6－2）。

爪形贴布：共两条，锚分别从股骨内、外上髁上方，发出多尾如双手交叉状，延展包覆于局部肿胀处（见图6－4）。

图 6-4 爪形贴布贴法

（五）功能锻炼

拉伸运动：一旦炎症反应消退，患者应在没有疼痛感的前提下，平缓地活动膝关节，以帮助膝关节完全恢复至伤前的活动范围，同时适当活动可以使肌肉瘢痕组织更好地生长。在没有疼痛感的前提下，患者应逐渐活动并拉伸所有骨盆、髋关节、膝关节及踝关节的肌肉。具体拉伸的肌肉因人而异。

强化力量：一旦患者可以负重且炎症反应已经消退，应针对部分肌肉进行力量训练，包括臀大肌、臀中肌、臀小肌、腹横肌和腹外斜肌。

伤后 1~2 天，可在粘膏支持带保护下开始功能锻炼。锻炼的方法为：股四头肌静力收缩练习每次 10 秒，然后放松 10 秒，共做 5 分钟；直腿抬高练习，采用 10 次最大负荷量的重量，抬腿 10 次；等长伸膝练习 15 次；髋伸屈内收及外展各 20 次。中、后期，可做股四头肌和腘绳肌的抗阻训练。同时，在无明显疼痛的情况下做折返跑练习，训练关节的本体感觉。

第二节　膝关节外侧副韧带损伤

膝关节外侧副韧带是对抗膝关节内翻应力的主要静力结构之一，起于股骨外上髁，向下止于腓骨头外侧面的中部。在伸膝时紧张，它有防止小腿内收及旋转活动的功能，屈膝时松弛。但在屈膝外旋或内旋时膝关节外侧副韧带均会紧张。

一、损伤机制

当膝关节屈曲时，小腿突然内收、内旋或大腿外展、外旋即可引起膝关节外侧副韧带损伤。如足球运动员铲球，对方摔倒时身体压于铲球者膝内侧，而使膝关节发生内翻损伤。

膝关节外侧副韧带的损伤多为断裂，往往合并有关节囊、髂胫束、腘肌腱、股二头肌腱、腓肠肌外侧头或交叉韧带的损伤，断裂部位可在上止点、下止点或中段。断裂后韧带回缩，很难自行对合再愈合。陈旧性断裂多有退行性改变、萎缩及瘢痕化。有时伴有腓骨头撕脱骨折，可伤及腓总神经。

二、损伤评估

（1）有膝强力内翻或过度内旋的受伤史。

（2）伤后膝外侧剧痛、肿胀、皮下瘀斑、活动受限或跛行，有膝关节不稳感。合并关节囊或交叉韧带损伤者，有不同程度的关节积血。

（3）检查时，沿膝外侧副韧带走行方向有固定压痛。腓骨头撕脱者，可触到骨折片，合并腓总神经损伤者有“垂足”征，足背及小腿外侧麻木。

（4）特殊检查。

1）单腿盘足试验：患者取坐位，健侧下肢屈髋、屈膝均约90°，足放平。伤侧下肢髋关节外旋，膝关节屈曲90°，外踝置于健膝之上，呈单腿盘足姿势（见图6－5）。正常人膝关节外侧能摸到一条坚韧的条索样物，此即是外侧副韧带。检查者一手掌施压力于患膝内侧，若外侧副韧带疼痛，另一手指触之坚韧度比健侧减弱者，为外侧副韧带部分撕裂；若摸不到坚韧带的条索样物，说明外侧副韧带完全断裂。

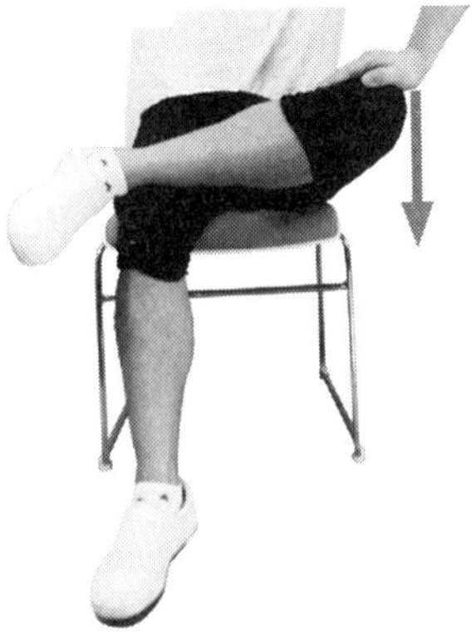

图6－5　单腿盘足试验

2）膝关节内翻分离试验：患者仰卧位，膝关节伸直。检查者一手固定膝关节内侧，另一手置于小腿下端外侧，推小腿向内。膝关节外侧有异常活动感者，系膝外侧副韧带断裂。检查时，应在完全伸直位和屈曲30°位分别进行。

（5）X线检查。X线片一般无异常表现，若合并腓骨头骨折，X线片可显示骨折线。

三、处 理

（一）非手术治疗

膝外侧副韧带部分撕裂，以铁丝托板将膝关节固定于屈曲20°～30°位，3～4周，配合中药、按摩、肌内效贴布和功能训练，可获得较满意的效果。中药、按摩、肌内效贴布和功能训练参见膝关节内侧副韧带损伤。

（二）手术治疗

近年来，主张经保守治疗未愈者，一旦诊断明确后应予以手术治疗。如果仅有韧带、关节囊或前交叉韧带撕裂，可直接缝合；如果损伤严重不能直接缝合，可根据旋转不稳定的方位进行手术修补；如果合并腓骨头撕脱骨折而有移位或腓总神经损伤者，可进行切开复位将撕脱骨块施行固定。同时探查腓总神经，术后配合中药、按摩、针灸、理疗和功能训练等。神经损伤者常需较长时间才可恢复运动。

第三节　膝关节交叉韧带损伤

膝关节交叉韧带损伤是常见而又严重的运动损伤，治疗不当将导致膝关节不稳而引起一系列后遗症，严重影响膝关节运动功能。目前，这方面的研究和临床治疗一直是骨科和运动损伤领域的一个重要课题。在运动损伤中，多发生于滑雪、篮球、摔跤、柔道、体操、曲棍球、自行车、艺术体操等运动项目，其中女性发病率高于男性。

一、损伤机制

膝关节交叉韧带是膝关节重要的稳定结构，呈铰链式连于股骨髁间窝及胫骨的髁间隆起之间，可防止胫骨沿股骨向前后移位。膝交叉韧带又可分为前后两条，前交叉韧带起于股骨外侧髁的内侧面，斜向前下方，止于胫骨髁间隆起的前部和内、外侧半月板的前角；后交叉韧带起于股骨内侧髁的外侧面，斜向后下方，止于胫骨髁间隆起的后部和外侧半月板的后角（见图6－6）。当膝关节活动时，两条韧带各有一部分纤维处于紧张状态。

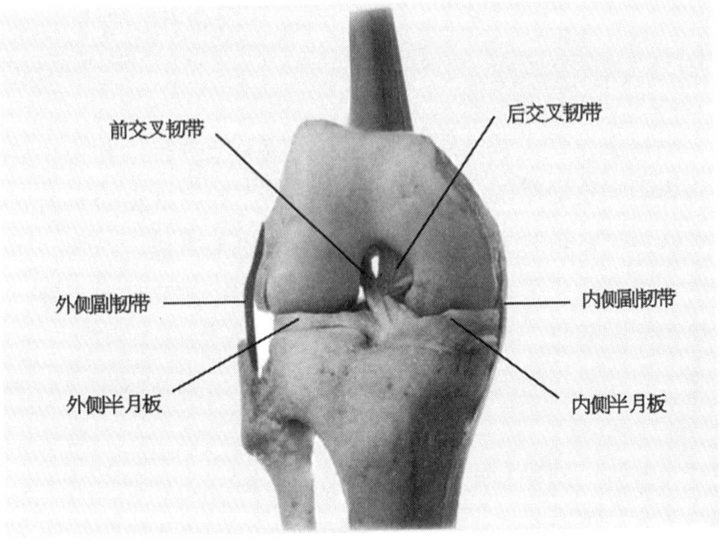

图6－6 膝关节交叉韧带解剖图

（一）前交叉韧带损伤

前交叉韧带损伤比后交叉韧带损伤多见。一般认为，前交叉韧带断裂多系膝关节强力过伸、过屈、内旋、外展或强力屈曲内旋的结果。例如，一个运动员奔跑中不慎滑倒，膝关节极度内旋屈曲，其小腿被压在身下，即可发生前交叉韧带损伤；膝骤然过伸，亦可使前交叉韧带损伤。此外，膝屈曲 90°左右，小腿固定，大腿前面突然受到打击，使股骨向后错动，或小腿后面被撞击，胫骨上端向前错动，都可使前交叉韧带损伤。

与男性相比，女性发病率明显增高。其中，75% 的损伤是非接触性的，95% 的损伤发生在比赛中。

前交叉韧带单独损伤的机会较少，常合并侧副韧带、关节囊、半月板损伤，或胫骨髁间结节撕脱骨折。

从膝部韧带生物力学研究结果看，前交叉韧带损伤部位以韧带中段最为常见。此外，应给予警惕的是，前交叉韧带被滑膜覆盖，外观上可以表现为大致正常，但在分离滑膜后，可发现韧带损伤。这种韧带在显微镜下可以看到韧带的内部纤维有许多细小的断裂，在扫描电镜下胶原纤维的排列有明显异常。

（二）后交叉韧带损伤

后交叉韧带损伤为强大暴力所致，因为在膝关节韧带结构中，后交叉韧带最为强大。生物力学实验证明，后交叉韧带对抗外力的强度相当于前交叉韧带的两倍。多数学者认为，它是膝关节屈伸及旋转活动的主要稳定结构，相当于膝关节旋转活动的活动轴。后交叉韧带损伤后，不仅造成膝关节直向不稳，还可导致膝关节旋转不稳和侧方不稳。

导致后交叉韧带损伤的因素常见于膝部扭转、压砸、撞击、高处坠落、车祸等强大暴力。

（1）屈膝位胫骨上端受到由前向后的暴力作用，如日常生活中汽车、摩托车发生车祸时，人员屈膝受伤造成后交叉韧带损伤。在这种损伤机制下，后交叉韧带撕裂有 70% 发生于胫骨端，15% 发生于韧带的中部。踢足球时屈膝位，小腿上段的外力来自前方，使小腿上段突然后移，引起后交叉韧带断裂。若胫骨上段继续后移，膝后关节囊可造成撕裂伤。

（2）膝过伸暴力，如暴力迫使膝关节处于过伸位，首先导致后交叉韧带断裂，若暴力继续作用，继而前交叉韧带也遭受损伤。后交叉韧带断裂部位多在股骨髁附着部，其他部位损伤概率低。

（3）后旋暴力，如当足部固定，胫骨上端受到来自前方的暴力并同时旋转，这种损伤机理导致复合损伤，即合并有侧方结构的损伤，胫骨向后半脱位要比单纯后交叉韧带损伤严重。

二、损伤评估

（1）膝关节有典型的急性损伤史。多数患者出现 POP（帛裂）声，同时伴有撕裂感，随即因膝关节软弱无力（不听使唤地）倒地。

（2）膝关节疼痛、肿胀、皮下瘀斑、功能障碍等。膝关节疼痛剧烈，迅速肿胀，关节内积血可引起关节周围有皮下瘀斑（常表示关节囊损伤），损伤当时可有主动伸、屈关节运动，但随后因关节积血和疼痛的加重及肌肉的保护性痉挛，关节不能伸直而处于屈曲位，关节功能障碍。

（3）特殊检查。

1）膝关节前抽屉试验。患者仰卧位，屈髋 45°，屈膝 30°或 90°，小腿呈中立位，检查者以臀部压住患者足背以固定之，双手抱住患者小腿上端向前拉（见图 6－7）。正常情况下，向前移动在 0.5 厘米以内（需与健侧对比并参考手、腕部韧带松紧程度）。向前活动度加大，表明前交叉韧带损伤，其可分为 3 级：向前活动度 0.5 厘米，为 1 级；向前活动度 0.5～1 厘米，为 2 级；向前活动度 1 厘米以上，则为 3 级。过去认为前抽屉试验是诊断前交叉韧带损伤的经典试验，但有学者认为，在急性前交叉韧带损伤中，单纯前交叉韧带损伤的前抽屉试验的阳性率仅为 54%，应引起临床医生的重视。

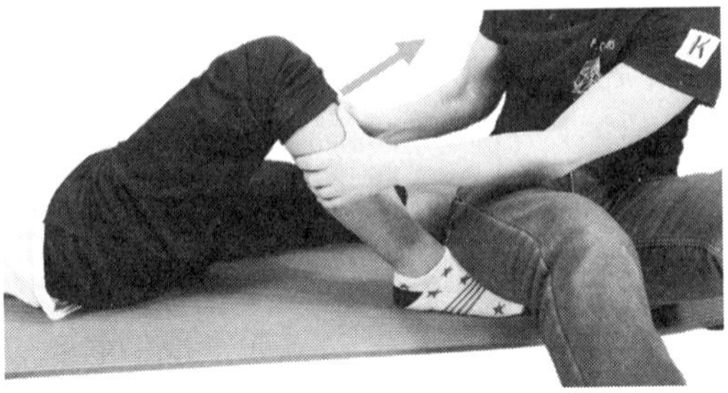

图 6－7 膝关节前抽屉试验

2）斯洛克姆试验。这是发展了的膝关节前抽屉试验。在膝关节屈曲90°、足外旋15°位做前抽屉试验，如果呈阳性，为膝前内侧旋转不稳，提示前交叉韧带损伤合并内侧副韧带和半月板损伤。然后在膝屈曲90°、足内旋30°位做前抽屉试验，如果是阳性，则为膝前外侧旋转不稳，提示有前交叉韧带损伤合并外侧结构（外侧副韧带、髂胫束等）松弛。如果为单纯的前交叉韧带损伤，本试验应为阴性。

3）拉赫曼试验。患者仰卧位，检查者将患者膝关节屈曲10°～30°，一手固定大腿远端，另一手抓住小腿上端，在患者肌肉放松的情况下，尝试使胫骨向前移动（见图6－8）。如果胫骨向前移超过0.5厘米（与健侧对比），则为阳性，表示前交叉韧带损伤或缺损。此法检出的阳性率较前抽屉试验高。

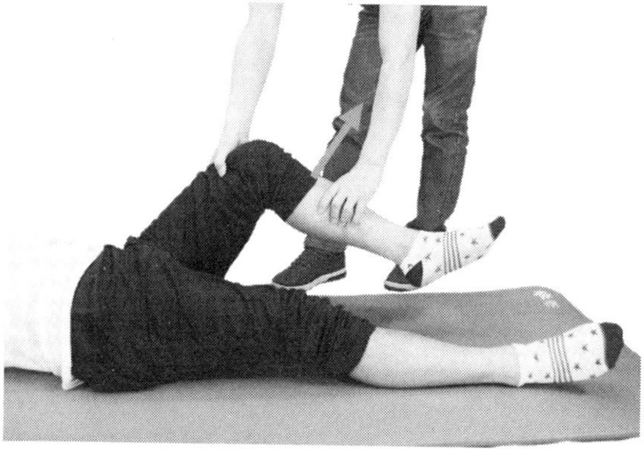

图6－8　拉赫曼试验

4）膝关节后抽屉试验。患者平卧位屈膝90°，屈髋45°，检查者在固定骨盆和足部的前提下，向后推胫骨近端，如果能将胫骨向后推1厘米，则为后抽屉试验阳性。应在旋转中立位、外旋15°位和内旋30°位的三种体位下重复进行检查。有时膝关节后抽屉试验阳性会误认为膝关节前抽屉试验阳性，因为后交叉韧带损伤后自然体位下胫骨上端后沉，以此为起点做膝关节后抽屉试验阳性会误认为膝关节前抽屉试验阳性。因此必须对比双侧胫骨结节隆起的高度。

（4）影像检查。X线片可显示因韧带牵拉而造成的骨折，磁共振成像（MRI）检查可清楚地显示前、后交叉韧带损伤的部位和程度，以及是否合并其他关节内、外结构的损伤，是目前诊断交叉韧带损伤的最好的无损伤性检查。磁共振检查对后交叉韧带损伤的诊断较前交叉韧带更为可靠。

(5) 关节镜检查。可见前、后交叉韧带部分断裂或完全断裂，以及断端的出血或血凝块。目前，关节镜被认为是诊断关节内结构损伤的“金标准”。

三、处　理

（一）韧带部分断裂

1. 急性期

尽快消除关节积血，进行关节穿刺抽净积血，绷带包扎并以铁丝托板或石膏托加厚棉花固定患膝于屈曲26°~60°位6~8周。外敷活血化瘀中药，内服三七散、七厘散、桃红四物汤加减。

2. 慢性期

可进行物理治疗、功能练习等。

（二）韧带完全断裂

对于单纯的前交叉韧带撕裂，患者活动的水平是决定治疗方法的唯一重要因素。对于愿意改变为低风险生活方式的人而言，非手术保守治疗是可行的。但是对于一些热衷于户外活动，如徒步旅行、骑自行车或滑雪、踢足球等运动的患者来说，要达到这些活动的强度通常比较困难。如果患者要继续维持这种积极的生活方式，应考虑前交叉韧带重建手术。特别是前、后交叉韧带完全断裂，合并膝内、外或后侧稳定结构损伤，有膝部明显侧向和旋转不稳者，均应早期进行手术治疗。

（三）功能锻炼

膝交叉韧带急性损伤后，无论是手术还是非手术治疗，都必须进行正规而系统的伤后训练。在医生的指导下，按运动处方循序渐进进行锻炼。有条件的定期进行等速肌力评定，作为训练效果的参考。还可参照膝侧副韧带的训练程序，但在训练时应注意：①前交叉韧带损伤后，早期不宜进行充分的伸膝练习或单独训练股四头肌，因其可使胫骨前移增加新愈合韧带的张力。②腘绳肌是膝关节的基本功能稳定器，它和前交叉韧带起协同作用，并保护前交叉韧带免受过度的应力。因此，在前交叉韧带损伤后，重点训练腘绳肌将会收到较理想的效果，宜使腘绳肌的恢复先于股四头肌。也有人主张先使腘绳肌恢复至健侧水平，再进行股四头肌练习。③康复后期，要提醒患者避免下坡跑，因为以每小时 7 ~ 8 千米的速度跑 4° ~5°下坡时，引起的前交叉韧带延长为平地跑的两倍。④伤后训练结束时，腘绳肌与股四头肌比值正常或接近正常即可；对于运动员来说，治疗后的腘绳肌与股四头肌比值应在 85% 或更高才较理想。⑤后交叉韧带断裂的伤后训练，股四头肌更重要。⑥在功能锻炼的后期，应加强膝关节灵敏度的训练，比如进行折返跑练习，以提高神经肌肉的灵敏度，恢复和重新建立韧带肌肉反射，增强和保护膝关节的稳定性。

第四节　膝关节半月板损伤

半月板损伤是最常见的膝关节损伤之一，多见于足球、篮球、排球、体操、跳跃、举重等项目的运动员及矿工、搬运工等。半月板可单独受损，也可与内侧副韧带、前交叉韧带断裂等损伤联合存在。若处理不当，常可影响膝关节稳定性和活动功能，并导致膝关节早期退行性改变。

一、损伤机制

膝关节半月板损伤主要是由间接暴力引起的。当膝关节伸直时，半月板被股骨髁推挤向前；屈曲时，半月板向后移动。膝关节半屈曲做小腿外展、外旋或内收、内旋时，两侧半月板的位置一前一后，若动作突然，半月板来不及滑移，就会使半月板在股骨髁和胫骨平台之间发生剧烈的研磨，即可引起各种类型的损伤。如篮球运动员争球、投篮跳起或落地时，往往同时伴有身体改变方向；足球运动员追球疾跑转向或急停转身跌倒；体操运动员空翻及各种下法落地时，由于重心不稳往往造成膝关节急剧左右闪动，并有屈伸扭转的动作；举重运动员由蹲位起立时，为增大力量往往将双膝并拢呈膝外翻姿势，使外侧半月板受到挤压，而膝关节又处于由屈到伸的负重运动中，且伴有轻度扭转等动作，均有可能导致半月板撕裂。膝关节突然过伸、过屈动作可损伤半月板前、后角。此外，长期反复小创伤或磨损，也可导致半月板损伤。如煤矿工人常需半蹲位或蹲位工作，使半月板重复多次被挤压和磨损，虽未遭受急性损伤暴力，也可逐渐发生退行性改变，引起半月板损伤。

二、损伤评估

（1）外伤史。多数患者有确切的外伤史，往往是膝关节突然旋转扭伤或跳起落地时扭伤。伤后立即出现疼痛，且逐渐肿胀；部分患者此后多次扭伤发作肿痛，并引起其他症状；也有部分患者无明确外伤史而发病，这需要了解患者的职业等其他因素，如长期蹲位工作者往往无明确急性外伤史。

（2）膝关节疼痛、肿胀、打软腿、关节交锁等。

1）膝关节疼痛：一般认为，半月板损伤牵扯滑膜是引起疼痛的原因，疼痛恒定在一侧才是半月板损伤的特点。在半月板撕裂即刻，往往合并滑膜损伤，或半月板移位牵拉滑膜产生剧烈疼痛，尤其以损伤侧明显。如果是单纯半月板中部撕裂，而未影响滑膜，当时可无明显疼痛。半月板损伤后期，其正常应力关系受到破坏，运动时对滑膜产生牵扯的张力可引起疼痛。

2）关节肿胀：由于伴有韧带和滑膜损伤，产生积血、积液所致。其多少与运动量及强度有一定关系。

3）打软腿：患者感到肌肉无力控制关节，常有突然跪倒的趋势。特别是上下台阶，或行走不平坦的道路时。其原因与膝关节不稳以及股四头肌肌力弱有关。

4）关节交锁：患者于活动中突然发生伸直障碍，但常可屈曲，经自己或他人协助将患肢旋转摇摆后，突然弹响或弹跳，然后即可恢复正常。一般认为是破裂的半月板嵌夹于关节内不能解脱所致。

（3）检查可见股四头肌萎缩、膝关节压痛等。

1）股四头肌萎缩：74%以上的患者可以见到，多出现于慢性期或有症状的病例，以股内侧肌最明显。

2）膝关节压痛：膝关节间隙压痛，压痛点固定而局限，多次检查位置不变。压痛恒定在伤侧，是诊断半月板损伤的重要依据之一。

（4）特殊检查。

1）膝关节过伸试验。患者仰卧位，检查者一手固定患侧股骨远端，另一手抬起足跟，膝关节前缘疼痛，提示有半月板前角损伤。

2）膝关节过屈试验。患者平卧位，被动极度屈曲膝关节出现疼痛者，提示有半月板后角损伤。

3）膝旋转挤压试验。膝旋转挤压试验也称麦氏试验。患者仰卧，充分屈膝、屈髋，检查者一手握患肢踝足部，另一手扶膝上，使小腿内收、外旋，两手协调配合使膝缓缓伸直，在伸直过程中，如感到关节内有响声并出现疼痛，即表示内侧半月板损伤。如果将以上方法反方向进行，外侧出现疼痛和弹响，即为外侧半月板损伤。（见图6－9）

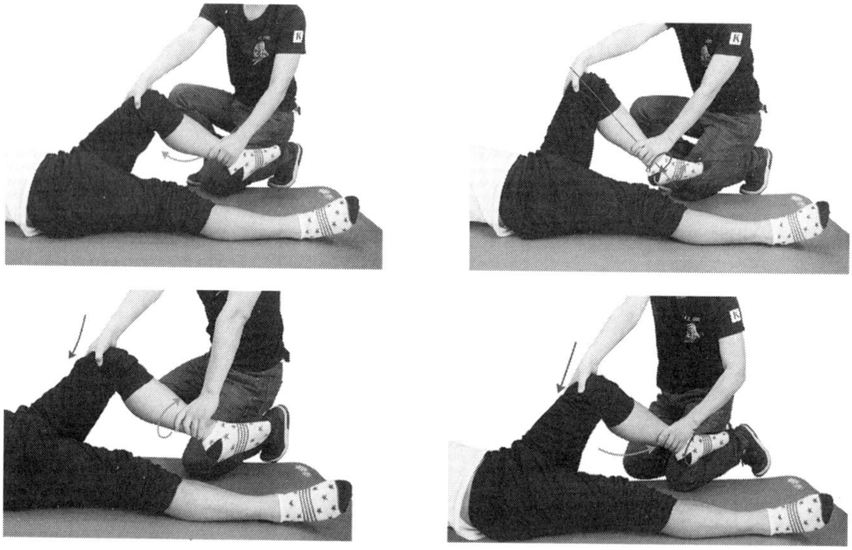

图6－9　膝旋转挤压试验

4）膝提拉研磨试验。患者俯卧，健肢伸直，患膝屈曲 90°，检查者两手握住患足，向下加压旋转研磨，如出现疼痛为半月板或关节软骨损伤；如向上提拉旋转出现疼痛则为关节囊或侧副韧带损伤（见图 6－10）。

图 6－10　膝提拉研磨试验

5）鸭步试验。鸭步试验主要用于检查青少年半月板后角损伤。患者下蹲走鸭步，不时变换方向，若因疼痛不能全蹲，且走鸭步时出现膝痛和弹响声，则试验为阳性。

以上症状和体征在每个病人身上不一定都表现出阳性，检查时应综合分析才能得出正确诊断。

（5）影像学检查。膝关节正侧位 X 线片可显示是否合并骨折。磁共振成像（MRI）是目前无创性诊断半月板损伤准确率较高的工具，可清晰地显现关节结构的各层次。

（6）关节镜检查。对半月板破裂具有重要诊断价值，诊断率可达 94%。同时可在关节镜下进行半月板部分或全部切除，手术创伤小，效果较好。但关节镜对软骨后部或底层的撕裂无法发现。

三、处　理

（一）非手术治疗

1. 急性期

急性损伤后一般有疼痛和轻度肿胀，如果没有关节交锁，可以应用棉花夹板包扎固定2~3周，服用非甾体类消炎药止痛，加强股四头肌力量训练。如不再出现症状，可以继续保守治疗和康复训练，逐渐恢复训练比赛。如果肿痛反复发生或伤后有交锁症状，一般考虑手术治疗。关节交锁可以通过手法解锁，但此类患者容易发生再交锁，软骨损伤的可能性将增大，应该予以手术治疗。

2. 慢性期

一般稳定型半月板纵裂，裂口小于10 mm或者非全层撕裂（<50%）多无症状，可以保守治疗。陈旧损伤如果症状不明显者可以继续训练比赛，但如果从事的运动项目需做扭转动作较多，应该考虑早期手术治疗，以免损伤加重，甚至造成软骨的严重磨损。症状明显者则更应尽早手术治疗。

（二）手术治疗

急性期半月板损伤伴关节交锁，关节积液严重，怀疑有交叉韧带断裂或关节内骨软骨切线骨折，应立即送医院急诊手术或进行关节镜探查，修补或切除损伤的半月板，同时修复关节内其他损伤。对慢性期半月板损伤诊断明确、症状严重、肿痛明显、经常交锁而妨碍训练者，也应手术修补或切除半月板。

第五节　髌骨软骨病

髌骨软骨病又称为髌骨软骨软化症、髌骨劳损，其主要病理变化是关节软骨的退行性改变，在运动员和体力劳动者中发病率较高。

一、损伤机制

关于髌骨软骨病病因，国内外学者有许多争议，存在多种学说。

髌骨先天性缺陷学说：在一些青年患者中，并无特殊外伤史，因此一些学者认为髌骨本身可能有先天性缺陷存在。目前，这些专家把这种缺陷称为髌股关节紊乱，认为其与下肢旋转缺陷（包括股骨前倾或胫骨扭转）、伸肌发育不良、滑车发育不良、高位髌骨和髌骨发育不良有关。股骨颈前倾角度增大与髌股关节压力不平衡如图6-11所示。

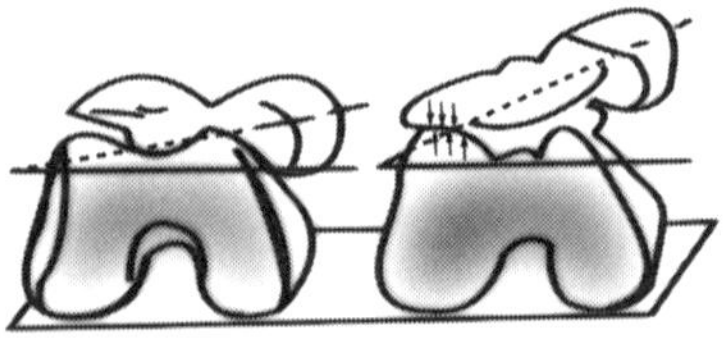

图6-11　股骨颈前倾角度增大与髌股关节压力不平衡

营养障碍学说：髌骨软骨是一种无血管的组织，营养来自滑膜液。膝关节活动能产生一定的压力和吸力，使软骨不断受到水泵样的唧筒作用，从而从滑膜中摄取营养物质。一旦膝关节长期缺乏生理活动，如长时间石膏固定或习惯性废用，即会影响营养的摄取。此外，任何促使软骨失去弹性的因素也能影响软骨从滑膜液中摄取营养，最终发生软骨变性。

软骨溶解学说：有学者发现滑膜受伤后渗透压改变，血液中的纤维蛋白溶解酶可以更多地进入滑液，其活性也增高，从而溶解软骨，使软骨中的硫酸软骨素含量降低，软骨变性失去弹力。

创伤学说：创伤（直接或间接）学说渐趋被公认。习惯性髌骨脱位或半脱位会使髌骨面受到长时间磨损，引起髌骨软化症。髌骨位置异常的各种因素，最终也都和创伤有关。

本病的主要损伤机制为积劳损伤，即膝半蹲位，反复屈伸扭转，致使髌骨与股骨的相应关节面相互异常错动、撞击与捻转摩擦所致。如篮球运动员上篮、起跳投球，防守的半蹲位左右移动；排球的起跳、扣球、落地及半蹲防守，双膝左右移动，都是造成此损伤的机制，以致引起软骨软化、剥脱或引起髌股关节的“镜像”改变。如果运动员的膝关节存在下肢旋转缺陷（包括股骨前倾或胫骨扭转）、伸肌发育不良、滑车发育不良、高位髌骨和髌骨发育不良等先天缺陷，则更易导致髌骨软骨病的发生。一次性突然扭错撞击，也可使关节软骨受到严重挤压，造成急性软骨骨折、剥脱等，再继发软骨软化退行性改变。

二、损伤评估

（1）受伤史。一般都有典型的膝在半蹲位一次受伤史或反复过度劳损史。

（2）主要症状。早期症状仅为膝软，上下楼无力。运动后明显，休息后缓解。以后膝酸痛，运动加重，准备活动后疼痛减轻，一般不影响训练。进而发展成半蹲发力痛，急停、起跳、上下楼皆痛，活动不开，起跳无力，最后走路也痛。

（3）检查可见髌骨压痛、髌骨边缘指压痛、股四头肌萎缩、关节积液等。

1）髌骨压痛：患者膝关节伸直或在某一角度时，检查者用手掌沿垂直方向或前后左右错动按压髌骨，如髌骨下疼痛即为阳性，表示髌骨软骨病或由脂肪垫、滑膜皱襞嵌入髌骨下方引起。

2）髌骨边缘指压痛：检查者一手将患者的髌骨向侧方推起，另一手指压髌骨的边缘，疼痛者为阳性。

髌骨软骨病及伸膝筋膜炎时为阳性，滑膜炎时也可为阳性。髌骨软骨病时以内侧缘压痛为多。病程长者，有些患者表现为股四头肌萎缩，有些患者出现关节积液。

（4）特殊检查。

1）髌骨软骨摩擦试验。检查者按压患者髌骨，再令其伸屈膝关节（或按压错动髌骨），髌骨下有砂纸样或不平破碎感为阳性（见图 6－12）。髌骨软骨病阳性时，多为粗糙的摩擦音或摩擦感。某些急性或慢性关节炎疾患也可出现柔和的摩擦音或摩擦感，系滑膜肥厚炎症所致。

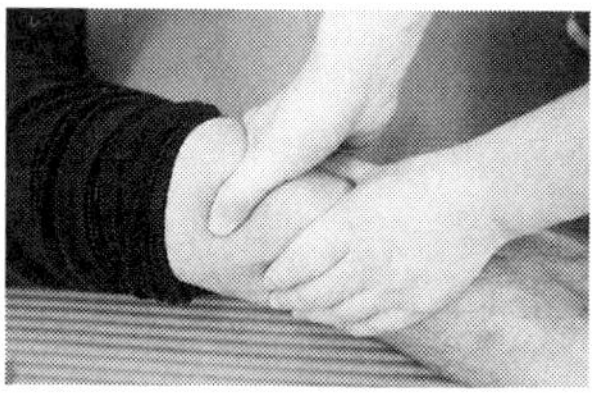

图 6－12　髌骨软骨摩擦试验

2）单足半蹲试验。患者患肢支撑蹲起时，出现膝痛膝软即为阳性。髌骨软骨病、伸膝筋膜炎、髌腱腱围炎、股四头肌腱止点末端病、半月板损伤者均可为阳性（见图6－13）。

图6－13　单足半蹲试验

3）伸膝抗阻试验。检查者将一前臂放在患膝后侧，一手握住小腿前方，并给一定阻力，让患者患膝由屈曲位逐渐伸直，出现疼痛或膝软者为阳性（见图6－14）。髌骨软骨病、伸膝筋膜炎、髌腱腱围炎及股四头肌止点捩伤、胫骨结节骨软骨炎呈阳性。髌骨软骨病疼痛多在30°～60°（解剖0°位），髌腱病变时，疼痛多在90°位左右。

图6－14　伸膝抗阻试验

（5）X线检查。早期很难发现异常改变。有学者发现，在有早期症状而软骨面有少许或无损害的患者，软骨区下骨有脱钙现象；晚期有骨关节炎增生现象。

三、处　理

（一）药物治疗

氨基葡萄糖，3个月一个疗程；膝关节疼痛时，可口服非甾体类抗炎药止痛。在关节内注射玻璃酸钠的作用是防止关节软骨被破坏，促进软骨修复愈合，缓解疼痛。

（二）手法治疗

从小腿上 1/3 处至大腿下 1/3 处对前后肌群进行揉、揉捏、搓擦 5 分钟；两指尖（拇指、食指）按揉两侧膝眼及髌腱部位 3～5 分钟；在髌骨的周缘用指做刮法和掐法 2～3 分钟；取足三里、血海、阴陵泉等穴位指针；最后再揉或抚摩大、小腿可结束。整个按摩时间 15～20 分钟。

（三）物理理疗

超短波、蜡疗、特定电磁波谱疗法（TDP）有一定效果。

（四）运动疗法

1. 静　蹲

静蹲可以说是防止髌骨劳损最有效的方法。静蹲时，患者患膝关节角度由大逐渐变小，即开始训练时，膝微屈以不引起膝疼为度，站立时间为 2 分钟。经过 1 周左右的锻炼后，可增加到 5 分钟。以后逐渐加大膝屈曲角度，选数个无痛角度依次练习，每个角度 5 分钟为一组，中间休息 1 分钟。每次练习的组数不超过 6 组。总时间 30 分钟为宜，每天可练习 2～3 次。

2. 股四头肌静力收缩练习

可在膝伸直位或膝微屈位进行，膝后放一小枕垫。从每组 30 次（收缩 5 秒、放松 5 秒为 1 次）开始，逐渐增加，2 周后可达到 100 次，每日训练 2 组。

3. 直腿抬高练习

开始 20 次，抬高后维持 5～10 秒再缓慢放下，逐渐增加到 50 次，每日练习 2～3 组。以后根据患者具体情况可以做负重直腿抬高练习。

4. 股四头肌渐进抗阻练习加腘绳肌渐进抗阻练习

在膝关节伸、屈肌群向心收缩练习的同时，应结合进行伸、屈肌群离心收缩练习，每天 2～3 次。

（五）肌内效贴布

在加强下肢力量训练的同时，可使用肌内效贴布，来支持、放松软组织，改善感觉输入，纠正力线、支持髌骨。具体办法如下。

1. 促进肌肉

采用 Y 形贴布（自然拉力）。

Y 形贴布股四头肌促进的摆位与贴法见图 6-15。

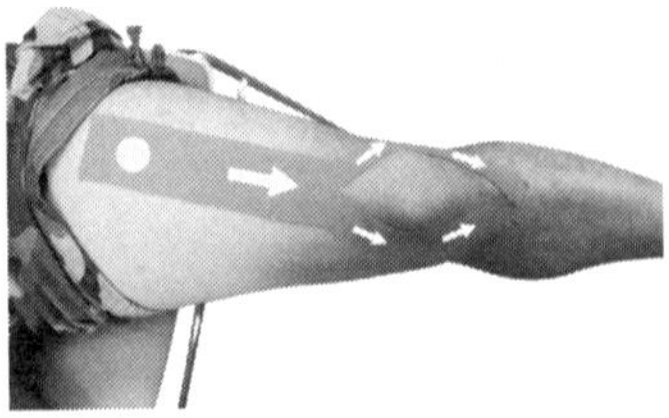

图 6-15　Y 形贴布贴法

2. 纠正力线、支持髌骨

采用 Y 形贴布（中度拉力）。

摆位：患者舒适坐位，自然屈膝（见图 6-16）。

Y 形贴布贴法：针对髌骨外移为主。锚固定于膝关节内侧缘，尾以中度拉力沿髌骨上下延展（见图 6-17）。

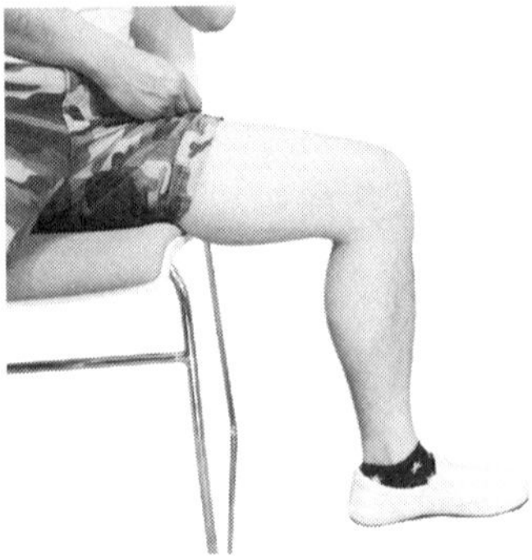

图 6-16　摆位

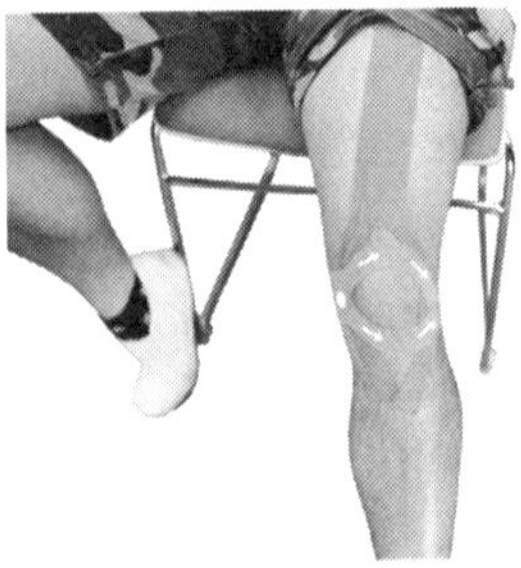

图 6-17　纠正力线、支持髌骨 Y 形贴布贴法

（六）泡沫轴

使用泡沫轴放松股四头肌和髂胫束有一定效果，放松方法如下。

1. 髂胫束放松

以放松左侧髂胫束为例，双手撑住地面，左腿伸直，右腿弯曲协助支撑，在左侧大腿与地面之间放置一泡沫轴。右腿蹬伸，让泡沫轴在左大腿外侧缓慢滚动。操作时，力量大小以感受轻微酸紧为基准，在紧绷较硬的肌肉区域或肌肉压痛点可停留 15 秒。（见图 6－18）

图 6－18　泡沫轴髂胫束放松

2. 放松股四头肌

取俯卧位，将泡沫轴放在双腿靠近骨盆的位置。双手握拳，屈肘，支撑于头部前方。双腿并拢，与地面平行。双臂用力，带动身体，使泡沫轴在骨盆与膝关节之间滚动。（见图 6－19）注意在滚动过程中保持头、臀、腿成一条直线，收紧腹部，不要塌腰。

图 6－19　泡沫轴放松股四头肌

（七）拉　伸

股四头肌和髂胫束的拉伸可以减轻疼痛，缓解症状。股四头肌拉伸技术见下交叉综合征。

髂胫束的拉伸：以左侧为例，侧身站于墙边，手扶墙壁支撑。右腿交叉置于左腿的前面，保持左下肢的足部稳定，使髋部倚靠向墙壁，保持 15 秒。（见图 6－20）

图 6－20　髂胫束的拉伸

（八）手术治疗

采用非手术疗法无效的严重患者，如症状逐渐加重，或有游离体及交锁等症状者可考虑手术治疗。

第六节　髌骨周缘腱附着处损伤

髌骨周缘腱附着处损伤是一种股四头肌腱、髌腱及伸膝腱膜在髌骨附着处的慢性损伤，又称髌骨张腱末端病、跳跃膝、髌腱腱围炎、腱膜炎以及股四头肌腱止点末端病等，是一种末端病。多见于跳跃、篮球、排球、足球、击剑运动员及体力劳动者，为临床常见的一种伤病。

一、损伤机制

慢性劳损：跳跃运动员长期大量专项训练过多，反复牵拉髌腱及股四头肌腱在髌骨的附着处引起供血障碍而受伤。

急性损伤：猛力跳跃时，超过了髌骨周缘腱本身负荷能力，可损伤髌腱和股四头肌腱，甚至出现小的撕脱骨折，即所谓的“镜下骨折”。直接撞击髌骨周缘腱附着处致伤，若治疗不彻底，即转为慢性。

二、损伤评估

（1）受伤史。患者往往有过度负荷史或者曾经有过一次较重的局部损伤，又未得到合理治疗，仍坚持训练的历史。

（2）主要症状是在半蹲位（膝屈曲 60°～100°）运动、上下楼梯或起跳发力、急停时感到膝前疼痛或突然打软。常感膝酸软乏力，重者行走和休息时也疼痛。

（3）检查时可见股四头肌萎缩，髌骨尖及底部前轻度肿胀。髌骨周缘腱附着处有指压痛，以髌尖区、髌底缘指压痛最多见，这是本病的主要特征。局部可触及肥厚变性的组织等。

（4）特殊检查。

1）伸膝抗阻试验时，髌腱、股四头肌腱在髌骨的附着部疼痛。

2）髌腱紧张压痛试验：令患者膝关节伸直，检查者一拇指放在髌尖下，另一手掌根放在前一拇指指背上，患者感到拇指下面明显疼痛。令患者放松股四头肌，用与之前相等的压力压迫时，疼痛减轻者为阳性。

（5）影像学检查。X 线片检查：早期除髌膜阴影加宽外，无骨质改变。晚期髌骨尖或髌骨上缘有骨性结构改变。

三、处　理

（1）手法治疗。可松解已发生粘连的腱围组织，改善局部血液循环，促进组织液和静脉回流，降低局部组织内的压力。在膝部及其周围施行抚摩、揉、推压、揉捏等手法。随后用拇指尖端对髌骨缘的痛点进行刮、掐，力量大小以病人有胀感为度。配合指针刺激血海、梁丘、伏兔、阳陵泉、足三里、三阴交等穴位。

（2）取阿是、梁丘、足三里穴位，初期快针，后期温针，后取对侧曲池穴，留针，配合患膝半蹲运动 15 分钟。间日 1 次，治疗 10 次为一个疗程，间停 1 周。

（3）物理理疗。蜡疗、超短波、中药浸剂加红外线照射都有一定效果。

（4）功能练习。加强下肢肌肉拉伸和力量练习，股四头肌拉伸训练参考膝关节内侧副韧带损伤的相关内容，下肢的力量训练可进行股四头肌绷劲练习、马步桩练习、弓步桩练习、蹲起及负重蹲起练习等。

（5）手术治疗。用非手术治疗经久不愈，症状严重者，可考虑手术治疗。常用的手术方法有：①髌腱腱围剥离切除；②结扎腱围怒张血管；③腱围、髌腱变性部分切除；④腱围切除及腱纵形切开改善循环；⑤髌尖及骨片切除。术后宜早期功能练习。

第七节　膝部常见运动损伤的预防

一、概　述

膝部损伤发生率为19.25%，居全身运动损伤发生率的第二位。在膝关节损伤中，前交叉韧带损伤是一种较为严重的运动损伤，会出现膝关节疼痛、膝关节运动障碍、继发膝关节骨性关节炎，甚至导致残疾的发生。本节主要讲述前交叉韧带损伤的预防。

二、预防措施

膝关节前交叉韧带损伤的发生，除了与外力有关之外，还与运动参加者保护装备的使用情况、动作模式、神经肌肉的控制等因素有关。

（一）使用专业的防护设备

研究和实例已经证明，专业的防护设备可以减少膝关节损伤的发生。因此，在运动过程中应穿戴适合各个运动项目特点的专业防护设备，以预防损伤的发生。

（二）改变动作模式

有研究发现，在坚硬场地和草地表面进行运动，大部分的前交叉韧带损伤都是在做落地和侧向旋转动作时发生的，正确的落地切入和跳跃的技术训练可以有效降低前交叉韧带损伤的发生风险。

（三）改善神经肌肉的控制

神经肌肉失衡会导致前交叉韧带损伤发生的风险增加，当体育运动参加者出现神经肌肉失衡时，如股四头肌与股后肌群力量失调、左腿与右腿力量不均衡时，应当特别注意采取相应措施，减少损伤发生的风险。除此之外，证据表明，快速伸缩复合训练对预防前交叉韧带损伤的预防十分必要。快速伸缩复合训练的重点应该集中在合适的落地、急停切入和跳起的动作技术训练上。快速伸缩复合训练可以使膝关节内翻或外翻时受到的压力处于安全水平。正确和错误的动作模式如图 6－21 所示。

正确　　错误

图 6－21　正确和错误的动作模式

以下动态神经肌肉协调性训练方法可供参考。

1. 准备姿势

准备姿势为功能稳定的体位：膝关节自然弯曲，肩部支撑，双眼平视，双脚分开与肩同宽。膝关节应位于双脚脚掌前部的垂直面上方，胸部位于膝的上方。这是运动的准备姿势，也是大部分训练的开始和完成姿势（见图 6－22）。此训练中，完成姿势更夸张些，可以通过更深的屈膝动作来纠正某些生物力学的缺陷。

图6－22　准备姿势

2. 垂直跳

竖直站立，双手半伸过头顶。垂直跳要求屈膝程度最小。腓肠肌力量决定了跳起高度，在跳跃的最高点，手臂应该完全伸直。（见图6－23）

图6－23　垂直跳

3. 团身跳

双脚分开与肩同宽。起跳时，双膝微蹲，同时双臂后伸。然后，双臂前摆同时竖直跳起，要求膝关节尽可能地向上抬高。在跳起的最高点，大腿要与地面平行（见图6－24）。要求一落地就立即开始下一次团身跳。尽可能轻巧落地，从脚尖到脚掌进行过渡。如果无法控制落地时的力量，就不要再继续这种跳跃练习，或者选用膝关节外翻落地。

图6－24　团身跳

4. 跳远和保持

准备起跳时，姿势是上臂在肩关节处后伸。起跳时，通过向前摆臂和大约45°的起跳角度来达到最远的水平距离，落地时必须抓地，同时使膝关节屈曲成大约90°的姿势（见图6－25）。开始阶段，在尽最大努力跳远时可能做不到牢固抓地。这种情况下，可以进行一次最大远度的跳跃，要求其抓紧地面并保持脚尖朝前，同时膝关节不能向内。当技术提高以后，再增加跳远的距离，但是不能以牺牲动作的标准为代价。

图6－25　跳远和保持

5. 180°跳

跳的起始动作是竖直站立，双脚与肩同宽，然后，双脚垂直跳起同时在空中进行180°转体，手臂远离身体以保持平衡。落地后立即向相反方向跳起（见图6－26）。不断重复直到动作出现失误。该跳跃的目的是使身体在180°旋转的同时跳到最高。跳起和落地时尽量都保持在地面的同一位置。

图6－26　180°跳

6. **深蹲跳**

双脚朝前，深度屈髋、屈膝、屈踝，尽可能接近地面或者垫子，这样就可以进行最大幅度的垂直跳跃。然后垂直跳起直至最高点（见图6－27）。落地瞬间立即回到起始姿势重复进行跳跃。重复既定的次数或者直到技术开始变形为止。垂直跳起尽力到达最高点，尽可能落在地面的同一位置，当再次跳起时能够保持竖直的姿势。到达地面时不允许向前弯腰，应该保持眼睛平视，膝关节朝前，同时手臂位于腿的外侧。

图6－27　深蹲跳

7. **水平跳跃接垂直跳跃**

先连续进行三次水平方向的跳跃，然后立即尽最大努力垂直跳跃（见图6－28）。三次连续的跳跃要越快越好，尽力达到最大的水平距离。第3个跳跃应该作为一个准备性的跳跃而把水平方向上的动量快速而有效地转为竖直方向的动量，要求最后一跳间隔最小，以确保能够把最大的动量转移到垂直方向的跳跃上。在第四跳时直接垂直向上而不要有水平方向的位移，完全伸直手臂以达到最大的竖直高度。

图6-28　水平跳跃接垂直跳跃

8. 单脚跳和保持

开始姿势是保持单腿半蹲，手臂在肩关节处完全后伸。向前摆臂的同时伸髋伸膝，启动跳跃动作，起跳角度大约是向上45°，同时水平方向要达到单腿落地的最远距离。落地时要求起跳腿的膝关节深屈至90°，落地后最少要保持3秒（见图6-29）。这个练习要注意保护，避免出现损伤。开始阶段可尽最大的努力单腿跳跃以便能够真实感受难度水平，在抓地和保持最后的落地能力改善之后，继续增加单脚跳跃的距离。保持视线远离双脚，同时防止腰部过度前倾。

图6-29　单脚跳和保持

9. 单脚 X 跳

开始时，面向一个四象限的平台，膝关节微屈单腿站立。沿着对角线的方向跳跃，落在相对应的象限内，姿势朝前深屈膝落地并且保持3秒。然后向外单足跳入旁边的象限内并再次保持同样的落地姿势，下一次再沿对角线单足跳入另一象限。最后，单足向外跳跃回到最初的象限内并保持落地姿势（见图6－30）。重复该动作模式数组。要求每次落地时保持平衡，同时双眼平视，注意力远离双脚。

图6－30　单脚 X 跳

10. 单腿平衡

平衡训练需要在能够提供不稳定表面的平衡练习器具上进行。刚开始训练时，双腿同时站立在平衡器具上，双脚分开与肩同宽。待能力提高以后，就应该包括接球和单腿平衡练习。在所有的平衡训练中，尽可能保持深度屈膝的姿势。(见图6－31)

图6－31　单腿平衡

11. 反弹跳跃

通过地面的反弹开始跳跃，一旦达到合适的节奏和模式，就鼓励其在保持垂直方向反弹的同时增加每一跳的水平距离。此跳跃的训练尽可能保持最大限度的反弹高度。(见图6－32)

图 6 -32　反弹跳跃

复习思考题

1. 膝关节的韧带有哪些？主要作用是什么？
2. 膝关节外侧韧带损伤有哪些表现？
3. 膝关节内侧韧带损伤有哪些表现？
4. 交叉韧带损伤有哪些表现？
5. 半月板损伤的机制有哪些？
6. 半月板损伤有哪些表现？
7. 髌骨软骨病的损伤机制是什么？
8. 髌骨软骨病的表现有哪些？
9. 髌骨周缘腱附着处损伤有哪些表现？
10. 前交叉韧带损伤的预防方法是什么？

第七章 小腿部及踝部常见运动损伤

第一节 网球腿

网球腿包含跖肌肌腱断裂和腓肠肌内侧头损伤，因常发生在网球运动员跳起扣杀时而得名，也可发生于羽毛球、短跑、跳跃等运动项目上。

一、损伤机制

腓肠肌内侧头起于股骨内侧髁上的三角形隆起，外侧头起于股骨外侧髁的压迹近端，在小腿后部中点始相连为一扁宽的肌腱膜，向下与比目鱼肌相融合为跟腱。跖肌位于腓肠肌外侧头与比目鱼肌之间，起于腓肠肌外侧头上方的股骨外上髁及膝关节囊，向下移行于跟腱内侧或单独抵止于跟骨。肌腹呈细小梭形，此肌在人体中是一退化的肌肉，对踝关节跖屈作用不大。

在膝关节伸直时再突然蹬地提踵起跳（网球发球或截击高球动作），或在伸膝时踝关节突然极度背伸（如向前跨步接球时的后蹬腿）均可使小腿三头肌和跖肌受到损伤，损伤的程度因受力的大小而不同，跖肌一般都是完全断裂。

二、损伤评估

（1）急性损伤史。

（2）大部分患者在受伤前有肌肉过度疲劳、局部僵硬、酸痛、不能放松等前驱症状。运动时，突然感觉小腿后面受击，如“中弹感”，可听见响声。受伤后，疼痛剧烈、跛行、活动受限，无法继续运动。以后在跑跳、提踵及后蹬时疼痛加剧。

（3）检查时可见伤部肿胀不很明显，小腿后侧压痛，有时可触及肌腱断裂后回缩的隆起。足被动背屈与抗阻跖屈时伤部疼痛加重。

（4）超声检查。彩色多普勒检查显示在腓肠肌与比目鱼肌间探及长条状无回声带。

三、处　理

（一）损伤早期处理

早期紧急处理应遵循运动伤害的 PRICE 原则，尽量在伤后 24 小时内采用，以减轻受伤局部的瘀血积聚。

（二）穿刺抽吸瘀血和固定

在伤后 24 小时后进行，此时伤处的出血已经停止，可进行穿刺术抽吸瘀血。术后常规消毒，无菌纱布遮盖，并用弹力绷带加压包扎，将膝关节、踝关节于中立位固定 1 ~3 天；待行走疼痛明显减轻后去除固定。

（三）手法治疗

先采用抚摩、揉捏、推压、按压、搓法，使经络得以疏通；再用弹拨、提弹法重点按摩所伤之处以放松肌肉、缓解痉挛，用滚法由下向上将小腿部肌肉放松；最后压推伤侧下肢的膀胱经以疏通经络。推拿治疗每日 1 次，7 次一个疗程，共治疗 2 ~4 个疗程。

（四）针灸治疗

患者俯卧位，暴露患处，在患处找出明显压痛点，在痛点周围顺着跖肌腱解剖方向避开痛点 3 ~5 厘米找出 2 ~4 个主穴位，常用的配穴有：承山、飞扬、阳陵泉、膝阳关、太溪、委中等，可以配合电针灸治疗仪治疗，电流强度以患者能耐受为限度，留针 20 分钟，每日 1 次。

（五）泡沫轴

在损伤的中后期，可使用泡沫轴进行小腿肌群放松，防止肌肉粘连，促进肌肉功能恢复。具体方法如下。

方法一：坐姿，左腿向内扭转，将泡沫轴放在左小腿中端位置。双手伸直支撑于身体后方，手指向外。左腿伸直，右腿屈膝，搭在左小腿上方。收紧腹部，背部挺直，身体后倾；将左腿向外侧扭转，然后回到开始位置，泡沫轴保持不动。（见图 7 –1）

图 7 –1　泡沫轴方法一

方法二：坐姿，将泡沫轴放在右小腿靠近膝关节的位置。双手伸直支撑于身体后方，手指向外。右腿伸直离地，左腿屈膝支撑；臀部离地。收紧腹部，背部挺直，身体后倾；双手和左腿用力，带动臀部向后移动，使泡沫轴滚动至靠近跟腱位置。（见图 7 –2）

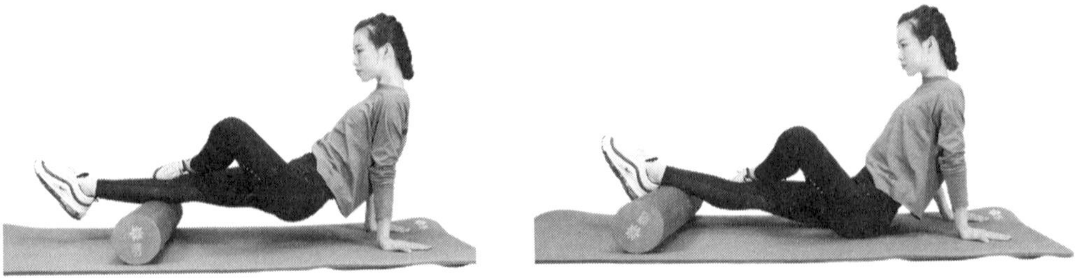

图7－2 泡沫轴方法二

方法三：坐姿，将泡沫轴放在双腿小腿靠近膝关节的位置。双手伸直支撑于身体后方，手指向外。双腿并拢，平行于地面；臀部离地。收紧腹部，背部挺直，身体后倾；带动臀部向后移动，使泡沫轴滚动至靠近跟腱位置。（见图7－3）

图7－3 泡沫轴方法三

方法四：坐姿，将泡沫轴放在左小腿靠近膝关节的位置。双手伸直支撑于身体后方，手指向外。左腿伸直，右腿屈膝，搭在左小腿上方；臀部离地。收紧腹部，背部挺直身体后倾；双手用力，带动臀部向后移动，使泡沫轴滚动至靠近左腿跟腱位置。（见图7－4）

方法五：坐姿，将泡沫轴放在左小腿靠近膝关节的位置。双手伸直支撑于身体后方，手指向外。左腿伸直，将右脚搭在左脚尖上；臀部离地。收紧腹部，背部挺直，身体后倾；双手用力，带动臀部向后移动，使泡沫轴滚动至靠近左腿跟腱位置。（见图7－5）

图7-4 泡沫轴方法四

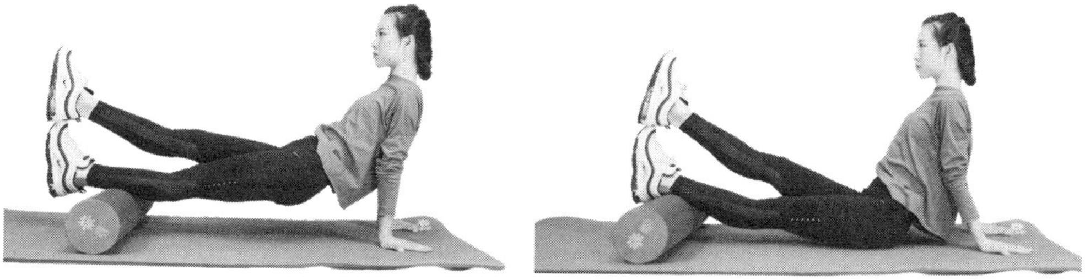

图7-5 泡沫轴方法五

（六）功能锻炼

一般损伤后第二天，在不加重疼痛的情况下开始锻炼，此外经过综合治疗3~5周后，仍达不到痊愈标准者，继续进行功能锻炼：①步行锻炼：早晚两次步行，每次连续步行200米，尽量维持正常步态行走，一周后增加至每次400米。②腓肠肌牵拉练习：患者坐位进行踝关节背伸练习，要求患者在可忍受疼痛范围内尽最大限度牵拉，20次/组，2组/天。③弓步拉伸练习：步行锻炼后一周开始，伤腿在后，双侧足底轴线平行，尽最大限度拉伸，8次/组，2组/天。④提踵练习：与弓步牵拉同期进行，尽最大限度提拉，8次/组，2组/天。⑤跳绳练习：损伤后3~4周后开始进行，60次/组，2组/天。

第二节　胫腓骨应力性骨膜炎与骨折

胫腓骨应力性骨膜炎与骨折多发于跑跳过多的运动员、长途行军的新兵、舞蹈演员及终日奔走劳作者，亦称为行军骨折。有的是一次训练后发生，有的则是逐渐劳损所致。大部分为骨膜炎，个别为应力骨折。其中逐渐发生者，又称“疲劳骨折”。

一、损伤机制

胫骨应力性骨膜炎与骨折的发病机制有两种说法：肌肉牵扯学说和应力学说。肌肉牵扯学说认为肌肉附着处的骨膜长期受牵扯与损伤，可产生骨膜炎，肌肉牵拉使骨骼变形亦可引起骨折；应力学说认为过多应力首先引起小腿肌肉的疲劳，使其失去吸收应力的作用，以后应力直接作用于骨组织，产生胫骨骨膜炎，最后进一步作用，可产生胫骨应力骨折。现认为两种因素都起作用。

胫骨是支撑负重骨，行走单腿支撑时要承担全身的重量，跑跳落地时，由于冲力的缘故，其负重要比体重大得多。若训练操之过急，下肢训练量和强度过大，尤其在硬地上反复用足尖做变速跑、跨步跳、高抬腿、后蹬跑，或反复做跳高、跳远的动作；当过多力沿着骨干传递至骨骼薄弱区时，引起骨膜炎与骨折。由于肌肉本身可以分散、吸收骨所受到的部分冲击力，若肌肉发生疲劳，此功能随即丧失，所以肌肉疲劳亦可导致骨膜炎与骨折。此外，由于月经周期紊乱或闭经、饮食不规律或者骨质疏松而致骨密度下降等，更易发生应力性骨折。

骨折部位因不同原因而有所不同。运动员多发生于胫骨下 1/3 处和腓骨下段处，芭蕾舞演员多在胫骨的中 1/3 处的前缘，战士多在腓骨上段或胫骨上 1/3 处，而中年妇女多发生在腓骨下段。

二、损伤评估

（1）受伤史。大多无明显受伤史，但有在硬地上跑跳过多史。

（2）小腿部疼痛。常在运动后发生钝痛或刺痛，有的在训练后出现搏动样疼痛。疼痛部位多在离腓骨下端的10厘米附近，胫骨骨膜炎多在中下1/3内侧缘及前骨面。而胫骨应力性骨折的疼痛则因其好发部位不同而不同。

（3）检查时可见局部凹陷性水肿，皮肤颜色稍红、皮温稍高，局部可触及单个或串珠样结节，压之疼痛。提踵及足尖用力蹬地时疼痛。

（4）影像学检查。

X线片：骨膜炎早期可无表现，晚期有骨膜增生。发生疲劳性骨折时，骨小梁排列紊乱，不连续，有时出现密度降低区或硬化区，在皮质处可见斜形或横形裂纹。

三、处　理

（一）疲劳性骨膜炎的处理

1. 调整训练

一旦确诊，应立即减少下肢运动量，调整训练内容，并用弹力绷带包扎患肢小腿。

2. 手法治疗

施用抚摩、揉、揉捏、推压、指切等手法，同时指针委中、丰隆、足三里、三阴交、解溪、绝骨等穴。

3. 针灸治疗

取漏谷、三阴交、绝骨、足三里穴，留针5~10分钟，对侧支正穴留针配患侧起踵运动，15分钟。灸阿是穴，1天1次，治疗6~10次。

4. 肌内效布贴

针对局部凹陷性水肿，可使用肌内效布贴，减轻肢体肿胀，避免张力性水疱产生。

摆位：仰卧位，小腿下垫枕抬高，伸膝，足自然放松。

爪形贴布：共两条，锚分别固定于小腿中上段后侧内外，尾向下方延展，止于足内外侧或足背（见图7－6、图7－7）。

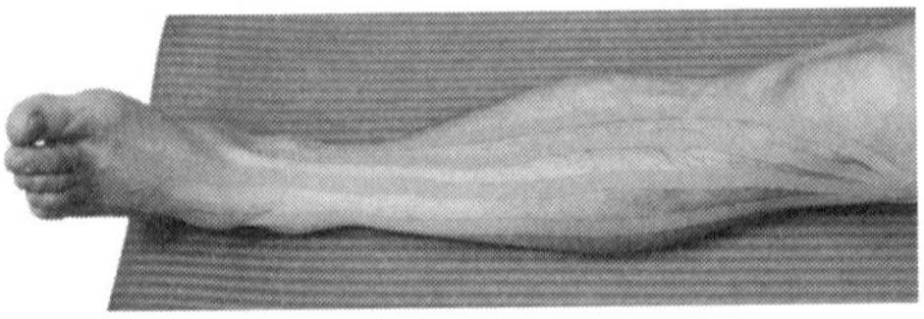

图7－6　第一条爪形贴布

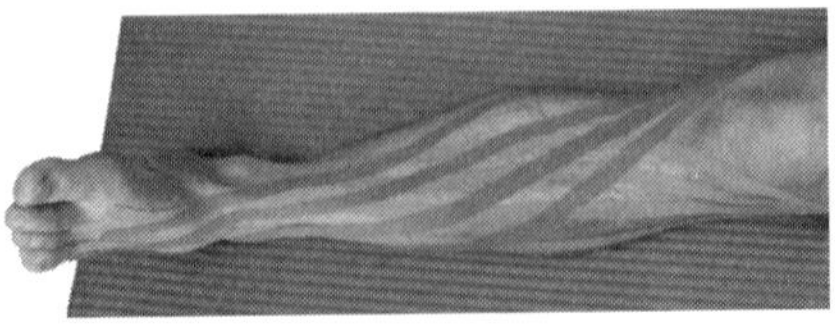

图7－7　第二条爪形贴布

5. 泡沫轴的合理应用

可使用泡沫轴进行小腿前群、后群、外侧群肌肉放松，有益于本病症的治疗和康复。小腿后肌群的放松可参见网球腿。小腿前群肌肉和外侧群肌肉的放松方法如下。

（1）放松胫骨前肌。跪姿，将泡沫轴放在小腿靠近膝关节的位置。肘微屈，双手支撑于头部前方。双腿膝屈髋屈，臀部坐在脚跟上，双手用力，带动身体向前移动，使泡沫轴滚动至靠近脚踝的位置。（见图7－8）

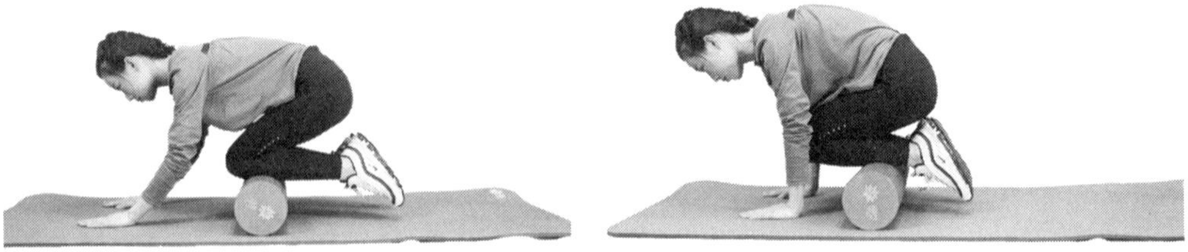

图7－8　放松胫骨前肌

（2）放松腓骨长肌、腓骨短肌。俯卧，将泡沫轴放在右小腿靠近膝关节的位置。双手握拳肘屈，支撑于身体前方。右腿伸直，脚向内旋；左腿向外打开，膝屈髋屈做支撑，双手用力，带动身体向前移动，使泡沫轴滚动至靠近右脚踝位置。（见图7－9）

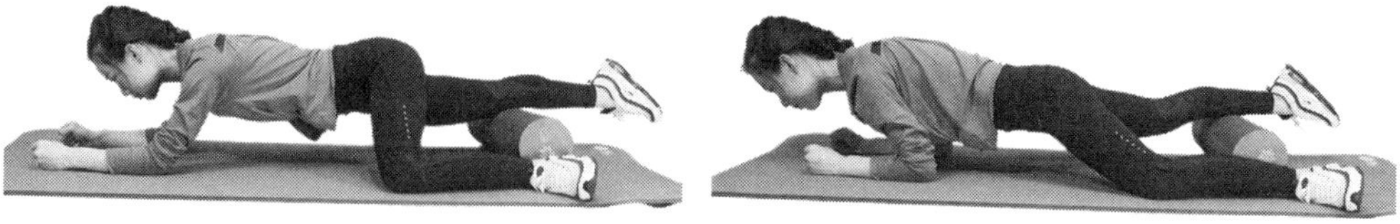

图7－9　放松腓骨长肌

（二）疲劳性骨折的处理

应停止运动训练，用铁丝托板固定患肢4～6周。在此期间，做踝关节的屈伸活动和股四头肌静力收缩练习。必要时采取手术治疗。

第三节　跟腱周围炎

跟腱周围炎是指跟腱腱纤维组织、腱围组织及其跟腱下滑囊的创伤性炎症。本病多发于跳跃运动员，其次是篮球、体操和羽毛球运动员以及舞蹈演员等。

一、损伤机制

跟腱是人体最大的肌腱，其近端是腓肠肌和比目鱼肌的肌腹，远端止于跟骨下方的跟骨结节。在跟腱的周围是腱围，其背侧有7～8层润滑层，每层均有独立营养血管，层与层之间有血管通行。跟腱的营养血管来自上下端（胫后动脉和腓动脉），腱束间有血管。因第二级腱束内无血管分布，故其内部营养依靠弥散完成。这样的结构，使腱内血液循环差，特别是在跟腱中段，大部分营养主要依靠腱围的血管，当腱围发生炎症或血管受损时，跟腱的营养将受到很大影响。在跑跳运动中，足部用力蹬地，小腿三头肌过多地强烈收缩，使跟腱及其腱围组织反复受到牵扯和摩擦，久之则成劳损。此外，挤压、碰撞、打击等直接外力刺激或弹跳跑步等用力过猛，使跟腱突然受挫或损伤，也易发生急性炎症。

二、损伤评估

（1）受伤史：大多有踝屈伸过多的运动史或受伤史。

（2）足跟部疼痛：初期感觉运动前、后足跟部疼痛，准备活动后疼痛减轻或消失。如未注意继续重复受伤动作，则症状加重，以致走路甚至不负重地伸屈踝关节时也有疼痛。

（3）检查时，跟腱部轻度肿胀，压痛明显，可触到捻发音，足抗阻跖屈试验疼痛加重。晚期跟腱梭形变粗。

三、处　理

（一）急性期

停止跑跳练习，用海绵垫高足跟，防止踝关节过度背伸。也可使用肌内效贴布，缓解疼痛，消除肿胀，放松紧张的肌肉。

1. 缓解疼痛

采用X形贴布（自然拉力）。

摆位：俯卧位，患足自然下垂于床沿。

X形贴布贴法：中间锚固定在跟腱疼痛中心，尾向两端延展（见图7－10）。

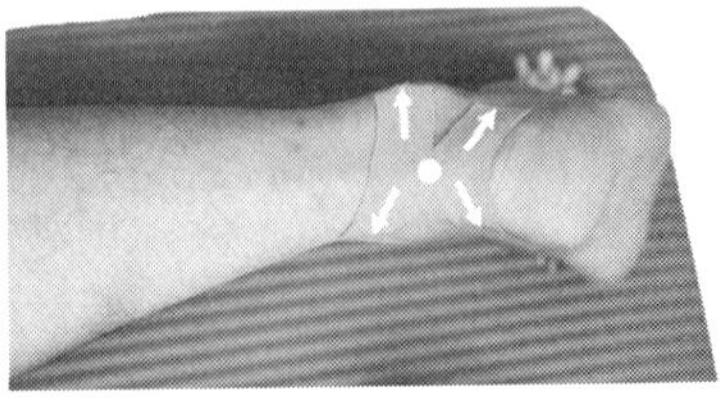

图7－10　X形贴布贴法

2. 消除肿胀

采用爪形贴布（自然拉力）。

摆位：同上，或适度背屈以不加重跟腱不适为度。

爪形贴布贴法：共两条，锚分别固定于在腘窝下内外侧，尾分别向内外踝上方延展，交叉包覆于跟腱肿胀处（见图7－11）。

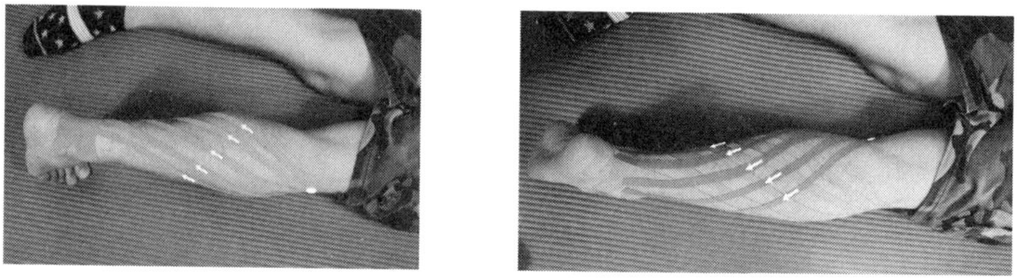

图 7-11　爪形贴布贴法

3. 放松肌肉

采用 I 形或 Y 形贴布（自然拉力）。

摆位：俯卧位。

I 形贴布贴法：锚在足跟骨底部及跟腱附着处，尾沿腓肠肌位置延展，分别止于股骨内外侧髁起点处或腘窝下方（见图 7-12）。

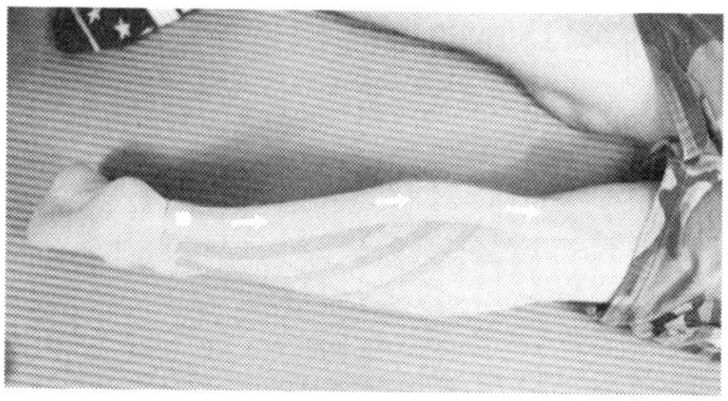

图 7-12　I 形贴布贴法

（二）针灸治疗

急性期取阿是、承山、太溪等穴位，快针，对侧阳谷穴留针配患侧起踵运动，1 次 10 分钟，1 天 1 次，治疗 3～6 次。慢性期取阿是穴温针，承山、承筋、足三里等穴快针，对侧阳谷穴留针配患侧起踵运动，1 次 10 分钟，间日 1 次，治疗 10 次左右。

（三）按摩治疗

按摩可分为以下几个步骤进行：①患者俯卧位，小腿及足踝部垫以软枕，用揉、揉捏法按摩小腿三头肌，手法自轻渐重，由浅及深，患者有明显酸胀感。反复四五次，最后抖动放松。②拇、食指揉捏跟腱，主要作用于腱围，在痛点及触有硬结处多揉捏，以松解其粘连。③用拇指尖紧贴跟腱硬结处刮剥，患者有酸痛感，手法强度和时间依患者可忍受的程度而定。④术者一手握患者足背部，将患肢提起，使其膝踝屈曲，充分放松跟腱。另一手指或掌侧自上而下、自下而上地反复拍击跟腱，手法要有弹性，以每秒3～4次的频率拍打。⑤慢速度、大幅度摇晃踝关节，以不引起疼痛为原则。最后抚摩，结束操作。

（四）跟腱牵拉法

牵拉跟腱，目的在于松解与跟腱粘连的腱围组织，解除粘连组织对分布于其中的神经、血管的压迫，跟腱的疼痛自然就会减轻。具体方法为：让患者仰卧，小腿垂直于大腿，用力使患侧足背伸，使跟腱被动牵拉，同时用手指按压跟腱两侧的昆仑穴和太溪穴，有助于腱围粘连组织的松解。如此反复十数遍，最后，一手握住踝关节，另一手抖动小腿，结束治疗。每次治疗时间约30分钟。经手法治疗后，患者感到小腿轻松、舒适，跟腱疼痛减轻。

（五）泡沫轴

在损伤的中、后期，可使用泡沫轴进行小腿肌群放松，防止肌肉粘连，促进肌肉功能恢复。具体方法可以参见网球腿。

（六）手术治疗

晚期非手术治疗无效的病例，应手术治疗。可做变性瘢痕化腱围切除术，同时做跟腱减压术或硬化跟腱部分切除术。

第四节 踝关节韧带损伤

踝关节韧带损伤在日常生活和体育运动中非常多见，发病率在各关节韧带损伤中居首位。

一、损伤机制

发生此损伤的原因常常是道路或场地不平，碰撞或因跳起落地时失去平衡，使踝关节过度旋前或旋后造成踝关节韧带损伤。

踝的旋后损伤（踝外侧韧带损伤）：踝的旋后动作是踝足关节的联合动作，包括距小腿关节跖屈、跟距和距舟关节的内翻以及前足的内收。在临床上踝的旋后损伤较之旋前损伤更为常见，其原因主要有：①外踝细长，较内踝长 0.5 ~1 厘米，且位于内踝稍后方；②内侧三角韧带较外侧 3 条韧带坚强；③距骨体前宽后窄，当跖屈时，关节不稳，允许较大的侧向和内旋；④旋后的肌群远比旋前的肌肉群有力。在踝旋后位受伤时，距腓前韧带首当其冲。

踝的旋前损伤（三角韧带损伤）：踝的旋前动作包括距小腿关节背伸、足外展、跟距关节和距舟关节外翻的联合动作。主要损伤内侧三角韧带。踝的旋前损伤较旋后损伤少见，但一旦损伤造成三角韧带断裂，一般都有一定程度的踝关节不稳，且常合并下胫腓连接分离和腓骨下端骨折。

踝关节韧带损伤：轻者韧带部分撕裂或韧带附着处骨膜撕裂，骨膜下出血；重者韧带完全断裂，常伴有撕脱骨折或距骨半脱位。距腓前韧带断裂时，常有关节囊和关节滑膜的撕裂，关节积血。内侧韧带深层断裂，断裂的韧带和关节附近的脂肪组织可嵌入关节间隙内。此外，血肿刺激跗骨窦内脂肪产生炎症，导致长时间的疼痛。

二、损伤评估

（1）有明显足踝突然旋后或旋前扭伤史。

（2）损伤后踝关节外侧或内侧疼痛，走路和活动关节时最明显。踝关节外侧或内侧出现迅速的局部肿胀，并逐渐波及踝关节前部。可出现皮下瘀斑，以伤后 2 ~3 天最明显。

（3）检查时，局部有明显压痛。距腓前韧带伤，压痛点在外踝前下方；跟腓韧带伤，压痛点在外踝尖偏后下约 1 厘米处；三角韧带损伤，压痛点在内踝前下方或内踝尖下方。

（4）特殊检查。

1）踝旋后试验和旋前试验：被动将踝足旋后或旋前时，踝的外侧或内侧相应损伤部位出现疼痛。如果在旋后动作内侧出现疼痛，应注意检查是否有副舟骨损伤或内侧距胫前韧带损伤。

2）距小腿关节前抽屉试验：检查者一手握小腿，另一手握足跟在踝稍跖屈位，使距骨向前错动，如果有距骨前移位为阳性，说明有距腓前韧带和跟腓韧带断裂（见图7-13）。

（5）影像学检查。X线片检查可区别骨折、脱位或韧带损伤。

图7-13　距小腿关节前抽屉试验

三、处　理

（一）挫伤和部分撕裂

（1）急救。受伤后立即采用PRICE急救原则处理。以粘膏支持带或绷带、弹力绷带固定，减少血肿形成。

（2）关节穿刺。如韧带部分断裂，踝关节腔已有明显积血，应进行关节穿刺，将积血抽出。同时，注入氢化可的松25 mg，以消除创伤性炎症，并保护关节软骨。穿刺后应加压包扎。

（3）手法治疗。应在12小时以后开始。①用拇指按、掐绝骨穴，持续1分钟，使其得气而感酸胀沉重。②轻抚摩、轻推法，由踝的远端向近端按摩，以达到活血祛瘀的作用。③在肿胀、瘀血部位用连续密集的指切、挤推手法，自肿胀瘀血的远端挤向近端，并挤过踝部的小腿十字韧带和小腿横韧带。指切从肿胀的中线开始，经过第一次指切，沿着中线形成一条凹陷的浅沟，把肿胀瘀血分割成左右两半。然后再从浅沟两侧逐次指切，切到整个肿胀的边缘为止。经过1次指切，肿胀瘀血可明显消退，如消退不理想，可重复指切1次。指切时患者有疼痛感，应嘱其配合。按摩完后，加压固定。④3~4天后，肿已消退，则改用在足踝及小腿部做抚摩、揉、揉捏、摇晃等手法，再加指针足三里、解溪、昆仑、太溪等穴。

（4）在损伤的中后期，可以使用肌内效贴布，减轻局部疼痛、消除肿胀、稳定踝关节。

1）减轻疼痛：采用X形贴布（自然拉力）。

摆位：患者舒适体位。

X形贴布贴法：中间锚固定于踝关节痛点，尾向各端延展（见图7－14）。

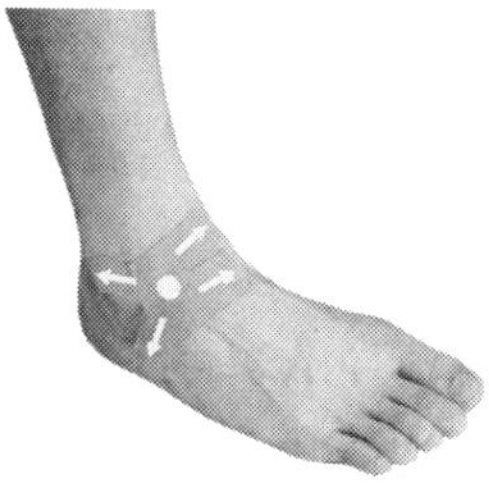

图7－14　X形贴布贴法

2）消除肿胀：采用两条爪形贴布（自然拉力）。

摆位：患足跖屈位（或患足踩至水平面，足跟向前滑动），可略内偏（见图7－15）。

爪形贴布贴法：一条贴布，锚固定于外踝上方，多尾向远端患足肿胀处延展。另一条贴布，锚固定于内踝上方，多尾向远端患足肿胀处延展。两条贴布如双手交叉状包覆于肿胀处（见图7－16）。

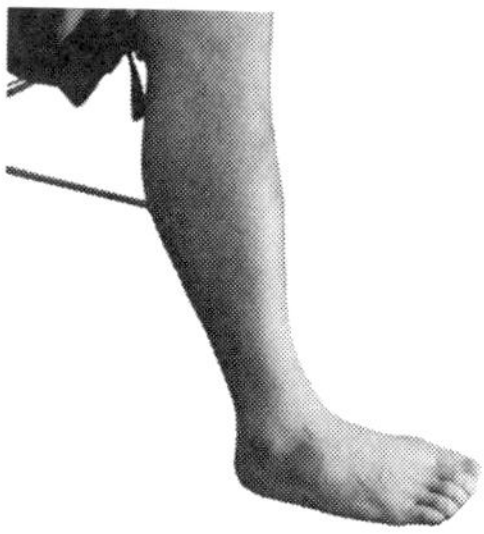

图7－15　摆位

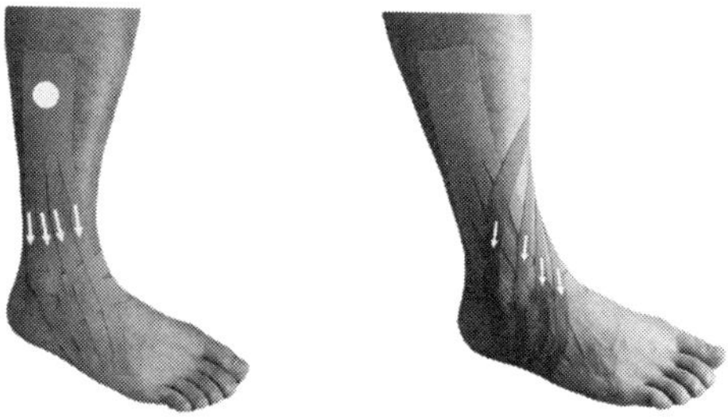

图7－16　爪形贴布贴法

3）稳定踝关节：采用I形贴布（自然拉力及中度拉力；也可用自然拉力及极限拉力）。

摆位：踝足中立位。

I形贴布贴法：以足踝旋后扭伤的患者为例，锚固定于外踝直上，用自然拉力垂直向下延展，绕过足底后用中度拉力，止于内踝直上处（见图7－17）。足踝旋前损伤患者锚、尾与之相反。

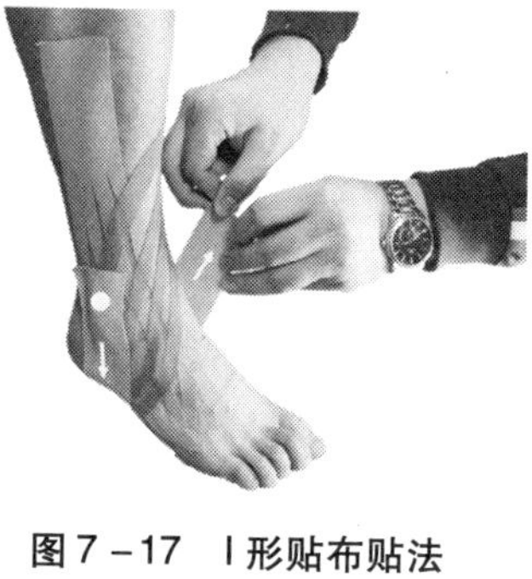

图7－17　I形贴布贴法

（二）韧带完全断裂

踝关节韧带完全断裂一般无须手术治疗，伤后用铁丝托板固定踝关节。旋后位受伤将足固定在旋前位；旋前位受伤，将足固定在旋后位。3 ~4 周后解除固定，配合中药内服、熏洗和按摩等治疗，并加以功能锻炼。必要时才需手术修补韧带。

四、伤后训练

急性期应抬高患肢，固定休息。肿痛减轻后，即应在粘膏支持带或弹力绷带固定下着地行走或扶拐行走。1 ~2 周后可进行肌肉拉伸和力量练习。其中下肢前、后肌肉的放松练习可以合理使用泡沫轴，具体办法参见网球腿和疲劳性骨膜炎。外侧副韧带损伤时应着重腓骨肌练习，内侧副韧带损伤时着重胫骨后肌的练习。

第五节 踝关节创伤性关节炎

踝关节创伤性关节炎多见于足球、体操、跳伞、篮球、滑雪、田径等运动项目运动员，而以足球运动员最常见，以及体力劳动者、舞蹈演员等，故本病又称为足球踝。

一、损伤机制

慢性劳损是踝关节创伤性关节炎的主要原因。主要损伤机制是踝关节超常范围的不合理活动，即踝关节过度的背伸、跖屈、内翻或外翻活动，使胫骨前缘与距骨颈、胫骨后唇与距骨后突、胫骨下关节面与距骨上关节面之间反复碰撞、挤压，导致软骨或骨组织的慢性劳损。如正脚背踢球或踝支撑时，踝关节过度跖屈、背伸，使胫骨远端前后缘分别与距骨颈或后突反复撞击、挤压，胫距关节面磨损而发病。体操前空翻落地时，足突然跖屈，以及跳马、平衡木、高低杠的各种高下法落地时，踝的突然猛力背伸与内外翻等，都可使踝关节发生超常范围的不合理运动。

多数学者认为踝关节屈、伸磨损一段时间后，踝关节滑膜即呈现炎症改变。此外，踝关节急性损伤后，过早参加锻炼，因韧带修复不好、关节松弛、肌肉力量不足、关节稳定性差，容易反复损伤，久之则使骨与软骨受到损害。

二、损伤评估

（1）缓慢起病，多无明显的急性损伤史。

（2）疼痛和活动受限是本病的主要症状。疼痛因项目不同不完全一致，可为活动前痛，亦可练多后痛，或做各种动作时痛。活动受限主要是伸屈受限，可有关节交锁或响声。

（3）检查可见踝部轻度肿胀，以踝部前侧肿胀为主。踝关节前后关节间隙压痛，一般与骨赘部位相符。被动伸屈踝关节可产生关节滑膜挤压痛或骨赘撞击痛。有时可扪及关节。

（4）影像学检查。X 线片检查早期无明显异常，后期可见胫骨和距骨颈有骨唇与骨赘形成。

三、处 理

（一）支持带保护

消除病因，严格控制引起踝部疼痛的动作。症状轻者，不一定完全停止踝训练，用肌内效贴布加以保护，减轻局部疼痛、消除肿胀、稳定踝关节。具体办法参见踝关节韧带损伤的肌内效贴布的处理办法。

（二）手法治疗

在足踝部用抚摩、揉、揉捏、摇晃、搓等手法，活动踝关节，可加用解溪、商丘、足三里、太溪、昆仑等穴指针治疗。

（三）理疗和封闭治疗

可选用超声波、超短波透热法或 10% 当归液做直流电离子导入。曲安奈德 10 mg加 2% 的利多卡因 4 mL 做局部痛点注射，每周 1 次，注射 3 ~5 次。

（四）手术治疗

有关节游离体或骨质增生影响踝关节活动者，应手术治疗，摘除关节内游离体，切除骨赘。

第六节 踝关节运动损伤的预防

一、概 述

踝关节由胫骨和腓骨的下端与距骨构成，具有一定的灵活性，同时又要负担体重，需要有相当的稳定性。过度使用与肌肉疲劳、局部肌肉力量不平衡、柔韧性不足等是损伤的危险因素。在要求大范围跑动和急速变向调整步伐的运动中，对踝关节有极高的负荷要求，容易发生损伤。

二、预防措施

踝关节良好的柔韧与力量是功能正常发挥的前提。由于小腿肌肉跨过踝关节，故小腿肌肉的牵拉放松、恢复踝关节的灵活性、加强足外翻与背屈力量、加强小腿三头肌的离心力量以及足底肌群的力量训练，都可以预防踝关节损伤。除此之外，绷带和支持带的使用、平衡能力训练，也经常用于踝关节损伤的预防。

（一）绷带和支持带

绷带和支持带对预防踝关节扭伤具有一定作用。但研究发现，这一类方法对于踝关节健康者预防效果不佳，需要使用其他方法。

（二）平衡能力训练

近年来的研究发现，踝关节本体感觉训练对踝关节损伤的预防特别重要，可用于改善踝关节神经肌肉功能，使用平衡板训练踝关节本体感觉得到了广泛的研究和推广。

踝关节本体感觉训练计划由 14 个基本练习组成，每个练习都有不同的变化。练习分为如下 4 个子类：①不依靠器械的练习；②有球练习；③仅在平衡板上练习；④在平衡板上进行有球练习。训练的等级越高，难度就越大。难度选择应循序渐进，从无器械到有器械，从双脚站立到单脚，从直腿到屈膝再到屈髋屈膝，从静态到动态，抛球时由单手到双手。

1. 无器械

练习 1：单腿屈膝站立。跳换到另一条腿屈膝站立，保持 5 秒。双腿交替重复 10 次。

练习 2：单腿屈髋屈膝站立。跳换到另一条腿屈髋屈膝站立，保持 5 秒。双腿交替重复 10 次。

2. 有球练习

练习 3：2 人 1 组。2 人均单腿屈膝站立。相距 5 米，在保持平衡的前提下抛接球 5 次。然后换另一条腿，重复 10 次。

练习 4：2 人 1 组。2 人均单腿屈髋屈膝站立。相距 5 米，在保持平衡的前提下抛接球 5 次。然后换另一条腿，重复 10 次。

3. 平衡板练习

练习 5：单腿屈膝站立在平衡板上，保持 30 秒之后换另一条支撑腿。双腿交替重复 2 次（见图 7－18）。

图 7－18　平衡板练习

练习 6：单腿屈髋屈膝站立在平衡板上，保持 30 秒之后换另一条支撑腿。双腿交替重复 2 次。

练习 7：保持一只脚在平衡板上的同时另一只脚缓缓迈过平衡板，迈过时保持平衡板处于水平位。双腿交替重复 10 次。

练习 8：双脚同时站在平衡板上，双膝屈曲保持平衡 10 次。

练习 9：单腿站在平衡板上同时膝关节屈曲，保持平衡下做 10 次膝关节屈伸为 1 组。左右腿各重复 2 组。

4. 球和平衡板练习

练习 10：2 人 1 组，其中一人双脚站在平衡板上，保持平衡的同时单手抛接球 10 次为 1 组。两名队员轮流在平衡板上各练习 2 组。

练习 11：2 人 1 组，其中一人单腿屈膝站在平衡板上，另外一个人以同样的姿势站在地面上，保持平衡的同时单手抛接球 10 次为 1 组。两名队员轮流在平衡板上左右腿交换各练习 2 组。

练习 12：2 人 1 组，其中一人单腿屈髋屈膝站在平衡板上，另外一个人以同样的姿势站在地面上，保持平衡的同时单手抛接球 10 次为 1 组。两名队员轮流在平衡板上左右腿交换各练习 2 组。

练习 13：2 人 1 组，其中一人双脚站在平衡板上，保持平衡的同时双手抛球 10 次为 1 组。2 名队员轮流在平衡板上各练习 2 组。

练习 14：2 人 1 组，其中一人单腿屈膝站在平衡板上，保持平衡的同时双手抛球 10 次为 1 组。两名队员轮流在平衡板上左右腿交换各练习 2 组（见图 7－19）。

图 7－19　平衡板抛接球练习

5. 注意事项

练习不应引起身体不适。按训练计划练习之后如果出现踝部疼痛，应减少练习的组数或者降低难度。训练期间，踝关节不需要支持带或者贴布保护。把练习放在热身活动期间进行，每一次的热身练习时间应该至少持续 5 分钟。每周完成整个练习的一个子类，如果该子类已经完成，当周不能再次选择同样的练习内容。

复习思考题

1. 什么是网球腿？
2. 网球腿有哪些表现？
3. 胫腓骨应力性骨膜炎与骨折的损伤机制是什么？
4. 胫腓骨应力性骨膜炎有哪些表现？
5. 胫腓骨应力性骨膜炎如何处理？
6. 跟腱周围炎有哪些表现？
7. 踝关节有哪些韧带？
8. 踝关节韧带损伤有哪些表现？
9. 踝关节创伤性关节炎有哪些表现？
10. 踝关节运动损伤的预防方法有哪些？

第八章
颈部与躯干部常见运动损伤

第一节　颈椎病

颈椎病是由于颈椎间盘的退行性改变、黄韧带肥厚变性及颈椎骨质增生等继发性改变，使颈神经根、椎动脉、颈髓、交感神经等受压或受刺激后产生的一系列临床综合征。多见于游泳、体操、排球等运动项目运动员，发病原因一般与颈部劳损有关。

一、损伤机制

（1）颈椎间盘变性，继发椎间隙狭窄，脊柱活动时稳定性下降，引起椎体、前后纵韧带、黄韧带及颈韧带等变性、增生和钙化等，压迫或刺激神经、血管、脊髓等而出现临床症状。

（2）急慢性损伤。急性损伤后局部组织出血、水肿，使原已损伤或退变的颈椎和椎间盘损伤加重，而诱发颈椎病。慢性损伤可因旧伤未愈，加之颈部劳损积累，产生无菌性炎症，颈椎及其周围组织发生退行性改变而出现颈椎病。这是运动员发病的主要原因之一。

（3）颈椎先天性椎管狭窄。在此基础上，即使较轻的颈椎退行性改变也可以出现压迫症状。

二、损伤评估

根据症状、体征，一般将颈椎病分为6种类型：神经根型、脊髓型、椎动脉型、交感神经型、颈型和混合型。

（一）神经根型颈椎病

此型颈椎病发病率最高。临床表现开始多为肩颈痛，并向上肢放射。皮肤可有麻木、过敏等异常感觉。同时可有上肢肌力下降、手指动作不灵活等表现。

检查可见，患者颈部僵硬，活动受限。受累神经支配区皮肤感觉减退或消失，肌反射减弱，握力下降。颈椎棘突旁有压痛。检查方法有臂丛神经牵拉试验、椎间孔挤压试验、颈椎间孔分离试验。

臂丛神经牵拉试验：患者坐位，检查者一手扶患者头部，另一手握患者腕部，然后两手呈反方向推拉，若患者感觉肩颈部疼痛或麻木并向上肢放射则为阳性（见图8－1）。

椎间孔挤压试验：又称压头试验。患者坐位，头偏向患侧稍后伸，检查者双手于患者头顶部向下按压，患者出现颈部疼痛并向手部放射则为阳性（见图8－2）。

颈椎间孔分离试验：也可称为颈引伸试验。对疑有颈脊神经根疼痛患者，令其端坐，术者双手分别托住患者下颌及枕部，逐步向上牵引，若上肢麻木疼痛感减轻或消失者为阳性，表明颈脊神经根在椎间孔内受到卡压，提示有椎间盘病变、椎间孔缩小使神经根受压等（见图8－3）。

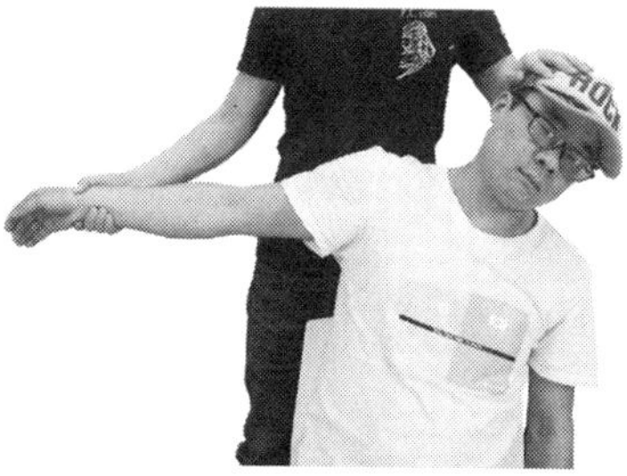
图 8－1　臂丛神经牵拉试验

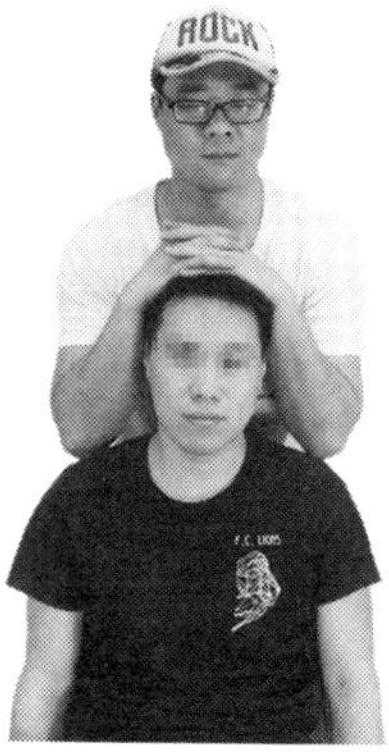

图 8－2　椎间孔挤压试验

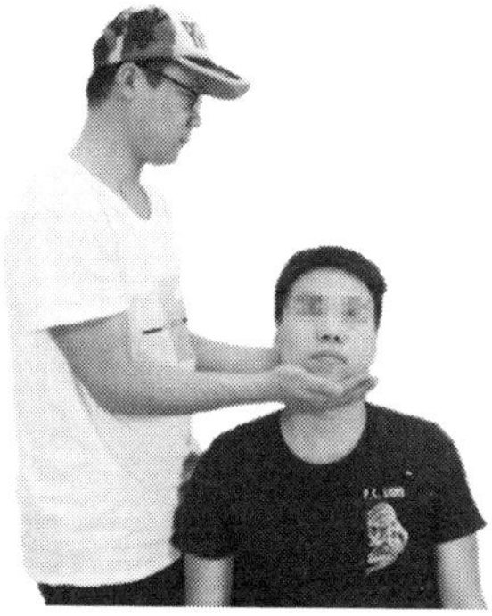
图 8－3　颈椎间孔分离试验

X 线检查可见颈椎生理前凸消失、椎间隙变窄等征象。CT 或 MRI 可见神经受压的情况。

（二）脊髓型颈椎病

多为慢性发病，逐渐加重。临床上表现为侧束、椎体束损害。颈痛不明显，有一侧或双侧下肢疼痛，四肢乏力，行走、持物不稳。

检查可见颈部活动受限不明显，无棘突压痛，椎间孔挤压试验和臂从神经牵拉试验多为阴性。腱反射亢进，四肢肌张力增大。Hoffman 征阳性、Babinsiki 征阳性。严重者有髌骨与踝阵挛，腹壁反射、提睾反射、肛门反射减弱。

CT 检查可明确诊断，并对脊髓压迫的部位准确定位，且可见有无椎管狭窄。

（三）椎动脉型颈椎病

眩晕为本型颈椎病主要症状，常与颈部的旋转活动有关。还多有头痛并常伴有恶心、呕吐、耳聋、视物不清、口唇麻木等症状。有时在头部突然旋转或屈伸时发生猝倒。神经检查可无异常表现。

脑血流图检查：可见脑供血不足，血管弹性降低。

CT 检查可显示左右横突孔大小不对称，一侧相对狭窄。

（四）交感神经型颈椎病

本型颈椎病以头颈和上肢的交感神经功能异常为主要临床表现。表现为偏头痛或头痛，头晕有时伴恶心、呕吐、视物模糊、彩视、眼后部胀痛；心跳加速、心律不齐、心前区痛、听力下降等交感神经兴奋症状。交感神经抑制症状表现为头昏、眼花、心动过缓、血压下降及胃肠胀气等。

（五）颈型颈椎病

表现为肩颈部疼痛、压痛、肌紧张，颈部活动受限。

（六）混合型颈椎病

同时有两种或多种类型的症状出现，称为混合型颈椎病。

三、损伤处理

颈椎病的治疗目的，首先是消除临床症状，其次是恢复功能和防止复发。主要有非手术治疗和手术治疗两种方法。

（一）非手术治疗

1. 牵　引

患者采取坐位或卧位，颌枕带牵引，这是治疗神经根型颈椎病的有效措施，对脊髓型、椎动脉型颈椎病应慎用。每次牵引时间为 30 分钟，牵引重量开始可为 3～4 千克，适应后可逐渐加为 8～10 千克，每天 1 次，10 次为一疗程。

2. 推拿按摩

在肩颈、背部采用抚摩、揉、揉捏、提拿、弹拨法，配合指针天宗、阿是、阳溪穴等。

3. 颈部围领

针对脊髓型和椎动脉型颈椎病，戴围领可减少颈部活动，防止症状加重。

4. 针　灸

中医辨证取穴。

5. 理　疗

超声疗法，透热疗法，直流电、交流电疗法，低频脉冲。

6. 肌内效贴布

颈椎病出现的肌肉紧张、肌肉无力、姿势不良等问题可用肌内效贴布进行对症治疗。以常见的颈部肌肉紧张为例，通过贴扎可以减轻疼痛，改善局部循环，放松紧张肌肉。

（1）减轻疼痛。采用 X 形贴布（自然拉力）。

摆位：坐位。

X 形贴布贴法：中间为锚固定于颈部痛点，尾向两端延展贴上（见图 8－4）。

（2）放松半棘肌。采用 Y 形贴布（自然拉力）。

摆位：下颌内收，颈屈曲（见图 8－5）。

Y 形贴布贴法：锚固定于发际下方，两尾沿脊柱两侧分别延展至上胸椎两侧（见图 8－6）。

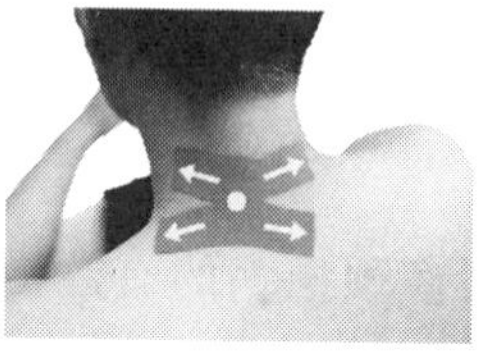

图 8－4　X 形贴布贴法

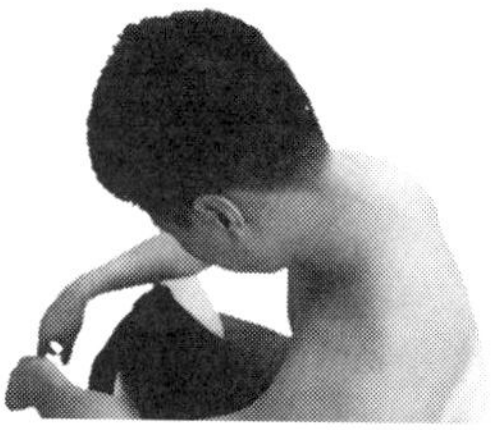

图 8－5　放松半棘肌摆位

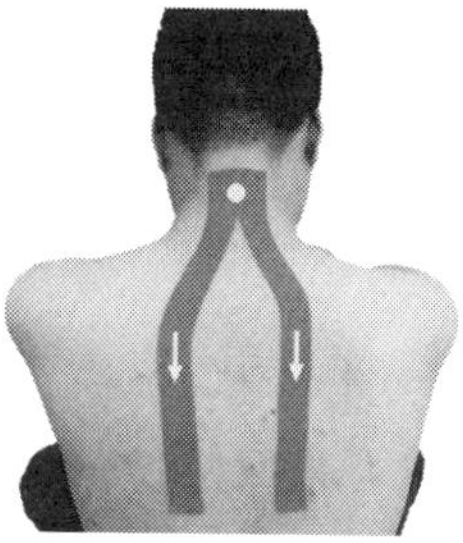

图 8－6　Y 形贴布贴法

（3）放松斜方肌。采用 Y 形贴布（自然拉力）。

摆位：头向贴扎对侧侧屈（见图 8－7）。

Y 形贴布贴法：锚固定于肩峰，两尾分别延展于枕骨隆突及后背部（见图 8－8）。

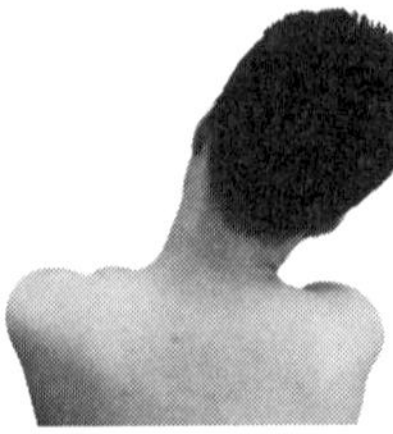

图 8－7　放松斜方肌摆位

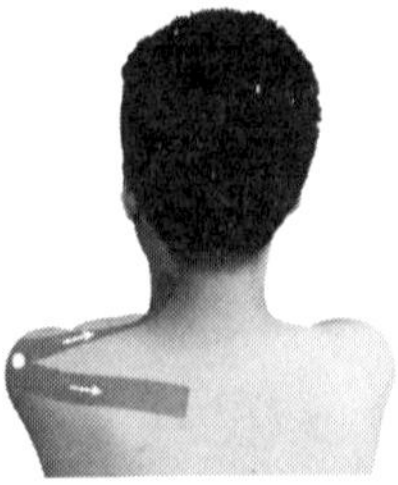

图 8－8　Y 形贴布贴法

(4) 放松胸锁乳突肌。采用 Y 形贴布（自然拉力）。

摆位：头向贴扎对侧侧屈，可适度向贴扎侧旋转（见图 8－9）。

Y 形贴布贴法：锚固定于乳突，两尾分别延展于胸锁关节处和锁骨内 1/3 处（见图 8－10）。

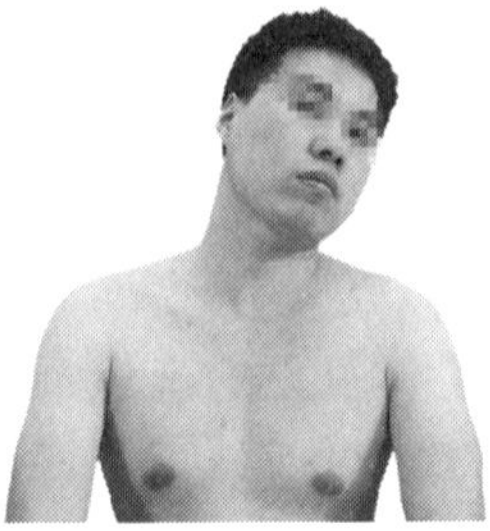

图 8－9　放松胸锁乳突肌摆位

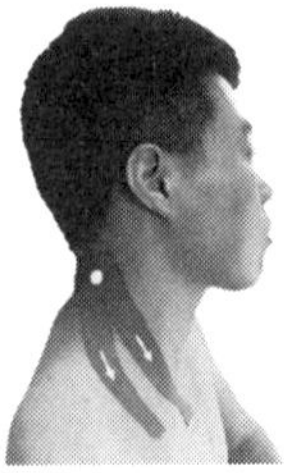

图 8－10　Y 形贴布贴法

注：评估患者的具体情况，可根据临床实际组合以上贴扎方法。

(5) 运动疗法。颈椎病的运动疗法主要是做专门的医疗体操练习。各型颈椎病在症状基本缓解时，可开始做医疗体操，以促进症状的进一步缓解或巩固治疗。椎动脉型颈椎病在运动时颈部旋转运动宜轻柔缓慢，应适当控制。

（二）手术治疗

一般来说，神经根型和椎动脉型颈椎病经过非手术治疗，症状可以缓解甚至消失。但对于症状严重、反复发作的患者，或脊髓型颈椎病症状进行性加重者应施以手术治疗。

手术目的：切除对脊髓、神经构成压迫的组织、骨赘、椎间盘和韧带，或椎管扩大成形，使脊髓和神经得到充分减压和通过植骨内固定进行颈椎融合，获得颈椎的稳定性。根据不同病症可进行钩椎关节切除脊柱植骨融合术、颈椎前路减压植骨融合内固定术、颈椎后路减压单开门或双开门扩大成形术等。

第二节　急性腰扭伤

急性腰扭伤是由于动作不规范，或外力超过腰部软组织（肌肉、韧带、筋膜）的生理负荷，或准备活动不充分、注意力不集中，或肌肉太放松的情况下突然用力，导致肌肉、韧带、筋膜不同程度的纤维断裂等一系列变化而引发的病症。

90%的腰扭伤部位发生在腰骶部和骶髂关节部，是很常见的运动性损伤。

一、损伤机制

（1）在弯腰过程中膝位猛然提起重大的物体，物体重心远离躯干，结果常会引起骶髂部肌肉、韧带或筋膜的撕裂。

（2）脊柱过伸、过屈、过度扭转，均可发生腰部肌肉的损伤。乒乓球运动员大力抽球时，腰部肌肉强力收缩以对抗外力，一旦抽球落空，往往很容易腰扭伤；举重运动员挑战超重杠铃，腰部肌纤维收缩募集不充分，或肌力不足，也容易腰扭伤。此外，在无精神准备的情况下，某些转身、弯腰可能因为轻微外力撞击，使腰部突然受力，加上一些先天性畸形，如脊柱体两侧小关节方向不对称等，均可引起急性腰扭伤。

（3）肌肉的疲劳状态、肌肉的柔韧性不足、腹肌和背肌肌力的不平衡等因素也是引起急性腰扭伤的内在原因。

二、损伤评估

（1）有明显急性受伤史。

（2）症状：受伤即刻会有腰部组织撕裂感及一种裂帛响声，随即出现腰部刀割样或撕裂样疼痛，并可牵涉臀部以下。次日，腰骶部疼痛加重，肌肉痉挛，不能直立，活动受限。咳嗽、深呼吸和大小便都导致疼痛加剧。也有些患者扭伤当时疼痛不甚剧烈，1～2 天后才出现腰部剧痛。

（3）体征：检查可发现在腰骶关节、髂嵴后部、腰肌及第 3 腰椎横突尖有压痛点。腰部肌肉肿胀和疼痛引起的保护性肌痉挛反应，引起腰椎生理弯曲消失。单侧肌肉痉挛时，可出现腰椎侧弯。

（4）X 线检查：通常无特殊异常发现。有时少数斜位 X 线片可见关节突骨折、棘上韧带和棘间韧带撕裂征象、腰椎关节突关节半脱位、后纵韧带及椎间盘后部撕裂等。

三、处　理

（一）休　息

急性期，应卧床休息（腰后垫小枕），以促进撕裂的软组织修复及瘀血的吸收。症状减轻后可下床，在不引起疼痛加重的情况下，进行一些轻微活动，以减少粘连和促进血肿吸收。

（二）按摩治疗

以舒筋活络、解痉止痛为目的。按摩手法不宜过重，可采用表面抚摩、揉按法、提捏骶棘肌、扳腿按腰等手法，用力均可达深部，每天 1 次。

（三）理　疗

伤后 24 小时内可进行冷敷，在伤后 3～4 天开始理疗，包括热敷、蜡疗、电疗等可解除肌肉痉挛和促进局部血循环。

（四）药　物

消炎止痛类药、镇静剂及肌肉解痉类药等，如芬必得、扶他林、舒筋灵或氯唑沙宗等；中药可用云南白药、七厘散、跌打丸等。

（五）肌内效贴布

贴扎肌内效贴布可早期介入，通过放松腰部拉伤肌肉、减轻疼痛、促进核心肌肉稳定等达到治疗作用。具体方法如下。

（1）放松腰方肌。采用Y形贴布（自然拉力）。

摆位：坐位，身体前屈，弓背（见图8－11）。

Y形贴布贴法：锚固定于髂骨边缘，一尾贴布以自然拉力，沿腰方肌走向延展至第12胸椎；身体向对侧旋转，另一尾贴布以自然拉力延展至第12肋骨位置（见图8－12）。对侧贴法相同，可根据情况选择单侧或双侧贴扎。

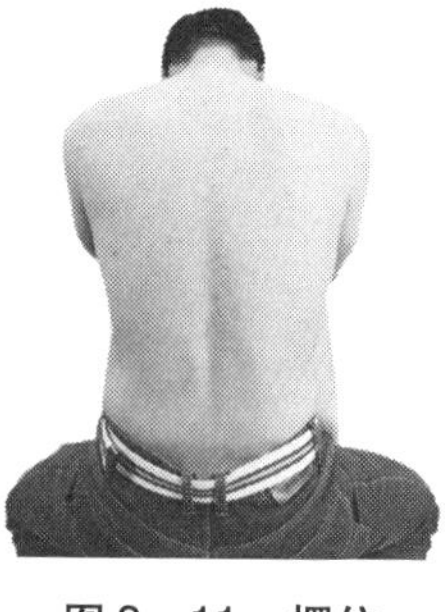

图8－11　摆位

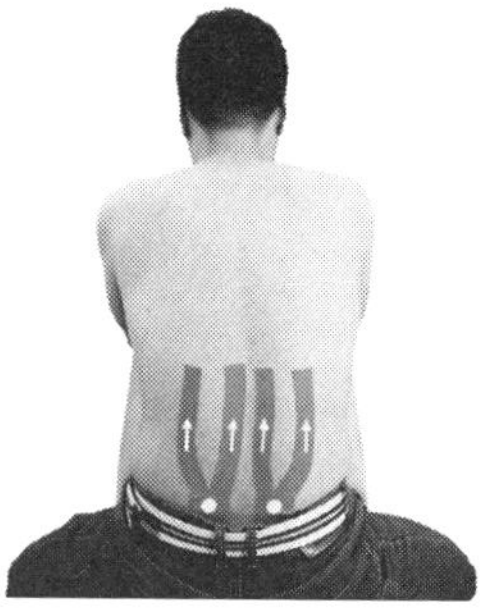

图8－12　Y形贴布放松腰方肌贴法

（2）促进腹外斜肌。采用I形贴布（自然拉力）。

摆位：站立位，手臂上举，身体向贴扎侧旋转（见图8－13）。

I形贴布贴法：锚固定于背部第10～12肋骨，尾沿腹外斜肌走向延展至髂前上棘内侧（见图8－14）。对侧贴法相同，促进腹外斜肌应两侧同时贴扎。

锚最先贴扎固定端，尾示贴扎延展方向。

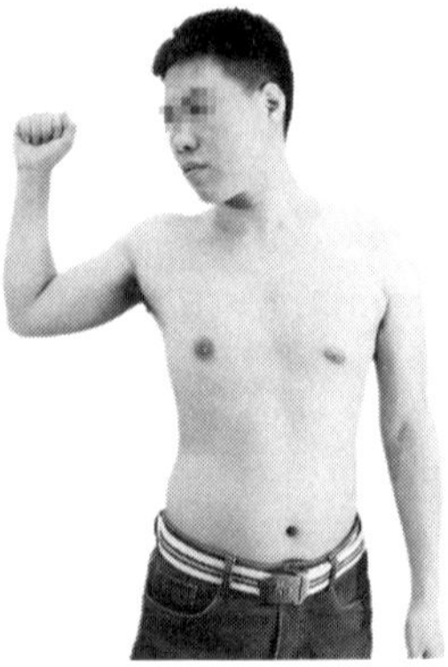

图 8－13　摆位

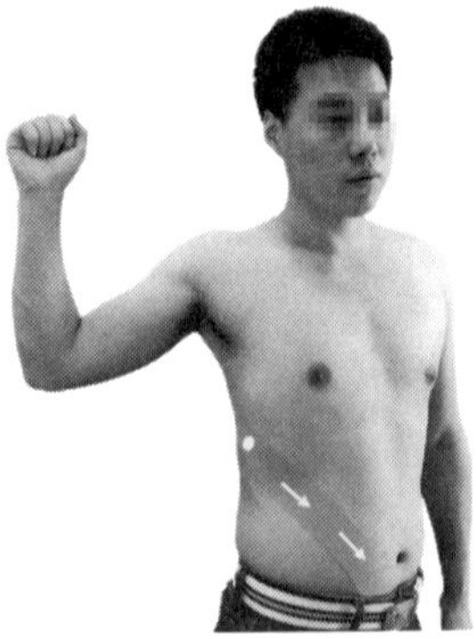

图 8－14　I 形贴布腹外斜肌促进贴法

第三节　腰背部肌肉筋膜炎

腰背部肌肉筋膜炎是运动员腰、背部出现慢性疼痛的重要原因，常因腰背部软组织细微损伤积累或急性损伤不愈迁延而致。临床又有腰背肌肉劳损、腰背部纤维质炎、腰背筋膜疼痛综合征等称谓。发生于腰部的慢性疼痛，通常又称为“腰肌劳损”。腰背部肌肉筋膜炎的发病十分广泛，在运动员和普通人中都非常多见，此病约占门诊病例的 10%，占腰痛病例的 60%。

一、损伤机制

腰背部肌肉筋膜炎的病因至今尚不明确。一般认为创伤、维生素 E 缺乏、感染、发烧，甚至精神紧张都可引起该损伤。运动员患此疾多为急性腰伤未愈迁延而致，或细微损伤积累所致。运动后出汗受风、寒、湿侵袭也是此病的重要诱因。

（一）腰、背部长期负荷过重或姿势体位不良

举重、投掷、体操、划船等专项的运动员，经常需要腰部发力以完成该专项所要求的技术动作。射击、棋类等项目的运动员需要腰部长时间固定，以维持身体的某一特殊姿势体位。运动中，当局部负荷量长期过重，腰背部肌肉就会因疲劳而发生持续痉挛，致筋膜内的肌张力增高；而长期的筋膜受牵拉及肌鞘内压力增高，致局部供血下降，肌肉营养代谢障碍，可出现肌纤维变性、小血管扩张、炎症细胞浸润等慢性炎症反应。神经受到周围变性组织的粘连或炎性刺激，是引起慢性腰痛的重要原因。

（二）急性腰扭伤迁延或反复损伤

急性腰损伤后未等彻底治愈即过早投入训练，以至于迁延成慢性损伤，或一次急性损伤尚未治愈又反复再伤是运动员发生此伤最常见的原因。伤后由于组织撕裂，局部血肿吸收不良，致瘢痕修复粘连压迫附近的神经，引起疼痛。此外，急性腰部扭伤有可能引起筋膜撕裂，筋膜下的脂肪从裂隙渗出，形成脂肪疝。裂隙的瘢痕修复和脂肪疝的压迫，均可累及周围的神经，使该处出现慢性疼痛。

（三）腰背部肌肉力量薄弱

肌肉力量不足承受负荷的能力就相对较差。腰背肌力薄弱者，运动中容易过早地发生肌肉疲劳，也易使局部负荷相对增大，从而引发此伤。女性、体形瘦长者或平时缺乏锻炼者，一般腰、背肌肉的力量相对较差，是运动中易患腰伤的潜在群体。这些人如若平时不注意加强腰、背、腹肌的力量训练，运动中就容易发生腰背部损伤而引起腰痛。

（四）腰背部受风、寒、湿侵袭

在训练后身体尚大量出汗的情况下，运动者未及时更换衣服，就立即吹风、洗冷水澡，或为贪图一时的痛快，躺在湿凉的地上，使发热的腰背部突然着凉。腰背部受风、寒、湿侵袭后，局部肌肉痉挛、小血管收缩，影响肌肉的营养供给。长期的营养代谢障碍，可引起组织变性，导致慢性腰痛。

（五）脊柱先天性畸形

脊柱的先天性畸形有隐性脊柱裂（骶椎裂、峡部裂）、腰椎骶化、骶椎腰化、后关节突不对称等。脊柱的先天畸形可引起局部解剖结构的异常，使该部位肌肉、韧带的附着位置发生改变，导致骨杠杆及肌肉用力方向发生变异，引起腰背部肌力的平衡失调。长期的肌力失衡，会使某一侧的韧带和肌肉处于长时间紧张收缩或被牵扯状态，久之可发生局部组织变形而致劳损。

二、损伤评估

病人主要表现为腰背部的自发性疼痛。本病起病缓慢，病程反复。患病初期仅感腰背部酸楚不适及发沉，后疼痛逐渐明显，当身体固定某一姿势（如站、坐、卧）时疼痛加重，更换体位、按摩或运动后疼痛减轻。不少人疼痛或麻感窜向臀部及大腿后外侧，或向颈背部放射。

检查可见局部肌张力增高。背肌筋膜炎的压痛点多见于背部两肩胛骨之间，腰肌筋膜炎则多见于第 3 ~5 腰椎两侧骶棘肌外缘、第 1 ~3 腰椎横突或髂后上嵴臀上皮神经出口处。多数脊柱生理曲线及活动范围正常。有的患者在进行腰前屈、提肩胛或内收肩胛活动时腰背部沉重，个别人在患处可摸到硬结或条索状物。有的人疼痛沿坐骨神经支配部位放射，易与腰椎间盘突出症相混淆。可用1% ~2%的普鲁卡因痛点局部封闭进行鉴别，此症在局部封闭后疼痛即可减轻或消失。

三、处　理

首先应努力去除劳损的病因，加强预防措施，因其病因复杂，须仔细审因辨证，积极地给予正确治疗。多采用按摩、针灸、药物和功能锻炼等综合方法治疗，可取得良好的效果。

（一）按摩疗法

从背部至臀部先做大面积抚摩，再由上而下在脊柱两旁做推、揉、按压、搓、滚等手法，力量由轻到重，再用双手拇指指针刺激阿是、腰眼、肾俞、八髎、环跳、委中、昆仑等穴。以掌根按揉第 2、第 3 腰椎旁，并从上而下用手掌施行擦法，直到皮肤发热；还可在压痛点和硬结处用拇指做弹拨等强刺激；然后，采用侧卧斜扳法或屈腿、屈腰法扳腰；最后以抚摩结束。

（二）牵　引

牵引可消除肌肉痉挛和局部组织的粘连。一般可采用卧位电脑程控电动机械牵引和自体倒悬垂直牵引等方法。特别是电脑程控电动机械牵引，其牵引力量、持续时间和间隙时间均可根据患者情况预先设定，对放松腰部肌肉有较好的效果。

（三）泡沫轴

用泡沫轴进行腰背部肌肉放松可以缓解症状，同时进行大腿前肌群放松，效果更佳。

腰方肌放松方法，以左侧为例，开始位置：左侧卧，将泡沫轴放在左侧肋骨下方的位置。左手屈肘 90°，支撑于左肩前方；右手屈肘，支撑于泡沫轴。左腿伸直，右腿屈膝 90°，支撑于左腿后侧；臀部离地（见图 8－15）。

放松方法：右腿用力，膝关节伸展，带动身体向前上移动，使泡沫轴滚动至骨盆的位置。左手做支撑，右腿膝关节小幅度伸展带动身体移动即可，保持左侧腰部始终在泡沫轴上。

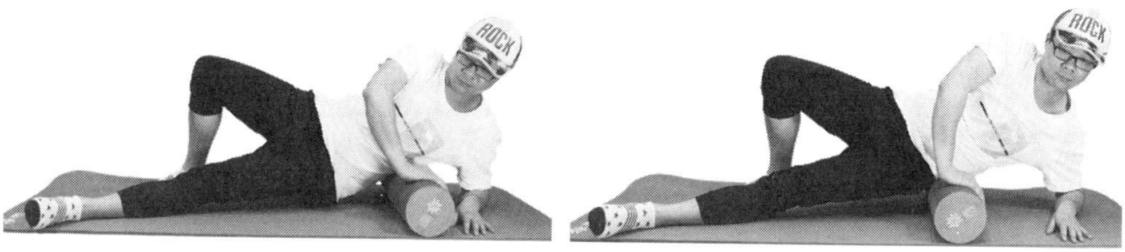

图 8－15　泡沫轴放松腰方肌

腰部竖脊肌放松方法，开始位置：坐姿，将泡沫轴放在下背部的位置。肘微屈，双手支撑地面于身体后方。双腿膝屈髋屈支撑于地面。背部挺直身体向后倾，臀部离地。

放松方法：双腿用力，身体向后倾带动身体向后上移动，使泡沫轴滚动至靠近骨盆的位置，移动时保持收紧腹部，不要弓背（见图8－16）。如有下背部疼痛，应在训练前咨询治疗师。

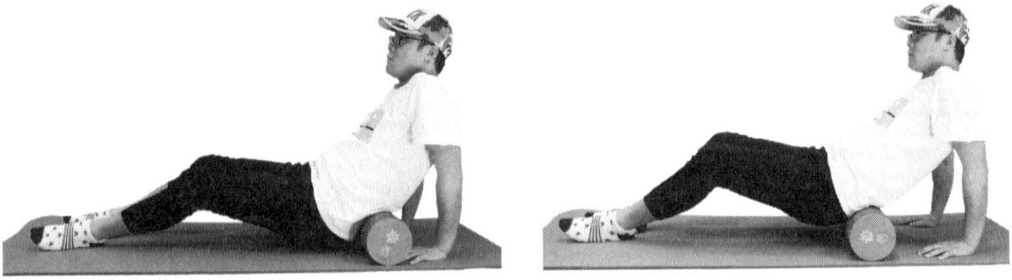

图8－16　泡沫轴放松竖脊肌

（四）拉　伸

如果存在下交叉综合征，可参照下交叉综合征进行相应肌肉的拉伸。

（五）肌内效贴布

贴扎可增加感觉输入，引导肌肉并矫正姿势，促进核心稳定，从而达到缓解症状的目的。

（1）促进竖脊肌。采用Y形贴布（自然拉力）。

摆位：坐位，身体微前屈，双手支撑于椅背或床面。

Y形贴布贴法：锚固定于腰骶部，两尾沿脊柱两侧向上延展至下段胸椎旁（见图8－17）。

（2）促进腹外斜肌。采用I形贴布（自然拉力）。

摆位：站立位，手臂上举，身体向贴扎侧旋转（见图8－18）。

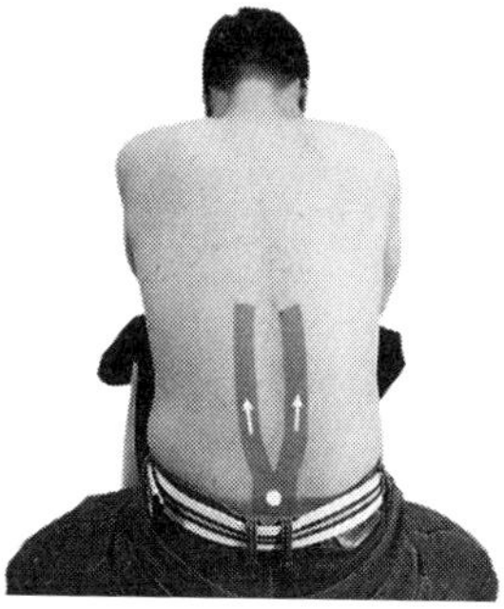

图 8-17　Y 形贴布促进竖脊肌贴法

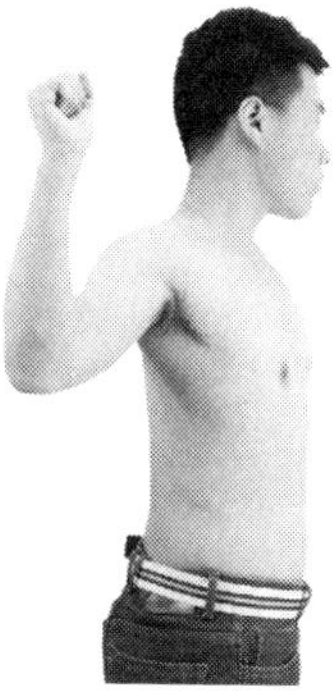

图 8-18　摆位

I 形贴布贴法：锚固定于背部第 10 ~ 12 肋骨，尾沿腹外斜肌走向延展至髂前上嵴内侧，对侧贴法相同，应两侧同时贴扎（见图 8-19）。

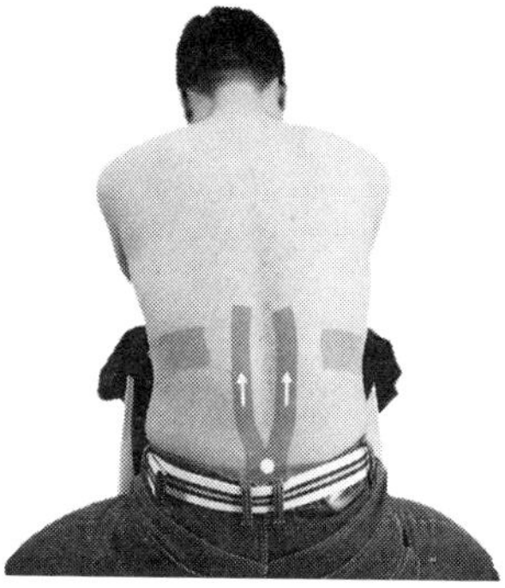

图 8-19　最终效果图

（六）功能练习

加强腰肌、腹肌肌力和伸展性的锻炼，对增强肌肉弹性和耐力，提高脊柱的稳定性、灵活性，松解局部组织的粘连都是有益的。

竖脊肌是维持直立姿势、对抗重力的主要肌群，其在腰肌劳损恢复训练中的作用十分重要。但拮抗肌——腹肌的作用也不容忽视，只有腹肌与竖脊肌保持适当平衡才能维持良好姿势及保持腰椎的稳定。强有力的腹肌能提高腹内压，矫正腰椎过度前凸及骨盆的骶骨过度前倾，提高下腰椎的稳定性。

有研究表明提起重物时腹肌的有力收缩使腹内压增高，产生抗垂直压缩的作用，可以降低需要的竖脊肌收缩强度，从而使脊柱的纵向应力负荷量降低 15% ~ 30% 。因此，腰肌肌力和伸展性的锻炼应与腹肌的锻炼协调进行。

四、预　防

合理安排局部负荷，保持良好的站、坐、行姿和正确的运动姿势。若因运动技术动作的需要，必须长时间固定身体在某一体位时，应经常进行交叉体位的练习，使不同肌群轮换休息，避免局部过劳。在全面训练的基础上加强腰、腹、背肌的训练，以保持脊柱的稳定，避免腰伤发生。积极治疗急性腰扭伤，在急性伤未完全康复的情况下，不宜过早恢复训练，避免重复受伤。局部负荷较重者或活动范围较大者，应正确使用腰部保护支持带。运动前做好充分准备活动，运动后避免受风、寒、湿的侵袭，采用积极的放松手段，学会腰背部自我按摩的方法，以便及时消除局部疲劳。鉴于有研究表明，腰肌劳损多见于脊柱先天性畸形者，故那些要求脊柱频繁活动或承力较大的运动项目，在选材时应注意进行腰部的X线检查。

第四节　腰椎间盘突出症

腰椎间盘突出症是指腰椎间盘在某些暴力性致伤因素影响下，纤维环部分或完全破裂，连同髓核向外突出或脱出，压迫或刺激相应部位的脊神经根或脊髓，导致腰痛，伴一侧或双侧坐骨神经放射性疼痛的一组临床综合征。腰椎间盘突出症是常见的运动损伤之一，多见于举重、跨栏、投掷和体操运动员，严重影响体育教学与训练。

一、损伤机制

腰椎间盘随着年龄的增长呈退行性改变，随之周围韧带松弛，形成腰椎间盘突出的内在不稳因素。在腰椎间盘增龄性退行性改变基础上，外力因素影响时，椎间盘髓核极易从有退行性改变、出现裂隙的纤维环薄弱的后侧部突出，压迫脊髓或神经根而出现本病。而体育运动中，缺乏良好的医务监督，或专项技术动作未能与局部解剖生理特点相适应，或腰部动作不正确，均是诱发本病发生的主要因素。如举重运动员举重时前屈扭转或突然变换体位，对腰椎间盘产生扭转暴力，即可导致本病的发生。体操运动员等脊柱屈伸旋转姿势不当，也易发生腰椎间盘突出。

二、损伤评估

（一）受伤史

多为 20 ~60 岁的人士发病，约 2/3 病人有明显的外伤史。运动员发病多因腰部某一动作致伤而急性发病。

（二）症　状

腰痛伴下肢坐骨神经放射痛是本病的主要症状。咳嗽、打喷嚏、排便或久站、久坐时加重；也可仅出现腰痛或腿痛，少数病例偶有两侧腿痛或交替痛，有的病人有间歇性跛行表现。

（三）检　查

腰椎侧凸呈 S 形，亦可平直或后凸。脊柱活动受限，尤以伸展受限明显。有 1/3 病人出现骶棘肌痉挛。在腰椎某处的横突间或棘突旁可有局限性深压痛点，用力按压或叩击时出现向患侧下肢的放射痛。这对定位腰椎间盘突出症的病变部位有临床意义。

直腿抬高试验：患者仰卧，检查者将其一侧腿直抬起，有腿或足麻、痛者即为阳性（见图 8 –20）。

图 8-20 直腿抬高试验

直腿抬高加强试验：又称直抬腿勾脚试验，方法与直腿抬高试验相同。当直腿抬高出现腿足痛或麻时，稍稍降低腿的高度，症状消失，此刻如果将足背伸（勾脚），下肢串麻疼痛症状又出现，即为阳性（见图 8-21）。

图 8-21 直腿抬高加强试验

股神经牵拉试验：患者俯卧，患腿膝关节屈曲 90°，检查者将其小腿上提，出现大腿前面疼痛者即为阳性。在腰 2-3、腰 3-4 椎间盘突出症时，本试验为阳性；而腰 4-5、腰 5-骶 1 椎间盘突出症时，本试验为阴性。

（四）神经定位检查

可见有腰5－骶1支配区的肌肉功能减低，如踝关节及趾背伸力减弱或趾及踝关节跖屈力减弱，膝反射及踝反射改变，股内侧肌（见于腰3、腰4椎间盘突出）、小腿前外侧肌群（腰4、腰5椎间盘突出）及腓肠肌（腰5、骶1椎间盘突出）有萎缩。

此外，可能会有括约肌功能障碍，表现为会阴部麻木、排便无力、大小便功能障碍，见于中央型腰椎间盘突出症。

（五）X线检查

可排除有无骨折、结核、肿瘤、增生、类风湿等改变，并显示正位片椎间隙左右不等宽、侧位片正常的前宽后窄变为前后等宽或前窄后宽等。

（六）CT、MRI等检查

可确定诊断并明确病变具体情况。肌电图检查对神经损害的诊断有帮助，并可协助确定损伤节段。

（七）治　疗

1. 非手术疗法

应以非手术疗法为主，非手术治疗的目的是解除重力压迫，清除神经根炎症，从而缓解或消除症状。

（1）卧床休息：卧床休息是最基本保守疗法。可降低椎间盘内压，有利于突出过程的停止及修复；有利于神经根水肿及出血的消除。通常严格卧床3～6周，于症状缓解后可在腰围保护下逐渐坐起、站立或下床活动。

（2）牵引：是治疗腰椎间盘突出症及某些腰痛的常用方法。牵引方法有骨盆带牵引、手法牵引和机械牵引。牵引种类可分为持续牵引、瞬间急骤牵引和自身重量牵引。须注意的是若牵引引起疼痛加剧，呼吸紧迫，或发生心慌、面色苍白、恶心、呕吐等不良反应，应立即停止牵引。由于骨盆牵引带牵引及反悬牵引法牵引头部位置较低，高血压患者应慎用或不用。

（3）理疗：包括短波和超短波透热疗法、红外线疗法、湿热敷、药物离子透入等。

（4）支持疗法：使用腰围或支持带，但不宜长期使用以免腰肌萎缩。

（5）按摩治疗：在腰部和腿部采用抚摩、揉、捏、推压、搓等手法放松腰背肌肉，在环跳、委中、昆仑等穴位做指针刺激，然后用侧位斜扳法、牵引按压法、坐位旋转推棘法、抖法等利用躯干的杠杆作用，将腰椎旋转、屈曲、牵拉利用韧带挤压力使突出物部分还纳以减轻症状。

（6）泡沫轴：可用泡沫轴进行腰、臀、腿部肌肉放松以缓解症状。

（7）贴扎可支持腰部软组织、促进局部血液循环，从而缓解症状，具体可参照下述方案。

1）支持腰部贴法一：采用I形贴布（中度拉力及自然拉力），适用于缓解期。

摆位：坐位，身体微前屈，双手可支撑于椅背或床面。

I形贴布横向贴扎：贴布中段以中度拉力固定于病患椎体处，两尾以自然拉力向左右两端延展（见图8－22）。

I形贴布纵向贴扎：贴布中段以中度拉力固定于病患椎体处，两尾以自然拉力向上下两端延展（见图8－22）。

I形贴布斜向交叉贴扎：一条贴布中段以中度拉力固定于病患椎体处，两尾以自然拉力斜向两端延展；另一条贴布贴扎方向与其垂直，方法相同（见图8－23）。

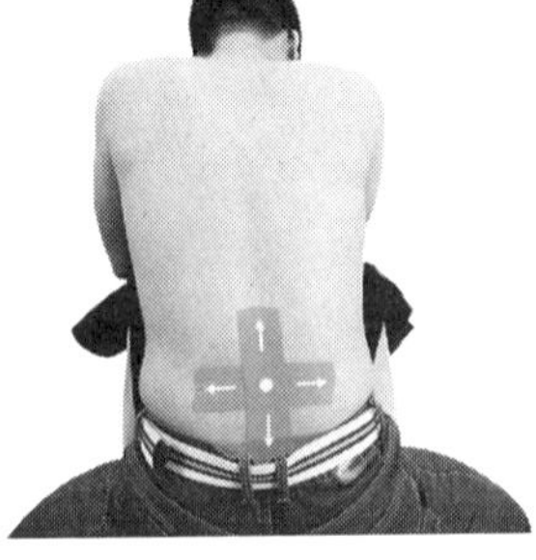

图8－22　I形贴布横向、纵向贴扎

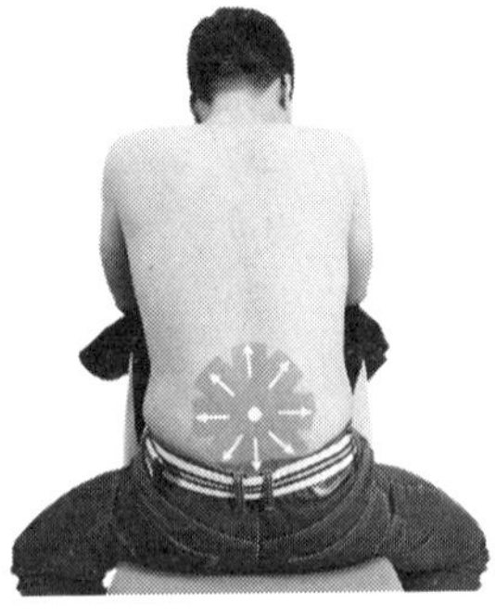

图8－23　I形贴布斜向交叉贴扎

2）支持腰部贴法二：采用I形贴布（自然拉力），适用于急性期。

摆位：坐位，身体微前屈，双手可支撑于椅背或床面。

I形贴布纵向贴扎：三条I形贴布，一条锚固定于腰1棘突处，尾以自然拉力向下延展至骶椎上方；另两条分别贴于脊柱两侧，锚固定于第12肋骨位置，尾以自然拉力向下延展至髂骨边缘（见图8－24）。

I形贴布横向贴扎：一条贴布锚固定于腰5棘突处，两尾以自然拉力向两侧延展；另一条贴布锚固定于胸12棘突处，两尾以自然拉力向两侧延展（见图8－25）。

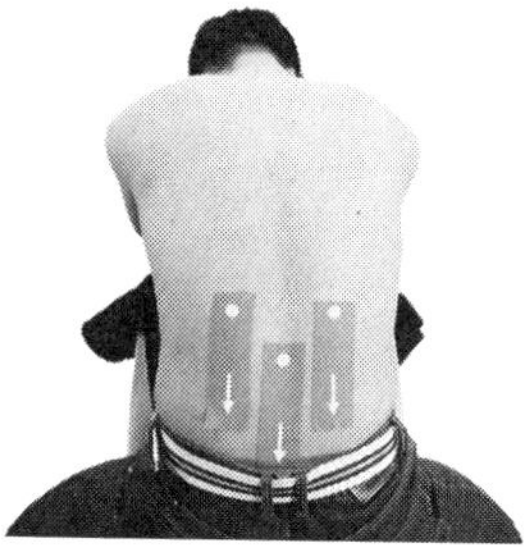

图8－24　I形贴布纵向贴扎

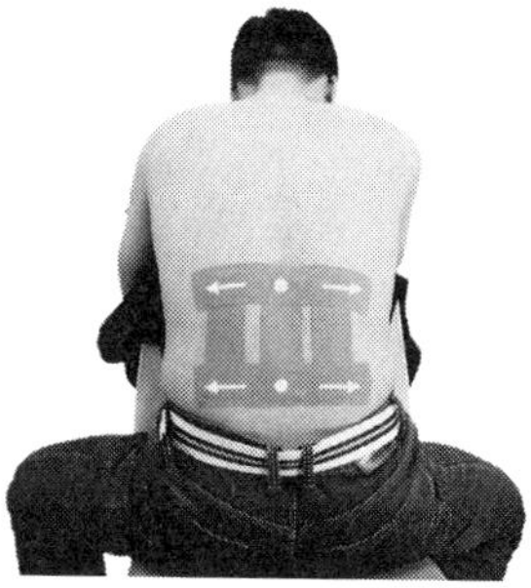

图8－25　I形贴布横向贴扎

（8）其他疗法：如髓核化学融解疗法、脊神经后支电烙术、冷冻术等。

2. 手术疗法及其适应症

以下情况应施以手术疗法：

（1）疼痛严重，非手术治疗半年以上仍无效或反复者；

（2）症状显著，屡次复发，影响生活及工作者；

（3）有神经、肌肉萎缩症状者；

（4）中央型腰椎间盘突出者；

（5）神经根粘连，表现有严重麻木或感觉异常者；

（6）形态学显示突出物巨大，或钙化，或椎管狭窄、侧隐窝狭窄、硬膜囊，或神经根受压明显者。

手术途径有前路和后路手术。近年来又开展了经皮穿刺腰椎间盘镜下直视切除术。术后宜卧床1～2周，可在腰围保护下起床，3个月内不参加体力劳动。

手术治疗优良率在80%～90%，但并发症也较多，如伤口感染、神经根损伤、马尾损伤、硬膜破裂、神经根粘连、椎间盘突出复发、大出血等。

第五节　肋骨骨折

肋骨骨折在胸部运动损伤中比较多见，常发生于摔跤、篮球、乒乓球等运动中。根据损伤性质的不同，可分为闭合性骨折和开放性骨折。运动损伤中一般不易发生开放性骨折，故本节仅介绍闭合性骨折。闭合性肋骨骨折又分为单纯肋骨骨折、合并胸膜、肺损伤的肋骨骨折和多发肋骨骨折。对于发生肋骨骨折的运动员，应随时注意外伤性气胸的可能，它可危及运动员生命。

一、损伤机制

引起肋骨骨折的原因主要有直接暴力、间接暴力、混合暴力、骨骼肌强力收缩等。

（一）直接暴力

如篮球运动中肘尖顶撞对方胸部，乒乓球运动中胸部撞于台角，骨折部位往往就是受暴力部位，多为横行或粉碎性骨折，如果发生断端移位，会损伤胸膜和（或）肺，引起气（血）胸。

（二）间接暴力

如摔跤运动中的搂抱用力，可造成对方的肋骨骨折，这种暴力作用下的骨折多呈斜形，断端向外，因此一般不会伤及胸膜和肺。

（三）混合暴力

也就是直接暴力与间接暴力共同作用，混合暴力会造成多发性骨折，同时伴有胸膜、肺等胸内脏器的损伤。

（四）骨骼肌强力收缩

见于剧烈运动后，此时呼吸急剧，斜角肌或前锯肌强力收缩可引起肋骨骨折，通常为第1、第2肋骨，一般不会引起胸内脏器的损伤。

二、损伤评估

肋骨骨折的临床表现取决于骨折情况以及有无合并胸内脏器的损伤，不同的骨折有不同的症状与体征。

（一）单纯肋骨骨折

单纯肋骨骨折在运动员肋骨骨折中发生率最高。表现为骨折部位局部软组织肿胀，或有皮下瘀血，局部疼痛，胸腔内压力增高，如咳嗽、打喷嚏、深呼吸时疼痛加剧，患者通常取坐位、缩胸、手抚伤处以减轻疼痛。检查时，可见患者呼吸时在骨折部位有骨擦音，胸廓挤压试验阳性（即医者前后或左右挤压患者胸廓时伤处疼痛加剧）。

（二）合并胸膜和肺损伤的肋骨骨折

骨折断端刺破胸膜和（或）肺，引起胸腔积血或气胸。小量气胸，肺萎陷30%以下者，对呼吸和循环的影响较小，除局部疼痛外，多数患者症状不明显。气胸量大者，患者出现胸闷、胸痛和气短，气管向健侧移位。严重者出现颈部皮下气肿和纵隔气肿。伤侧胸部叩诊呈鼓音，积液处叩诊呈浊音，听诊呼吸音减弱或消失。胸部X线检查可见不同程度的肺萎陷、胸膜腔积气、积液。

（三）多发肋骨骨折

多发肋骨骨折是一种严重的胸廓损伤，在运动损伤中较少见。多根多处肋骨骨折，使前侧局部胸壁失去完整肋骨的支撑而软化，可出现反常呼吸运动，即吸气时胸廓扩展，但软化区的胸壁内陷；呼气时胸廓内收，但软化区的胸壁却向外鼓出。若软化区范围较大，由于呼吸时两侧胸膜腔内压力不平衡，使纵隔发生摆动，体内气体交换过程受阻，并影响静脉血液回流，使患者出现呼吸困难和紫绀，严重者可发生呼吸和循环衰竭。

三、处　理

单纯肋骨骨折，因有周围完整肋骨和肋间肌的支撑作用，较少发生错位，多能自行愈合。止痛、固定和防治并发症是治疗的重点。适当固定是主要的治疗方法，固定方法主要有如下几种。

1. 传统粘膏带固定

患者坐位或侧卧位，伤侧胸壁剃毛，局部涂抹安息香酊以减少皮肤刺激反应。嘱患者上肢外展，手掌按在头顶，深吸气后屏气，然后将粘膏带迅速粘到患者胸部，紧贴胸壁，后端起自健侧脊柱旁，前端越过胸骨。从胸廓下缘开始，依次向上粘贴到腋窝，上下粘膏带重叠，呈屋瓦状。这种方法的缺点是容易限制患者的呼吸，发生皮肤过敏，出汗后容易脱落。

2. 弹力带固定

用弹力带环绕胸部固定，如束胸带。本法优点在于取材方便，固定可靠，无皮肤过敏的弊端。

3. 肋骨固定带固定

肋骨固定带具有一定的弹性，使用非常方便，固定效果可靠，感觉舒适，容易为患者所接受。

4. 药物治疗

止痛药物可选择消炎痛、芬必得或中药三七片、云南白药等。对疼痛较重的患者可采用肋间神经封闭。

第六节　胸腰椎骨折

胸腰椎骨折是指胸$_{10}$ ~ 腰$_{1}$ 段脊椎骨折，此段脊柱处于两个生理弧的交汇处，活动度大，是应力集中之处，骨折多合并发生，故将胸腰椎骨折一并讲述。

一、损伤机制

胸腰椎骨折根据暴力作用的方向可分为屈曲型、伸展型、屈曲扭转型和垂直压缩型，从而分别造成相应的楔形压缩骨折、椎体前缘撕脱骨折、骨折脱位及椎体爆裂骨折。从骨折部位看，以椎体骨折多见，但椎弓及附件处也可有骨折。本病在运动损伤中少见，一般见于汽车、摩托车、体操、举重、武术、跳伞等项目的意外情况。

二、损伤评估

有明显外伤史。伤后腰部剧痛，局部压痛、叩击痛明显，软组织肿胀或瘀血，脊柱生理幅度改变，腰背肌痉挛紧张，活动受限。脊髓损伤时出现神经症状，甚者有截瘫表现。

X 线检查可以明确诊断，了解骨折部位、类型及移位情况等。

伴有神经症状者需做 CT 或 MRI 检查，了解脊髓、神经受损的情况。

三、处　理

（1）急救处理：除常规急救处理外，搬运伤者时要使头、背、腰及下肢在一条直线，滚动翻身。运送时脊柱切忌前屈、后伸及旋转。

（2）卧床休息，先冷敷后热敷患处，间断使用腰围。

（3）根据骨折类型施以牵引、手术治疗等措施，后期应鼓励患者做腰背肌锻炼，如仰卧三点、五点挺腹练习。

（4）手术：有脊髓、神经损伤者需施行手术，去除压迫脊髓、神经的小骨折片，同时进行内固定和植骨融合术。

第七节　腰椎后关节突关节紊乱

腰椎后关节突关节紊乱又称为腰椎后关节滑膜嵌顿症，民间亦称“闪腰”，运动损伤中较多见，是上位腰椎椎体的下关节突和下位椎体的上关节突之间发生错动，产生滑膜嵌顿，突然引发所致。

一、损伤机制

腰4－5、腰5－骶1是本病的多发部位。由于该部位日常活动度较大，椎间关节关节囊较松弛，当脊柱同时做前屈和旋转运动时，腰椎后关节间隙张开，关节内形成负压，将滑膜吸入，即可能导致滑膜被嵌于关节突的两个面之间，无法恢复正常，从而产生剧痛。

运动员常常发生在没有充分做好热身运动即投入剧烈运动之中，或者在训练、比赛中意外摔倒，使脊柱突然屈伸、旋转。

二、损伤评估

有明显的急性受伤史，男性多于女性。

（一）症　状

伤后立即出现难以忍受的腰部剧痛，疼痛程度远远超过一般扭伤。患者表情痛苦、紧张，丝毫不能动弹，更惧怕他人任何轻微的挪动，以致造成无法忍受的剧痛。患者身体多呈屈曲侧卧位，腰肌非常紧张。伸腰时疼痛加剧，前屈时疼痛减轻。

疼痛部位可出现于腰部、腰骶部、臀部或大腿后部。

（二）体　征

脊柱呈代偿性后凸或侧凸，腰椎相应棘突偏歪，脊旁骶棘肌痉挛强直，局部关节突处有局限性的深压痛。但经牵引或推拿后，此种剧痛会迅速消失，这是本病的特点。

（三）X线检查

可见腰椎后关节排列不对称、椎间隙左右宽窄不相等。

三、处　理

（一）牵　引

患者俯卧，腹部垫枕，术者双手握其踝部进行缓慢、持续、恒定的牵引。可重复进行，常可使疼痛缓解。也可用骨盆带牵引。

（二）手法治疗

伤者俯卧位，医者立于床上，双脚分别置于伤者双髋旁，双手环抱伤者腰腹部，向上托起，并抖动 10 ~ 15 次，即可解脱嵌顿的滑膜。卧床休息 1 ~ 2 天，短期内禁止做重复受伤的动作。

（三）按摩治疗

手法治疗效果明显，能迅速缓解肌肉痉挛和疼痛，恢复腰部功能。伤者俯卧，腹下垫一软枕，术者在腰部自上而下轻柔按摩 3 ~ 5 分钟，然后应用牵引震按法、俯卧牵抖法及侧卧腰部斜扳法，即可解除关节紊乱关系。

（四）封　闭

于伤者腰椎棘突下缘，对距中线 1. 5 厘米压痛最明显处进行封闭，抵达骨质后稍退 1 厘米注射药物，使药液浸润至小关节周围。

（五）药　物

急性期可口服止痛解痉药物，或三七伤药片、七厘散等中药。手法后也可外用活络膏、双柏散等。

本病预后良好，也有自行缓解或复位者。

第八节　下背痛的预防

一、概　述

下背痛表现为腰骶臀部的疼痛症状，或伴有下肢疼痛的症状，又称为“腰痛”“下腰痛”。下背痛不是一种疾病诊断，而是以背部疼痛为代表的一组症候群或症状综合征。国际调查报告下背痛点流行率为15% ~30%，月流行率为19% ~43%，年流行率为50% ~54%。在美国，下背痛流行率仅次于上呼吸道感染，居第2位；我国下背痛的患病率各家报道不一，下背痛的患病率约为11.5%，居骨科就诊患者的首位，近年来更有增多的趋势。

二、预防措施

下背痛的原因较多，包括生活工作姿势不良、负荷过度、受寒、腰腹肌力量不足等，可针对这些原因采取相应的预防方法。

（一）避寒保暖

腰痛患者要格外注意保暖，特别是在冬、春寒湿季节以及季节更替之际，需要做好腰部的保暖。患者应尽量避免淋雨受寒、夜卧当风、久卧潮湿之地等，若涉水、淋雨或运动、劳动出汗后应立即换衣擦身。在寒湿季节，可适当使用电热毯祛寒保暖。即使在暑天，也要避贪凉夜宿室外。

（二）合理选择生活起居用品

太硬或太软的床垫都容易使人的脊柱变形，时间一长就会出现腰痛。比较科学的是在硬板床上加一个 5 ~ 10 厘米厚的软垫，有利于维持脊柱的生理曲度，枕头的高度以 8 ~ 9 厘米为宜。腹部脂肪过多的人，腹肌松弛无力，腰椎负担加重，仰卧时可在膝关节下面垫上枕头之类，消除骨盆前倾，使腰部充分休息。

选择合适的鞋对预防腰背痛非常重要，一般鞋跟的高度不宜超过 2. 5 厘米，如果下背痛患者穿着高跟鞋，可使腰椎前凸增加，骶骨前倾角增大，损害下腰椎的稳定性，使症状加重，此种情况可使用适当硬度的弹性鞋垫以缓冲这种震动，对防治下背痛有利。

（三）保持正确的坐、立、行、卧姿势，避免不良习惯

1. 坐、起方式

往椅子上坐时，一侧脚尽量向后方靠，躯干轻度前屈的同时两下肢缓慢地屈伸坐下。从椅子上站起时充分利用双腿和双臂肌肉的力量，减轻腰部受力。

2. 坐　姿

正确的姿势：挺胸，收下颌，收腹，双腿分开与肩同宽。注意椅子的高度，坐上去使膝关节略高于髋关节，减少腰部后伸。如椅子过高，可将双脚垫起来，也能收到同样的效果。椅子的靠背要高至肩胛骨下面，以保护腰部。错误的姿势：髋关节过度屈曲外展，屈膝肌群过度伸展，骨盆向后旋转增强，使腰椎过分前屈。

3. 驾　车

正确的姿势：座椅靠背向前，前臂与地面平行。错误的姿势：下肢前伸过度，腰背无依靠。

4. 立　姿

抬头，肩膀平直，胸部微向前倾，收腹，腰后微凹，尽可能地使腰背肌松弛；站立时间较长时，可使上身稍向前弯，将两膝或一膝轻微弯曲，让身体的重心落在脚跟。这种类似稍息的姿势，能减轻腰部承受的负担。

5. 行　姿

正确的姿势：双目平视前方，头微昂，含胸拔背，收小腹，使臀部略向后突出。双臂下垂，自然摆动，以上臂带动前臂，摆幅为30°左右。下肢迈步宜有力，换步时肌肉微放松。膝关节勿过于弯曲，大腿不宜抬举过高，平稳前进。每个单步步幅依自己腿长及脚力而定，一般平步时为70厘米左右。错误的姿势：走路时习惯低着脑袋、弯腰曲背或上下颤动或左右摇摆，摇头晃脑。

6. 睡　姿

最佳的睡姿是侧卧，同时膝部微屈。习惯仰卧者，腰部垫一薄的软垫以支撑腰部，或在双膝下放一枕头；如不增加腰痛，俯卧亦可。

（四）讲究正确的劳动姿势，防止疲劳过度

1. 持重物

正确的姿势：用下肢伸展之力把重物拿至身体重心线的附近，最好将所持物品靠近身体前方。两手拿同样的重量物体时，即使重些也不容易出现不平衡。错误的姿势：所提物品离身体过远或长时间用一侧手臂提物。正确和错误的持物姿势见图8－29。

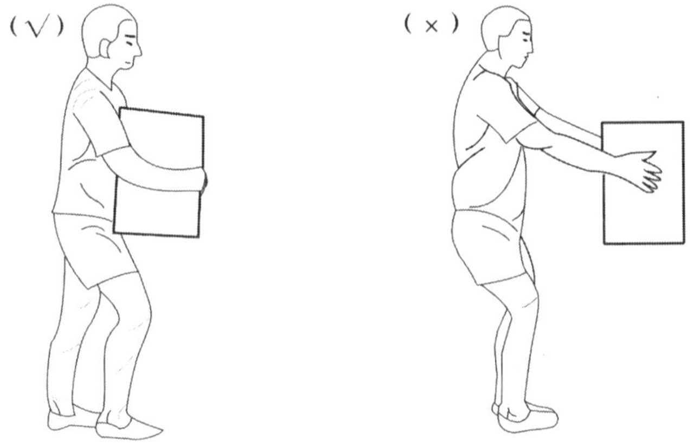

图8－29　正确和错误的持物姿势

2. 搬运重物

正确的姿势：将重物和上体负荷落到两脚间，保持脊柱伸直。错误的姿势：将上肢和重物的负荷全落到脊柱伸肌上。

3. 倒换货物

正确的姿势：脚的步调转向反方向后，再转换身体的方向，用全身转动代替躯干转动，虽费时间但很安全。错误的姿势：扭转躯干倒换货物，可加重脊柱伸肌群的紧张和不平衡，甚为危险。

4. 推重物

正确的姿势：手放在低位置，下肢的强伸展力和上肢的支持，加上体重都作为推动力前进。错误的姿势：躯干过伸位推或手置高位推，此种不正确的推法会使脊柱过伸并给骶部增加过重的负荷。

（五）改善工作条件，及时调整单一的劳动姿势

总以一种劳动姿势带动腰背肌运动，腰背肌易出现疲劳，甚至劳损。因此从事需要长时间维持单一姿势重复一种单调的工作时，要注意定时改变姿势体位及动作方式，或做简短放松运动。如久坐工作的人在工作 0.5 ~1 小时应站起来活动 5 ~10 分钟。下背痛高发的工种应分析工作环境及工作方式对脊柱的影响，尽可能提高机械化、自动化程度，降低劳动强度；工作中坚持做工间操等。

1. 长时间桌上作业

正确的姿势：躯干的前屈不靠脊柱而靠髋关节，保持脊柱伸展位，靠前臂支撑适于作业。错误的姿势：头前屈，脊柱前屈，压迫胸部和腹部。

2. 长时间低位置作业

正确的姿势：一只脚向后退，保持身体的平衡，下肢屈曲程度按所用台面的高低予以适当调整。错误的姿势：两足并立，躯干前屈，脊柱和髋关节伸肌要最大限度地伸展，上半身的重量落在腰部，如两足并立弯腰作业。

3. 长时间高位置作业

正确的姿势：利用足台或其他台在视线以下水平作业。错误的姿势：上肢高举或伸向前方远处，产生肌肉紧张。例如擦窗户时可利用足台登高，作业面在视

线以下，避免长时间双足并立，上肢往头上伸的作业方法。

4. 长时间立位作业

牙科医师、理发师等长时间立位作业者，可把一侧脚放在一个小台上，以减低骶棘肌紧张度以及脊柱负荷。两脚长时间并立工作会使腰肌紧张，腰椎负荷增强。

5. 长时间货物装载作业

正确的姿势：与上肢伸展作业相同，站在台上使肩高过作业面。错误的姿势：高举货物，脊柱伸展时货物的重量负担于腰骶部。

（六）加强腰腹肌力练习

下背痛患者往往存在腰腹肌肌肉力量不均衡、柔韧性不足等情况。关于柔韧性不足，可以参考下交叉综合征，进行相应的拉伸。关于腰腹部表层肌肉的锻炼方法已广为人知，不多做介绍，此处重点介绍腹横肌、多裂肌、回旋肌等深层肌肉的练习方法。

1. 腹横肌练习方法

坐姿、立姿、跪姿、卧姿均可。以跪姿为例：面朝下跪在垫子上，双手撑住身体与肩部垂直，髋部和膝关节呈 90°，背部保持自然曲线，在锻炼过程中始终保持这个姿势（见图 8－30）。

动作要领：尽力呼气，然后放松腹部，接着尽力吸气，努力使肚脐靠向脊椎。胸腔尽力保持不动，继续轻轻地用鼻孔呼吸，就像把腹部和背部靠在一起那样用力地拉动腹部，保持这个动作至少 10 秒，每组 10～12 次。

图 8－30　腹横肌练习方法

2. 多裂肌、回旋肌练习方法

仰卧在软垫上，双肩放松、双臂伸直平放，背部紧贴软垫，双腿屈曲约 90°。吸气，臀部向上挺，肩、背、大腿成一直线，保持动作 10 ~ 30 秒，保持呼吸。可以抬起其中一条腿增加难度，也可以将脚放在瑞士球或平衡垫上增加难度（见图 8 – 31、图 8 – 32）。

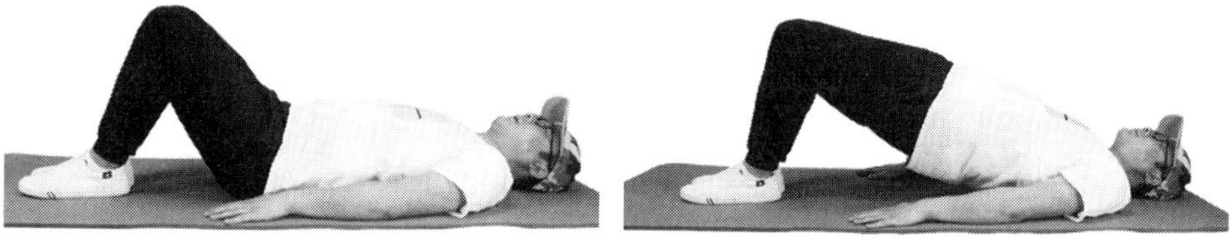

图 8 – 31　多裂肌、回旋肌基础练习方法

图 8 – 32　多裂肌、回旋肌强化练习方法

复习思考题

1. 颈椎病有哪些类型？
2. 神经根型颈椎病的表现是什么？
3. 椎动脉型颈椎病的表现是什么？
4. 急性腰扭伤的表现是什么？
5. 腰背部肌肉筋膜炎的表现有哪些？
6. 腰椎间盘突出症的表现有哪些？

7. 腰椎间盘突出症与梨状肌综合征如何鉴别？
8. 肋骨骨折有哪些表现？
9. 胸腰椎骨折有哪些表现？
10. 腰椎后关节突关节紊乱有哪些表现？

参考文献

[1]曲绵域,田得祥．运动损伤检查法[M]．北京:北京医科大学,1999.

[2]田佳．运动损伤学[M]．北京:北京体育大学出版社,2008.

[3]李珍妮,廖八根．运动损伤学[M]．北京:人民体育出版社,2006.

[4]任玉衡．运动损伤诊疗康复手册[M]．北京:人民体育出版社,2007.

[5]曲绵域,于长隆．实用运动医学[M]．北京:北京大学医学出版社,2003.

[6]王亦璁．骨与关节损伤[M]．北京:人民卫生出版社,2007.

[7]王芬．高水平竞技运动损伤防治与康复研究[M]．北京:北京体育大学出版社,2008.

[8]布拉德·沃克．运动损伤解剖学[M]．罗冬梅,刘晔,等,译．北京:北京体育大学出版社,2013.

[9]赵斌．运动损伤预防与处理[M]．桂林:广西师范大学出版社,2014.

[10]黄涛．运动损伤的治疗与康复[M]．北京:北京体育大学出版社,2010.

[11]鱼住广信,郑宏伟．运动损伤和功能恢复[M]．北京:人民体育出版社,2001.

[12]张春慧,张笑昆,任彦波．运动损伤与康复[M]．哈尔滨:黑龙江教育出版社,2007.

[13]邱军．运动损伤的预防与康复[M]．北京:人民体育出版社,2006.

[14]王予彬,王惠芳．运动损伤康复治疗学[M]．北京:人民军医出版社,2009.

[15]王安利．运动损伤预防的功能训练[M]．北京:北京体育大学出版社,2013.

[16]田勇,马骁．训练运动损伤诊疗手册[M]．呼和浩特:内蒙古大学出版社,2012.

[17]张笃超,李湘奇．运动损伤康复学[M]．北京:人民军医出版社,2008.

[18]王煜．运动软组织损伤学[M]．成都:四川科学技术出版社,2010.

[19]利·布兰登．运动损伤解剖学康复训练[M]．王震宇,司佳卉,译．北京:人民邮电出版社,2017.

[20]巴哈．运动损伤的预防[M]．王正珍,等译．北京:人民卫生出版社,2011.

[21]王安利．运动医学[M]．北京:人民体育出版社,2008.

[22]陈中伟．运动医学[M]．上海:上海科技教育出版社,1996.

[23]陈佩杰．软组织贴扎技术临床应用精要:肌内效贴即学即用图谱[M]. 上海:上海浦江教育出版社,2012.

[24]尼尔森,科科宁．拉伸运动系统训练[M]. 王会寨,杨倩倩,译．北京:人民邮电出版社,2016.

[25]陈方灿．运动拉伸实用手册[M]. 北京:北京体育大学出版社,2008.

[26]黄志基,李娜．泡沫轴肌肉筋膜自我康复锻炼法[M]. 北京:北京体育大学出版社,2011.

[27]王卫星．体能训练理论与实践[M]. 北京:高等教育出版社,2012.

[28]国家体育总局训练局国家队体能训练中心．身体功能训练动作手册[M]. 北京:人民体育出版社,2014.

[29]姚鸿恩．体育保健学[M]. 北京:人民体育出版社,2001.